I0024223

Karl Schellhass, J. Jastrow

Historische Untersuchungen

Das Königslager vor Aachen und vor Frankfurt in seiner rechtsgeschichte

Karl Schellhass, J. Jastrow

Historische Untersuchungen
Das Königslager vor Aachen und vor Frankfurt in seiner rechtsgeschichte

ISBN/EAN: 9783743404748

Hergestellt in Europa, USA, Kanada, Australien, Japan

Cover: Foto ©Suzi / pixelio.de

Manufactured and distributed by brebook publishing software (www.brebook.com)

Karl Schellhass, J. Jastrow

Historische Untersuchungen

HISTORISCHE
UNTERSUCHUNGEN.

HERAUSGEGEBEN

VON

J. JASTROW.

Heft IV.

Das Königslager vor Aachen und vor Frankfurt

in seiner rechtsgeschichtlichen Bedeutung

von

Karl Schellhass.

Berlin 1887.

R. Gaertners Verlagsbuchhandlung

Hermann Heyfelder.

Das Königslager

vor Aachen und vor Frankfurt

in seiner rechtsgeschichtlichen Bedeutung.

Von

Karl Schellhass.

Berlin 1887.

R. Gaertners Verlagsbuchhandlung

Hermann Heyfelder.

DEM ANDENKEN

FRIEDRICH KAPP'S.

———

Inhaltsverzeichnis.

Einleitung . . . . S. 1

Das Königslager bisher nur als vereinzeltes Ereignis der Jahre 1349, 1400, 1410 aufgefaßt, jedoch nachweisbar im ganzen 14. u. 15. Jahrh. S. 1.
Bisherige Auffassung über das Lager: Zusammenwerfen mit einer Belagerung S. 2. — fast völliges Außerachtlassen der Frist von 6 Wochen und 3 Tagen S. 4. — angebl. herkömml. Belagerung Frankfurts und Aachens bei zwistigen Wahlen S. 6. — Frage nach dem Auftauchen einer Lagerfrist vor a. 1349 S. 8.

I. Die Krönung Richards von Cornwall in Aachen a. 1257 S. 9

Ankunft Richards in Aachen am 11., seine Krönung daselbst am 17. Mai S. 9. — Der Aufschub der Krönung von Urban IV. mit einer herkömmlichen mora von einigen Tagen begründet, der sich jeder electus vor seiner coronatio unterziehen müsse S. 12. — Aufnahme dieser Darlegung in die Bulle Qui coelum S. 12.

II. Die Doppelwahl (1314) und die Wahl Karls IV. (1346) S. 15

Benutzung des in der Bulle befindlichen Satzes von Seiten Aachens a. 1314 Friedrich dem Schönen S. 16, und wohl auch Ludwig dem Baiern gegenüber S. 22. — Wahrscheinlich ein dreitägiges Lager des letzteren vor seiner Aachener Krönung S. 24. — Versuch einer Erklärung der dreitägigen Frist S. 22. — Im Anschluß an die Bulle Urbans a. 1346 Verlangen der Aachener von Karl IV, daß er 6 Wochen und 3 Tage lagere S. 24. — Bedeutung der Anleitefrist S. 26.

III. Günthers Lager vor Frankfurt (1349) . . . . . S. 30

Das Beispiel Aachens a. 1349 von Frankfurt befolgt S. 31. — Das Vorgehen der Frankfurter von den Kurfürsten auf Befragen im gegenwärtigen Augenblick für unangebracht erklärt, weil Günther nicht gegen einen bisher allgemein anerkannten Herrscher erhoben sei S. 35 S. 40. — Nachgeben der Frankfurter S. 40.

IV. Wenzels Wahl zum römischen König in Frankfurt (1376) S. 41

In dem unbegründeten Gerücht, daß Wenzel nach seiner proclamatio in Frankfurt lagern werde, eine Erinnerung an die Vorgänge a. 1349 S. 43.

V. Die Wahl Ruprechts von der Pfalz zum römischen König und sein Lager vor Frankfurt (1400) . . . . . S. 44

Annahme der Frankfurter, daß Ruprecht lagern werde, weil er gegen Wenzel erwählt sei S. 46. — Im Anschluß an die Bulle Urbans Behauptung, daß ein jeder König lagern müsse S. 49—50. — Weistum der kurmainzischen Juristen, daß ein jeder König erst nach seiner Krönung in Aachen Gehorsam von den Städten verlangen könne S. 54. — Bedeutung des Weistums S. 54; die dabei verfolgte Politik der Juristen S. 55. — Die Kurfürsten gestehen dem Lager jetzt nur bei Doppelwahlen Berechtigung zu S. 58. — Die Frankfurter bleiben erst unter Benutzung der auf die Bulle Qui coelum zurückgehenden Fassung S. 60. — Wenzels Unthätigkeit S. 65. — Städtetag in Mainz am 29. Sept. S. 68. — Übertritt von Köln, Mainz, Worms und Speyer zu Ruprecht S. 69. — Vermittlungsversuch der rheinischen Städte bei Frankfurt S. 75. — Die Stadt erbittet sich ein Weistum von den Kurfürsten, schreibt vorher Wenzel, daß man sie nach Ablauf der Frist verlassen werde S. 76. — Das kurfürstliche Weistum vom 9. Okt. 1400: Das Lager muß nach einer jeden Wahl eintreten S. 79. — Einzug Ruprechts in Frankfurt am 26. Oktober S. 83. — Vergleich der geschilderten Ereignisse mit den Vorgängen des Jahres 1349 S. 83. — Äußerungen Ruprechts und der zeitgenössischen Historiker über das Lager des Jahres 1400 S. 85—89. — Die Beurteilung der Vorgänge von 1349 beeinflußt durch das kurfürstliche Gutachten vom 9. Okt. 1400 S. 91.

VI. Die Haltung Aachens gegenüber dem gewählten röm. Könige Ruprecht . . . . S. 94

Aachen, auf den Herzog von Geldern gestützt, wagt Ruprecht zu widerstehen S. 96, verlangt von ihm, da er Gegenkönig sei, ein Lager von 6 Wochen und 3 Tagen S. 98, häuft Bedingungen auf Bedingungen S. 100. — Aachen in die Acht gethan S. 101. — Ruprechts Krönung in Köln am 6. Januar 1401 S. 101. — Ergebnis des Jahres 1400 für Frankfurt und Aachen S. 102.

VII. Die Doppelwahl (Sigmund - Jost) des Jahres 1410 und Sigmunds zweite Wahl a. 1411 . . . . S. 103

Sigmund und auch Jost erklären sich nach ihrer Wahl mit Rücksicht auf das kurfürstliche Gutachten vom 9. Oktober 1400 bereit, als erwählte römische Könige vor Frankfurt zu lagern S. 105—107. — Sigmund beharrt auch nach Josts Tode bei dieser Absicht S. 107. — Vorsichtige Haltung Frankfurts S. 111. — Es sieht in Sigmund nur den ungarischen König S. 111. — Sigmunds zweite Wahl am 21. Juli 1411 S. 114. — Erklärung der Kurfürsten am 22. Juli, dafs das Lager bei zwistigen Wahlen einzutreten habe S. 114. — Sie fordern Einlafs Sigmunds S. 114. — Dieser wird gewährt S. 119. — Man hält sich aber die Möglichkeit offen, auf das Gutachten vom 9. Oktober 1400 zurückzugreifen S. 121. — Schwierigkeit schon für die Zeitgenossen, die der Doppelwahl folgenden Ereignisse richtig zu beurteilen S. 122—123.

VIII. König Sigmunds Krönung in Aachen (1414) . . . S. 128

Traurige Zustände im Reich bei Sigmunds Kommen nach Deutschland a. 1414 S. 128. — Eine ihm feindliche Koalition fragt bei Aachen an, ob man den König 3 Tage oder 6 Wochen und 3 Tage lagern lassen wolle S. 130. — Unbestimmte Antwort S. 130. — Sigmund nach Aachen geführt S. 131. — Seiner Krönung geht ein dreitägiges Lager vorher S. 132. — Bedeutung desselben für die Aachener S. 133. — Anscheinend a. 1414 zum letzten Mal Benutzung einer Lagerfrist durch die Aachener S. 134.

IX. Auf das Lager vor Frankfurt bezügliche Nachrichten im Jahre 1461 . . . . S. 135

Gerücht, dafs Ende Mai 1461 König Georg von Böhmen in Frankfurt gewählt werden solle S. 137. — Annahme, dafs er lagern werde S. 137. — Die Auffassung über das Lager deckt sich mit der von den Kurfürsten am 22. Juli 1411 vertretenen S. 137. — Berichte aus dem Oktober und November 1461, denen zufolge Podiebrad König werden und im nächsten Sommer vor Frankfurt lagern wollte S. 138. — Würdigung dieser Nachrichten S. 147. — Martin Mairs mutmafsliches Vorhaben, den König noch jetzt mit Hilfe des Papstes in die Reichsregierung einweisen zu lassen S. 153. — Zusicherung Georgs im Sommer 1462 im Felde zu erscheinen S. 148—153. — Dunkle Kunde von diesen dem Kaiser feindlichen Plänen nach aufsen dringend S. 157. — Anscheinend will Georg jetzt zur Anschauung um sich greifend, dafs Georg, wenn er den Kaiser aus der Herrschaft verdrängen wolle, nur vor Frankfurt sich 6 Wochen und 3 Tage im Lager behaupten müsse S. 157. — Frankfurts Verhalten zu Brunes Berichten S. 157. erwartet eine Wahl S. 160. — Ändert vermutlich die Auffassung über das Lager in der angedeuteten Weise S. 164. — Verstummen der Nachrichten mit dem Jahre 1461 S. 165. — Vermutlich letztes Auftauchen des Lagers vor Frankfurt S. 166.

X. Rückblick . . . . S. 167

Exkurs I. Wie sind die novem ebdomades bei Heinrich von Hervord zu erklären? S. 173

Exkurs II. Lersners Quellenbenutzung. . . . . S. 174

Exkurs III. Über ein angebliches Schreiben Ruprechts an Strafsburg. . . . S. 177

Exkurs IV. Ein dreitägiges Lager vor Nürnberg. . . . . S. 178

Exkurs V. Ein Privileg des Kölner Erzbischofs. . . . . S. 181

Nachtrag:

I. Kurze Inhaltsangabe von Hechts Schrift S. 192.

II. Einige Bemerkungen zu O. Dresemanns Schrift „Zur Gesch. d. Reichsstadt Aachen im 14. Jahrhundert etc." S. 194.

III. Eine im Aachener Stadtarchiv befindliche Urkunde aus dem Jahre 1400 S. 195.

IV. Eine Erinnerung an das Lager vor Frankfurt a. 1534? S. 197.

V. Einige Zusätze zu Kapitel IX. „Auf das Lager vor Frankfurt bezügliche Nachrichten im Jahre 1461."

Bibliographie (Verzeichnis der abgekürzt citierten Werke) S. 200

Register . . . . S. 203

Das Institut, das auf den folgenden Blättern zur Besprechung ·gelangen wird, ist bisher als eine völlig vereinzelte Erscheinung der Jahre 1349, 1400, 1410 aufgefaßt worden. Wiewohl sich nun unschwer zeigen läßt, daß diese Auffassung eine irrtümliche ist, daß das Institut vielmehr durch anderthalb Jahrhunderte deutscher Geschichte eine Rolle gespielt hat, so ist es dennoch erforderlich, bevor wir in eine Untersuchung der einzelnen einschlägigen Fälle in ihrer zeitlichen Aufeinanderfolge eintreten, eine kurze Darstellung der Ereignisse jener drei Jahre voranzuschicken.

Am 30. Januar 1349 hatte die bayrische Partei, für welche der gegen Ludwig den Bayern erhobene Karl IV. auch nach des ersteren Tode als König nicht existierte, den Grafen Günther von Schwarzburg vor Frankfurt auf dem Felde zum römischen König erkoren.[1]) Es war an dem nämlichen Tage, daß die Frankfurter dem neuen König auf seine Bitte um Einlaß in die Stadt entgegneten: die Frist der Ausrufung eines neuen Königs, nämlich 6 Wochen und 3 Tage sei noch nicht verflossen.[2]) Beriefen sie sich hierbei, soweit zu erkennen ist, auf das Herkommen, so hatten sie doch Günther gegenüber mit ihrem Verlangen, dessen Gewährung diesen zu einem sechswöchentlichen Lager vor der Stadt gezwungen hätte, keinen Erfolg. Wenn a. 1376 nach der Wahl Wenzels ein derartiges Lager nicht stattfand, so geschah es, wie ein Bericht uns glauben machen will, angeblich deshalb nicht, weil niemand da war, der sich Wenzel hätte widersetzen können.[3]) Daß die Frankfurter ihre Forderung vom 30. Januar 1349 nicht vergessen hatten, zeigte sich vollends a. 1400 nach der Absetzung Wenzels und der Neuwahl Ruprechts von der Pfalz. Letzterer mußte sich, indem er den auf das Herkommen sich steifenden

---

[1]) cf. im Allgemeinen Carl Janson, das Königtum Günthers von Schwarzburg. Leipzig 1880.
[2]) cf. Janson p. 59.
[3]) R. T. A. I n. 54 p. 82, 5 f.

Frankfurtern zu Willen war, einer Lagerfrist von 6 Wochen und 3 Tagen vor der Wahlstadt unterziehen. Erst dann vermochte er, Frankfurt, das vergebens nach dem von Wenzel verheifsenen Entsatz ausgesehen hatte, zu betreten.[1]) Während Sigmund aber nach seiner am 20. September 1410 geschehenen ersten Wahl[2]), der am 1. Oktober desselben Jahres diejenige des Markgrafen Jost von Mähren gefolgt war[3]), seinen Entschlufs ankündigte, vor Frankfurt zu lagern[4]), so hielten die Kurfürsten nach Sigmunds zweiter Wahl ein solches Lager für überflüssig „diewile der einmudeclich gekorn si"[5]). Auf das kurfürstliche Gutachten hin, welches das Lager vor Frankfurt auf zwistige Wahlen beschränkte, unterblieb dasselbe.

Der bisher über diese Vorgänge herrschenden Auffassung gab wohl Aschbach Ausdruck, wenn er in der Geschichte Kaiser Sigmunds sagte[6]): „Bei streitigen Wahlen war es Gebrauch, dafs derjenige von den gewählten römischen Königen, der seinen Gegner 6 Wochen und 3 Tage im Lager vor der Stadt erwartete und nicht aus dem Feld geschlagen wurde, in Frankfurt als rechtmäfsiger König aufgenommen wurde." — Mit diesem Ausspruch, den eine genaue Untersuchung der angeführten Ereignisse auf seine Richtigkeit hin zu prüfen haben wird, war die Aussage eines Zeitgenossen Günthers, Heinrichs von Herford[7]), im Grunde wohl vereinbar. Dieser weifs zum Jahre 1349, übrigens ohne zu ahnen, dafs Günther bereits nach einigen Tagen Frankfurt betrat, von einer alten Gewohnheit der Frankfurter zu erzählen[8]), der

---

[1]) cf. K. A. K. Höfler, Ruprecht von der Pfalz, Freiburg i. B. 1861. p. 178, 9 ff.

[2]) cf. Aschbach, Gesch. Kais. Sigism. Bd. I, p. 290 unten.

[3]) ib. p. 293.

[4]) cf. z. B. R. T. A. VII n. 41 p. 59, 29 f.

[5]) cf. R. T. A. VII n. 108 p. 154. l. 20.

[6]) Bd. I p. 301, 3 ff.

[7]) Heinrich hat seine Chronik wohl längere Zeit vor 1370 beendet, war 1340 in Mailand und starb am 9. Okt. 1370 zu Minden. (Lorenz, Gesch. Quellen II p. 65, 4 u. 5.)

[8]) Henr. de Hervordia 276 ed. A. Potthast, Gottingae 1859. Gunterus autem mox ut electus est et ab introitu Vrankenvord urbis per cives arceretur (sic) exercitu validissimo congregato Vrankenvord potenter obsedit secundum consuetudinem antiquam, quam Vrankenvordenses habebant, scilicet quod nullum regem habentem adversarium in regno susciperent in urbem, nisi prius ipsam urbem novem (sic!) ebdomadibus obsedisset, ut hac occasione bello congrederentur in campo et divisioni finem imponerent vel unus regnaret et alius timidus et inglorius remaneret.

gemäfs sie keinen Gegenkönig in ihre Stadt aufzunehmen pflegten, welcher nicht zuvor ihre Stadt neun Wochen lang belagert habe. Innerhalb dieses Zeitraums müsse, so meint er, ein Kampf um das Reich der zwiespältigen Wahl ein Ende bereiten. Allem Anschein nach war es aber dieser Bericht, der mit seiner Behauptung, dafs im Falle einer zwistigen Wahl eine neunwöchentliche[1] (!) herkömmliche Belagerung Frankfurts einzutreten habe, während es sich doch nur um ein sechswöchentliches Lager vor Frankfurt gehandelt hatte, das rechte Verständnis für die geschilderten Vorfälle nur zu sehr verwischte. Wenigstens möchten wir in den Worten des so viel benutzten Johannes Cuspinianus[2] die soeben citierten Worte Heinrichs als Quelle wiederfinden: Die Frankfurter Bürger lassen auf Grund eines Herkommens, das für sie Gesetzeskraft hat, keinen Gegenkönig in ihre Stadt ein, bevor nicht während einer mehrmonatlichen gewaltsamen Belagerung der Wahlstadt entweder das Glück der Waffen für einen der beiden Rivalen entschieden hat oder sonstwie der Spaltung ein Ende bereitet ist.

Vermutlich legte Cuspinian, der ausdrücklich von einer gewalt-

[1] über die 9 Wochen cf. Exkurs I. Schon Nicol. Burgmann in seinen historiae imperatorum et regum rom. Spirae sepultorum, der Heinrich über Günthers obsidio fast wörtlich benutzt, sagt: nisi .. prius .. sex septimanis obsedisset (Oefele, scriptores rer. Boicar. Bd. I, p. 606 a, 12 ff.).

[2] de imperatoribus commentarius etc. Francof. 1601, p. 387. Guntherus, cum . . . Francofordiam introire . . . vellet, a civibus est prohibitus. Mos enim est civibus quam quidem consuetudinem pro lege habent, ut neminem regem in urbem suam intromittant, qui sit aemulus imperii aut adversarius regni, nisi prius aliquot mensibus urbs obsessa vim patiatur, adversariusque aut aemulus regni interim aut manus cum illo conserat aut divisioni finem inveniat, itaque unus fortiter regnet, alter inglorius ac timidus abeat. Octavianus de Strada (vitae imperatorum et Caesarum roman. Francof. 1615) p. 466/7 benutzte offenbar Cuspin. und Henr. de Hervordia: mos enim est civibus ut nullum regem in urbem intromittant, qui habet imperii aemulum nisi prius urbs obsessa aliquam vim patiatur, adversariusque interim aut manus cum eo conserat aut divisioni viam inveniat, ita ut unus fortiter regnet, alter inglorius ac timidus abeat. — Seb. Munsterus (Cosmographen oder Beschreibung aller Länder etc. Basel 1567) III, p 428/9 übersetzt frei Cuspinian. — Frid. B. Oertel (dissert. hist. de Ruperto. Lips. 1720) p. 28 § 4 unter Cuspinians Einfluſs: antiqua ferebat consuetudo, ut cives Francofurtenses novum regem in suam urbem non intromittant, qui pro aemulo regni aut eius adversario haberetur, nisi certum tempus urbs obsessa vimque passa aut bellica forte aut amica compositione inter aemulos lis composita fuisset. Das Lager Ruprechts ist ihm eine obsidio.

samen Belagerung spricht, derselben die unbestimmte Dauer von
einigen Monaten bei, weil ihm die 9 Wochen Heinrichs zu ungeheuerlich vorkamen. Mag dem aber auch anders sein, jedenfalls ist das Thatsache, daſs von Cuspinian abhängige Historiker
entweder die zeitliche Ausdehnung der gewohnheitsmäſsigen obsidio auf einige Monate berechneten oder einer durch das Herkommen vorgeschriebenen längeren Belagerungsfrist überhaupt
gar nicht Erwähnung thaten. [1] Im letzteren Falle war demnach
einerseits nur die Rede von einer herkömmlichen Belagerung der
Wahlstadt die nach einer zwiespältigen Wahl vor sich zu gehen
hatte, andererseits von der den zwei Gegenkönigen obliegenden
Pflicht, sich entweder vor Frankfurt zu schlagen oder auf irgend
eine Weise der Uneinigkeit ein Ende zu machen. Wie wenig
hatte man die Frankfurter Forderung des Jahres 1349, wonach
Günther dem Herkommen gemäſs 6 Wochen und 3 Tage vor
Frankfurt lagern sollte, verstanden! — Doch es wurde noch
schlimmer. Da man die Existenz der von Cuspinian erwähnten
consuetudo meist nicht bestritt[2]), so lag kein Grund vor, warum
man dessen Worte nicht an der zwistigen Wahl des Jahres 1246
und der Doppelwahl des Jahres 1314 hätte erproben sollen[3]).

---

[1]) so spricht Munsterus von „etlich monat", Octavianus erwähnt
gar keine zeitliche Bestimmung, Oertel spricht von einem certum tempus,
ein Ausdruck, der in seiner Unbestimmtheit alles Mögliche bedeuten kann. —
Oertel weifs, dafs Ruprecht sex septimanas et tres dies vor Frankfurt gelagert hat. Er legt also nicht jeder obsidio eine solche Dauer bei und zeigt
zugleich, wie wenig er die eigenartige Frankfurter Forderung des Jahres 1400
begriffen hatte.

[2]) Sehr skeptisch verhielt sich Lehmann (Speir. Chronik a. 1612) VII,
c. 34, p. 779 E, der besonders Munsterus angriff und trotz seiner Unkennt-
nis — er kennt weder Henricus de Hervordia noch Ruprechts Lager —
auf manche in dieser Frage einwirkte. Diese zu nennen, dürfen wir uns
ersparen. —

[3]) cf. Petr. Bertius (commentarior. rer. Germ. libri 3. Amstel. 1612)
3. Buch de urbibus Germaniae, voc. Francofurtum: insignis urbs adeo ut si
forte in electione duo Caesares nominentur, alter alterum cum exercitu in
agro suburbano exspectare teneatur et vel praelio decernere vel sponte cedere
ac tunc quidem victor in urbem recipitur et rex Romanorum salutatur. Die
Jahre 1246, 1314, 1349 werden von ihm, Matth. Dresserus (isagoge historica Lips. 1613, pars 5, p. 250 Francofurtum) und Paul. Hentznerus (iti-
nerar. Germaniae etc. Norimb. 1612, p. 177) zur Erläuterung beigebracht.
Letzterer sagt übrigens, dafs der Eine den Andern vor Frankfurt erwarten
müsse spatio sesquimensis ($1\frac{1}{2}$ Monate). Er meint wohl 6 Wochen und
3 Tage und überträgt diese thatsächlich schon auf die Jahre 1246 und 1314.

Hatte doch in jenem Jahre Konrad IV. sich circa Frankenfort gelagert[1]), um seinem bei Würzburg[2]) erhobenen Gegenkönig Heinrich Raspe den Weg nach Frankfurt zu verlegen, und hatte doch diese Stadt Heinrich nach seinem über Konrad erfochtenen Siege[3]) die Thore geöffnet[4]). Und eben dieselbe Stadt hatte sich zur Aufnahme des vor ihren Mauern lagernden und in suburbio erwählten Ludwigs des Bayern[5]) verstehen müssen, als dieser seinen in Sachsenhausen[6]) erhobenen Rivalen Friedrich den Schönen zum Abzug gezwungen hatte.[7]) — Schien es nicht, als ob diese Thatsachen Heinrich von Hervord und Cuspinian Recht gäben und als ob man auf diese Gewährsmänner gestützt behaupten könnte, dafs a. 1246 und 1314 in Gemäfsheit einer alten consuetudo die Ereignisse sich abgespielt hätten? — Fragen, die wir mit Nein beantworten müssen, da in den berührten Vorgängen auch nicht die Spur von einem Herkommen oder gar, was für uns allein entscheidend wäre, von einer herkömmlichen Lagerfrist[8]) zu entdecken ist. Doch den Forschern früherer Zeiten

---

[1]) cf. Böhmer-Ficker reg. imp. V 2 p. 819, 4.

[2]) ibid. p. 913, 9.

[3]) am 5. Aug., wahrscheinlich an d. Nidda: ib. p. 915, 10 ff.

[4]) Es ist wenigstens sehr wahrscheinlich: cf. Böhmer-Ficker V. 2, p. 820 und n. 4511c. — Die, welche im Jahre 1246 die consuetudo zu sehen meinten, glaubten es jedenfalls.

[5]) Gewählt 20. Okt. vor Frankfurt in suburbio cf. Mühling, die Gesch. der Doppelwahl des Jahres 1314, München 1882, p. 83/84. O. Harnack, das Kurfürstencollegium bis zur Mitte des 14. Jahrh. (Giefsen 1883. p. 96.

[6]) Am 19. Okt. Mühling cf. p. 82 unten.

[7]) Dem Mainzer Erzbischof gelang es, die den Main herauf aus dem Elsafs kommenden Proviantschiffe Friedrichs aufzufangen. Mangel an Proviant zwang dann Friedrich, seinem Gegner das Feld zu räumen. — Mühling, l. c. p. 83, 4 ff.

[8]) Auch 1314 nicht, wo Frankfurt 3 Tage lang (cf. Peter v. Zittau, ed. Loserth in den fontes rer. Austr., I t. 8, p. 368, 23 ff.), aber aus politischen Gründen (cf. Harnack, p. 108, Anm. 3) geschlossen war und am 22. Okt. (Mühling, l. c., p. 84, 3 f.), den am 20. Okt. gewählten Ludwig einliefs. Hätte Peter v. Zittau mit den Worten: cum civitas esset aperienda auf ein Gewohnheitsrecht anspielen wollen, wie K. Müller, der Kampf Ludwigs des Baiern mit der röm. Kurie, I, p. 8 unten und ib. Anm. 5 anzunehmen scheint, so hätte er sich wohl anders geäufsert: secundum consuetudinem antiquam etwa hinzugefügt; cf. Peter, l. c., l. 25. Er will wohl nur sagen, die Stadt mufste geöffnet werden; warum? Weil die Stellung Friedrichs durch eine Hungersnoth unhaltbar geworden war. (Peter, cf. l. c., l. 25 ff. und l. 27), so dafs der Stadt nichts übrig blieb, als sich Ludwig zuzuwenden.

erschien es in völliger Verkennung des a. 1349 und 1400 Geschehenen keineswegs anfechtbar, auf die Jahre 1246 und 1314 zurückzugreifen. Hiernach nimmt es kaum Wunder, da ja nach Cuspinian die obsidio den wesentlichen Teil der antiqua consuetudo ausmachte, wenn man auch in den verschiedenen obsidiones, die Aachen als Krönungsort seit dem Ausgang des 12. und bis in die Mitte des 13. Jahrhunderts infolge der damaligen zwistigen Wahlen erlitten hatte [1]), ein „Reichsherkommen", wie ein Gelehrter des 18. Jahrhunderts sagt [2]), zu erblicken meinte. So kam man zu der Ansicht, dafs wie vor Frankfurt, so auch vor Aachen ein Kampf um das Reich, der freilich doch schon vor der Wahlstadt ausgefochten sein sollte, dem Doppelkönigtum ein Ende zu bereiten habe. [3]) Als ob, um von anderem zu schweigen, a. 1248

---

[1]) Durch Otto IV. a. 1198 (Böhmer-Ficker, reg. V, 1 p. 56 n. 199 g. h. i.) — durch Friedrich II. a. 1214 ib. cf. p. 189: Aug. 23. 1214 Berennung Aachens ohne Erfolg; erst am 25. Juli 1215 Krönung in Aachen, nachdem die Stadt infolge innerer Zwistigkeiten überrumpelt worden war. (Böhmer-Ficker, reg. V, 1 p. 200: 24. Juli) durch Wilhelm von Holland a. 1248 (Böhmer-Ficker V, 2 p. 926, 6 ff. — p. 928/9 f.).

[2]) Orth, s. die nächste Anm.

[3]) Dies ist wohl der wesentliche Inhalt der mir nicht zugänglichen Schrift Christian Hechts: schediasma historicum ac iuris publici germanici de obsidione binarum S. R. Imperii liberarum civitatum Francofurti ac Aquisgrani in dissidiosa duorum imperatorum electione ab altero eorum olim ex observantia quadam imperiali instituta (Francof. 1724). Aus Folgendem ergiebt sich wohl, dafs Hecht das Jahr 1246 nicht berührte: bei Joh. Phil. Kuchenbecker (analecta Hassiaca. Marburg 1729, collectio II, p. 264, Beitrag von Georg Estor) heifst es: habemus hic (1246) obsidionis Francofurti in dubia electione exemplum, ex quo confirmantur, quae Hechtius de obsidione F. et Aqu. p. 10 protulit. cf. auch Orth (Erläut. und Zusätze z. 3. Forts. d. Anm. über die Frankf. Reform. 1775 ad p. 212—214 d. 3. Forts.). Nach Hecht belagerten Wilhelm von Holland und Richard von Cornwall nach ihrer zwistigen Wahl Frankfurt: Olenschlager cf. N. Erl. der g. Bulle p. 412 und ibid. Anm. 5. — Richard kam aber erst 12 Jahre nach seiner Wahl, a. 1269 nach Frankfurt: Böhmer-Ficker, reg. imp. V 2, p. 1020, n. 5458, Wilhelm erst 1252 (gewählt 1247) — und zwar als gekrönter König (ib. p. 957, n. 5105a). — Hecht berührte besonders, wie es scheint, die Jahre 1247, 1257, 1314, 1349 u. 1400. — Für letzteres Jahr benutzte er (nach Weizsäcker) Königshofen und Gobelinus. Aufserdem lag ihm in Lersners Frankf. Chronik (I 1, c. 7, p. 86) (R. T. A. IV, n. 120) ein den Städten am 8. September 1400 erteiltes Gutachten vor (cf. Orth l. c.). — Die Belagerung Aachens a. 1248 und auch ein Lager Richards vor Aachen erwähnt Hecht: cf. Olenschlager, N. Erl. d. g. B. p. 412, 11 ff. und ib. Anm. 5; wie Hecht letzteres begründet, weifs ich nicht. — Senckenberg

Wilhelm von Holland nur darum Aachen fast ein halbes Jahr
lang belagert hätte, um dem Nahen seines Gegners Konrads IV.
entgegenzusehen, und als ob die dem Hohenstaufen ergebenen
Aachener nur darum die gröfsten Verluste über sich hätten ergehen lassen, um einer 'consuetudo' nachzukommen! — — Doch
wenn man es unternahm, das Vorgehen der Frankfurter a. 1349
und vor allem a. 1400 mit dem Hinweis auf frühere Zeiten zu
begründen, so war die Art und Weise, in der man verfuhr, gemeiniglich die von uns angeführte. [1]) Selbst ein J. D. v. Olenschlager, der wohl erkannte, dafs das Eigentümliche der Frankfurter Forderung gerade in dem Verlangen einer Lagerfrist von
6 Wochen und 3 Tagen bestand, einer Frist, die er vor dem
Jahre 1349 nicht zu entdecken vermochte, trug kein Bedenken,
bei Besprechung dieser Ereignisse unter anderem auch das Jahr
1246 zur Vergleichung heranzuziehen. [2])

(Sammlung von ungedruckten und raren Schriften 1751, I Vorrede, § XIV
sagt, wohl mit Beziehung auf Hecht, dessen Schrift er nennt (§ X): Von
der Belagerung Aachen, als einer Fabel, rede ich auf andere Zeit. (Meines
Wissens kam er nie dazu). In der Lagerfrist von 6 Wochen und 3 Tagen
sieht Senckenberg ein altes Vorrecht Frankfurts, wenn er auch den „posi-
tiven Gebrauch" desselben nur in Günthers und Ruprechts Zeiten zu finden
weifs (l. c. § XIV). — Wir werden noch auf Senckenberg zurückkommen,
wenn es sich darum handelt, den der Frist von 6 Wochen und 3 Tagen
innewohnenden Sinn zu bestimmen.

[1]) cf. z. B. Lersner, der ad a. 1246 sagt: Allhier kommet für, wie in
Zwiespalt der Wahl die Stadt sich zu verhalten habe; und dann Munsterus
citirt (I 1, c. 7, p. 61a unten), doch ungenau insofern, als er aus dessen
etlich monat, die ein Lager zu währen habe, 1¹/₂ Monat macht. cf. darüber
Excurs II. — Lersner scheidet scharf zwischen einem Lager und einer
Belagerung: dann es war keine Belagerung der Stadt Frankfurt (cf. II,
p. 81b.) — Orth (in der angeführten Schrift und in der 3. Forts. d. Anm.
zu Frankf. Reformation 1751, p. 212—214), der dankenswerte Litteraturnach-
weise giebt und auch über Hechts Schrift referirt, enthält sich eines bestimmten Urteils. — Erwähnt sei, dafs D. F. Häberlin (Vollständ. teutsche
Reichshistorie — 1546, IV, p. 278, 4. cf. VIII, p. 82, 2 ff.) ad a. 1400 zwar
gläubig von einer alten und damals noch nicht abgekommenen Gewohnheit,
wonach ein in Zwietracht erwählter römischer König die Stadt Frankfurt
6 Wochen und 3 Tage hätte umlagern müssen, spricht, aber nicht sagt, wann
die Gewohnheit vor 1400 beobachtet sei. —

[2]) In der Neuen Erläuterung der gold. Bulle § 107, p. 410 ff. Er sieht
in den 6 Wochen und 3 Tagen eine Gerichtsfrist, worüber später, und sagt
p. 412: „Allem Ansehen nach bekamen diese Läger (der in Zwiespalt Gewählten vor der Wahlstadt Frankfurt) um solche Zeit, wo der Aberglaube

Daſs man auf diese Weise nicht zu einer richtigen Auffassung der anfangs geschilderten Vorgänge gelangen konnte, wird einleuchten. [1]) Kann doch, wenn man die Frankfurter Forderung des Jahres 1349 auf ihren Ursprung hin untersuchen will, nur gefragt werden: haben die Frankfurter, und wenn nicht diese, so etwa andere bereits vor dem Jahre 1349 einen neu gewählten römischen König zu einer herkömmlichen, einem Gewohnheitsrechte entsprechenden Lagerfrist zu zwingen versucht, worauf fuſsend man an Günther das Ansinnen stellen mochte, sich 45 Tage zu lagern? — Schien man bisher hierauf verneinend antworten und in dem Verfahren der Frankfurter etwas völlig Neues sehen zu müssen,

.

---

gegen seine rechtmäſsige Fürsten stritt, sogar eine gewisse Rechtsform, als man den Streit um die Krone für ein indicium dei halten und nach der alten Gerichtsart 6 Wochen und 3 Tage erfordern wollte, um den Ausspruch Gottes durch die Degen abzuwarten". — Übrigens sind nach ihm die Läger der in Zwiespalt Gewählten vor der Wahlstadt Frankfurt wohl nie durch ein rechtliches Herkommen erfordert worden (p. 411, 7 ff.), sondern waren vermutlich nur eine Folge der vorsichtigen Haltung Frankfurts. Sie nahmen mit a. 1212 ihren Anfang, als Otto IV. die Frankfurter abhielt, Ihme (Friedrich II.) ihre Thore zu öffnen (p. 412, 5). Friedrich konnte aber ungehindert in Frankfurt einziehen (Böhmer-Ficker, reg. imp. V 1, p. 177, Dec. 5). Läger vor 1349 führt Olenschlager dann an zum Jahre 1246, 1247 (!) 1257 (!), zu den beiden letzten Jahren im Anschluſs an Hecht (p. 412, Anm. 5 cf.), dem er auch ein Lager (oder eine Belagerung) Wilhelms (a. 1248) und Richards vor Aachen entnimmt. Man sieht, daſs er durch Hecht sehr beeinfluſst ist, wenn er ihm auch nicht unbedingt zugiebt, daſs diese Läger durch ein rechtliches Herkommen erfordert worden seien. a. 1314 machte nach ihm der rasche Abzug Ludwigs eine Umlagerung unnötig. Wir werden später noch sehen, daſs Olenschlager ursprünglich einer anderen Auffassung über das Lager huldigte und es durchaus nicht auf zwiespältige Wahlen beschränkte. Wie er dazu kam, können wir erst später darlegen.

[1]) Es kann nicht unsere Aufgabe sein, jeden, der Gelegenheit hatte, sich über unseren Gegenstand in früheren Zeiten und noch dazu meist recht oberflächlich zu äuſsern, namentlich anzuführen. Es sei noch erwähnt, daſs N. H. Gundling irrtümlich dem Lager eine vierwöchentliche Dauer beilegt und den Frankfurtern die Anmaſsung unterschiebt, sie hätten sich auf die goldene Bulle (!) berufen, in der ein Privileg des Inhalts stünde, daſs ein neuer in Zwiespalt gewählter König erst 4 Wochen vor ihrer Stadt liegen müsse (!). cf. Ausführl. und vollst. Discurs über den Abriſs einer rechten Reichshistorie (Frankfurt u. Leipzig 1732. 4º.) (Dies Buch war mir nicht zugänglich.) (Orth giebt den Inhalt der Stelle in der 3. Forts. der Anm. p. 212) und cf. Abriſs zu einer rechten teutschen Reichshistorie, Hall 1708. 8º p. 227 periodus 7 n. 450.

das gerade darum, um es vor den Fürsten zu rechtfertigen, mit dem Mantel des Herkömmlichen umkleidet worden sei, so soll im folgenden dargelegt werden, wie die Frankfurter a. 1349 sich unmittelbar an ein ihnen von den Aachenern gewiesenes Beispiel anlehnten, die zweimal vor dem Jahre 1349 in die Lage gekommen waren, einem gewählten römischen Könige gegenüber mit dem Verlangen nach einer herkömmlichen Lagerfrist hervorzutreten.

I. Die Krönung Richards von Cornwall in Aachen a. 1257.

Der Gang unserer Untersuchung, der, wie es in der Natur der Sache liegt, durchweg ein chronologischer sein wird, führt uns zuerst in das Jahr 1257. Der am 13. Januar dieses Jahres vor Frankfurt auf dem Felde vollzogenen Wahl Richards von Cornwall[1]) war am 1. April in Frankfurt diejenige Alfons' von Castilien gefolgt.[2]) Während dieser säumte, der ihm übertragenen Stellung durch baldiges Kommen in das Reich Nachdruck zu verleihen, landete jener bereits am 1. Mai in Dortrecht und hielt am 11. Mai seinen Einzug in Aachen.[3]) Gekrönt jedoch wurde Richard erst am 17. Mai.[4]) Über Richards Landung, seine Ankunft in Aachen und seine königliche Krönung giebt ein von ihm selbst an Eduard, den ältesten Sohn des englischen Königs, gerichteter Brief vom 18. Mai einigen Aufschlufs.[5]) Nachdem der König erwähnt, wie er am 3. Mai von Dortrecht aufgebrochen und die folgenden Tage glücklich durch Holland und Geldern marschiert sei,[6]) berichtet er,[7]) wie er am 11. Mai nach Aachen

---

[1]) Böhmer-Ficker, reg. V, 2 p. 991: Jan. 13. p. 992, 19 f.
[2]) ib. p. 1027. April 1.
[3]) ib. p. 994 cf. Mai 1 und 11.
[4]) ib. p. 994. Mai 17.
[5]) cf. Mon. Germ. S.S. XXVII p. 479 f. ex Annalibus Burtonensibus, l. 36 ff. litera Ricardi regis Romanorum de transfretatione sua et prosperis eventibus et coronatione sua. Mai 18. Aquisgrani.
[6]) ib. p. 480, 8 ff.
[7]) ib. p. 480, 10 ff.: „die Veneris proxima ante festum ascensionis dominice (Mai 11) venimus Aquisgranum, occurrentibus nobis in dicte civitatis introitu clericis et laicis, nobilibus et ignobilibus, militibus et aliis universis civibus eiusdem qui nos cum honore magno et amplo tripudio leti et hilares sine cuiuslibet difficultatis obstaculo susceperunt. Nec credimus, quemadmodum vulgaris et communis fame testatur preconium, quod a ducentis annis et citra aliquis predecessorum nostrorum imperatorum vel regum videlicet Ro-

gekommen und von den Einwohnern der Stadt, von Geistlichen und Laien, von Hoch und Niedrig jubelnd sine cujuslibet difficultatis obstaculo eingeholt sei. Indem er sodann ein im Volke verbreitetes Gerücht gläubig wiedergiebt, äufsert er seine Meinung dahin, dafs seit mehr als zweihundert Jahren kein gewählter römischer König die Krönungsstadt so ohne jegliches Hindernis und so ohne jeden Widerstand (sine gravis offensionis seu contradictionis obice) habe betreten können, wie er sich dessen rühmen dürfe. Während er nun, so fährt der König fort, sich in Aachen aufgehalten habe, (cumque nostra serenitas moram in ea contraheret), sei ihm gemeldet worden, dafs der Mainzer Erzbischof, sein getreuer Anhänger, am 9. Mai bei Boppard über den Trierer Erzbischof, den Führer der alfonsistischen Partei, einen entscheidenden Sieg errungen und das von dem Trierer belagerte Boppard entsetzt habe. Nachdem dann der Mainzer Erzbischof in Aachen mit ihm, dem Könige, zusammengetroffen sei, habe er sich am Himmelfahrtstage (17. Mai) ebendaselbst die Krone aufs Haupt setzen lassen.

Wenn Richard trotz seiner schon am 11. Mai erfolgten Ankunft in Aachen erst am 17. gekrönt wurde, so veranlafsten ihn zu diesem Aufschub in erster Linie wohl die Abwesenheit des Mainzer und die drohende Haltung des Trierer Erzbischofs, dann aber nachträglich, sobald er von dem bei Boppard am 9. Mai errungenen Siege des Mainzer Erzbischofs erfahren hatte, wohl

---

manorum in suc novitatis principio nobis dumtaxat exceptis, dictam civitatem Aquiensem sine gravis offensionis seu contradictionis obice sit ingressus. Cumque nostra serenitas moram in ea contraheret, ecce leta nova nostris affectata desideriis occurrerunt, videlicet quod venerabilis archiepiscopus Maguntinensis, dilectus princeps noster ... die Mercurii proxima post festum sancti Johannis ante portam Latinam (Mai 9) cum archiepiscopo Treverensi, nostri culminis inimico, qui in nostri nominis et honoris dispendium cum magna multitudine armatorum castrum nostrum et palatium Bopard vallaverat, et ad expugnacionem ipsius multas machinas instaurarat, gloriose congressus in prelium contra eum, optinuit victoriam et triumphum, et ipso archiepiscopo Treverensi cum quibusdam ex suis vix per dedecorose fuge presidium evadente, ac nonnullis occisis, multos ex suis militibus et famulis et aliis suis complicibus captivavit ... Denique ipso castro ... liberato ipsoque ... communito, idem archiepiscopus Maguntinensis apud Aquisgranum ad presentiam nostram venit, ubi in festo ascensionis dominice (Mai 17) ... sacri Romani regni sceptrum recepimus et coronam ... Festo itaque coronacionis nostre sollempniter prout decuit celebrato, ecce ... ad humiliacionem ostrorum rebellium potenter et patenter intendimus dirigere castra nostra.

auch der Wunsch, seine Krönung am Himmelfahrtstage vollziehen zu lassen, um ihr durch den hohen kirchlichen Feiertag eine erhöhte Weihe zu geben. Während der dadurch verursachten mora, die somit vom 11. bis 17. Mai lief, befand sich der König in Aachen und wartete auf das Eintreffen guter Nachrichten und des Mainzer Erzbischofs. Nachdem dieser als Sieger, vielleicht schon geraume Zeit vor dem 17. zu ihm gestofsen war, fand die Krönung am Himmelfahrtstage statt.

Je weniger Richard vermutlich angesichts der rebelles, zu deren humiliacio er sich nunmehr rüstete, auf eine so baldige Erfüllung seiner Wünsche gehofft hatte, umsomehr konnte er jetzt Eduard gegenüber triumphieren. Und je weniger er etwa auf ein sofortiges Entgegenkommen der Aachener, die seinem Vorgänger, Wilhelm von Holland, erst nach einer fast halbjährigen und äufserst heftigen Belagerung[1] die Thore geöffnet hatten. gerechnet hatte, mit um so mehr Grund mochte er frohlockend hervorheben, dafs er die Stadt „sine cujuslibet difficultatis obstaculo" bereits am 11. Mai habe betreten können. Um die Bedeutung dieser Thatsache seinem Neffen recht zu Gemüte zu führen, scheute Richard sich nicht. indem er einem im Volke umlaufenden Gerede wohl nur zu gern Glauben schenkte, demselben zu schreiben, dafs seit 200 Jahren und darüber hinaus kein neuer römischer König sich mit einem solchen Erfolge habe brüsten und sine gravis offensionis seu contradictionis obice in Aachen habe einziehen können.[2] Eine Behauptung, die nur insoweit richtig ist, dafs Otto IV. a. 1198, Friedrich II. a. 1214 und Wilhelm von Holland a. 1248 auf sehr energischen Widerstand bei der Aachener Bürgerschaft gestofsen waren, als sie ihre Krönung in Aachen vollziehen lassen wollten.[3] — An das

---

[1] Böhmer-Ficker, reg. V, 2 p. 926. 6 ff. Ende April etwa Anfang der Belagerung (n. 4918a), am 18. Oktober 1248 Übergabe der Stadt (p. 928 f. n. 4932a).

[2] Diese Übertreibung erinnert an Matheus Paris, der von Richards Krönung sagt: nec erat qui contradiceret vel conturbaret (scil. die Krönung) quod nunquam contigit a tempore cuius exstat memoria (!) (Lnard SS. rer. Brit. V, 641 cf.) Matheus hat sicherlich den Brief Richards an Eduard benutzt.

[3] über Otto IV.: Böhmer-Ficker, reg. V, 1 p. 56 n. 199 g, h und i — über Friedrich II: ib. p. 180: Aug. 23, 1214 Berennung Aachens ohne Erfolg, erst am 25. Juli 1215 Krönung in Aachen, nachdem die Stadt infolge innerer

Schreiben Richards erinnert uns eine in die Bulle Qui coelum
Urbans IV. vom Jahre 1263[1]) inserierte Darstellung des angeblich
bis dahin in Deutschland geltenden Wahlrechts, die Richard, der
mit Alfons in Zwiespalt Erwühlte, um sein Recht zu beweisen,
Urban IV. gesandt hatte.[2]) Der Verdacht, daſs die hier erwähnten consuetudines circa electionem novi Regis Romanorum
in Imperatorem postea promovendi[3]) zum Teil sehr jungen Datums
und erst nach Richards Wahl und Krönung mit besonderer Rücksicht auf diese geschaffen sind, ist gar nicht abzuweisen, wenn
wir den Ausführungen, die auf die Krönung eines erwählten
römischen Königs Bezug haben, den in derselben Bulle enthaltenen
Bericht von Richards Krönung und dessen Schreiben an Eduard
vom 18. Mai 1257 zur Seite halten. Die auf die coronatio bezüglichen Bestimmungen lauten:[4]) „electione celebrata, electus, si
electioni consenserit, ante Aquisgranum per dies aliquos facta
mora, infra annum et diem post celebratam electionem eandem,
quando electus voluerit, per Coloniensem Archiepiscopum, ad quem
id ex officio suo spectat inungitur consecratur et etiam coronatur:
quo facto cuilibet via praecluditur contra electionem, vel electum,
iam Regem Romanorum effectum, dicendi aliquid vel etiam opponendi: sed idem electus praedicto modo inunctus, consecratus et
coronatus pro Rege habetur etc.“ Hiernach wäre das Recht
Richards, der sich innerhalb Jahr und Tag nach seiner Wahl
hatte krönen lassen, den Ansprüchen des noch ungekrönten Alfons
gegenüber ein über jeden Zweifel erhabenes gewesen, sagte doch
Urban zu Richard: „. . eidem electioni . . consensisti, ac personaliter
Alemanniae regnum ingressus, et moram apud Aquisgranum,
quantum decuit, faciens, nec inveniens resistentem, postmodum
fuisti per . . Coloniensem archiepiscopum . . consecratus inunctus

---

Zwistigkeiten überrumpelt worden war. (Böhmer-Ficker, reg. V, 1
p. 200: 24. Juli. — 25. Juli 1215 friedl. Einzug und Krönung p. 201.) Über
Wilhelm: cf. Böhmer-Ficker, reg. V, 2 p. 926, 6 ff. und O. Hintze, Wilh.
v. Holland, Leipzig 1885, p. 22 ff.
  [1]) cf. Olenschlager, Urkundenbuch zur Guld. Bulle n. XVII p. 46 ff.
aus des Raynaldi annales eccles. tom. XIV.
  [2]) cf. K. Müller, der Kampf Ludwigs des Baiern mit der röm. Kurie.
I, p. 10, 14 ff.
  [3]) Olenschlager, l. c. p. 49, 7 ff. cf.
  [4]) Olenschlager l. c. p. 49, 22 ff.
  [5]) Olenschlager l. c. p. 51, 18 ff.

coronatus .., nullo se inibi coronationi tuae realiter aut verbaliter opponente etc." Von einem Herkommen aber, demzufolge ein gewählter römischer König vor seiner Krönung eine mora von einigen Tagen vor Aachen auszulagern hatte, und dem Grundsatz, dafs es bis zu dem Moment der Krönung einem jeden gestattet sei, gegen den electus, der solchen Möglichkeiten in seinem mehrtägigen Lager vor Aachen entgegensehe, mit Worten oder Thaten zu opponieren, ist dem deutschen Staatsrecht bis zum Jahre 1263 ca. nichts bekannt. Richard wenigstens würde schwerlich am 18. Mai 1257 seinem Neffen die Existenz eines Gewohnheitsrechtes, infolgedessen er zu einer mora, und zwar nicht vor, sondern in Aachen gezwungen worden sei, vorenthalten haben, wenn es existiert hätte. Statt dessen erzählt er nur: cumque nostra serenitas moram in ea contraheret etc., nachdem er kurz vorher in demselben Ton seines zweitägigen Aufenthalts in Dortrecht Erwähnung gethan: apud Durdrech ... moram protraximus biduanam. [1]

Es fragt sich nur, warum Richard plötzlich dem Papste von einer mora ante Aquisgranum, deren Beobachtung für einen neu Gewählten Pflicht sei, zu melden weifs, zumal er selbst die Zeit vom 11. bis zum 17. Mai, dem Tage seiner Krönung, nicht vor, sondern in der Stadt verlebt hatte. Es waren jedenfalls nicht rechtliche, sondern vornehmlich politische Beweggründe gewesen, und zwar das Besorgnis erregende Vorgehen der castilianisch Gesinnten, besonders natürlich des Erzbischofs von Trier, die sich der sofortigen Vornahme der Krönung entgegengestellt hatten. Während man vielleicht bei der dem neuen König so günstigen Stimmung der Aachener hätte erwarten können, dafs Richard, der an einem Freitag (11. Mai) von einer jubelnden Menge in die Stadt geleitet worden war, sich sofort am darauffolgenden Sonntag hätte krönen lassen, waren anscheinend in den ersten Tagen seines Aachener Aufenthalts die Aussichten Richards nichts weniger als rosig und wohl keinesfalls derart gewesen, dafs seine Anhänger es ratsam gefunden hätten, bereits am 13. Mai, zu einer Zeit, wo der Mainzer Erzbischof wohl schwerlich schon angelangt war, zum Krönungsakt zu schreiten. Diese Verhältnisse, die auf die Stärke der Position Richards gerade kein günstiges Licht warfen, mufsten wohl Urban IV., dem man die Stellung des Königs

---

[1] Monum. Germ. SS. XXVII, p. 480, 6 ff.

nicht nur als eine staatsrechtlich, sondern auch als eine von Anfang an materiell gesicherte darthun wollte, möglichst verheimlicht werden. Richard, der nach seiner Darstellung concorditer electus war[1]) und die electio Alfonsi für null und nichtig erklärte, utpote post annum et diem contra easdem Imperii consuetudines geschehen et termino ad hoc statuto . . . transacto[2]), wandte, da er auf die eigentliche Veranlassung der mora, auf die im Interesse seines Gegenkönigs Alfons gefaſsten Aggressivpläne seiner Gegner, dem Papste gegenüber nicht eingehen wollte, deshalb wohl die Sache so, als ob er sich, als ein neu erwählter römischer König, einer vor Aachen üblichen Lagerfrist hätte unterziehen müssen. Da nach ihm dieselbe bezwecken sollte, den etwaigen Gegnern eines electi Romanorum regis noch Gelegenheit zu einem etwaigen Protest zu geben, so stand der dem Papste vorgetragene Bericht in keinem zu schroffen Gegensatze zu den wirklichen Thatsachen, die sich a. 1257 abgespielt hatten. Hatte man doch allem Anschein nach in den der Krönung vorhergehenden Tagen eine Verhinderung derselben durch den Erzbischof von Trier befürchtet. War aber die mora als eine durchaus gewohnheitsmäſsige definiert, so konnte der Aufschub, den Richards Krönung erlitten, für Urban nur ein Beweis mehr dafür sein, wie peinlich genau dieser und seine Anhänger sich an die consuetudines des Reiches gehalten hatten, und wie berechtigt eben darum Richards Bitte um Anerkennung von seiten des Papstes war.[3]) Daſs übrigens die unter Richards Einfluſs geschaffene rechtliche Bestimmung eigentlich auf ihn selbst nur halb paſste, da von einem Warten seinerseits vor Aachen, genau genommen, nicht die Rede sein konnte, zeigt sich deutlich genug in dem Bericht über seine Krönung. Läſst derselbe doch durch das unbestimmte apud (moram apud Aquisgranum quantum decuit faciens) und mehr noch durch den Satz: coronatus . . . nullo se inibi coronationi . . realiter aut verbaliter opponente . . durchblicken, daſs Richard sich während der mora in der Stadt befunden habe. Gerade das

---

[1]) Olenschlager l. c. p. 50, 9 ff.

[2]) ib. p. 52, 6 ff. von unten. p. 53. cf. Harnack, Kurfürstenkolleg. p. 95 l. 26 f., der diese Behauptung eine augenscheinl. Willkür nennt.

[3]) cf. C. Rodenberg, der Brief Urbans IV. v. 27. Aug. 1263 etc. N. Archiv Bd. 10 p. 177, der in dem „Warten Richards vor Aachen" eine Zufälligkeit findet, die in der Bulle erst zu einer Rechtsbestimmung erhoben ist.

aber konnte in dem Papste, der aus den Worten: electus ... ante
Aquisgranum per dies aliquos facta mora ... coronatur die Vorstellung gewinnen mußte, daß die Aachener erst nach Verlauf
von einigen Tagen zur Aufnahme des neu Gewählten verpflichtet
wären, nur ein günstiges Vorurteil für die Machtstellung des
neuen Herrschers erwecken, dem die Aachener schon vor der
gesetzlich vorgeschriebenen Zeit Einlaß gewährt hätten.

Suchte man auf diese Weise der Verzögerung der Krönung
jede für Richard ungünstige Deutung zu nehmen, so war auch
dafür gesorgt, daß selbst dann, wenn der Papst in dem Könige
nur einen in discordia electum sehen wollte, die Rechtmäßigkeit
der Wahl und Krönung Richards nicht mehr anzufechten war.
Denn es hieß: „Et si votis principum .. divisis in plures, duo in
discordia eligantur, vel alter electorum per potentiam obtinebit,
vel ad comitem Palatinum, tamquam ad huiusmodi discordiae iu-
dicem est recursus habendus, nisi forsan super electione vel coronatione huiusmodi suborta discordia per appellationem vel quere-
lam praedictorum principum ad examen sedis Apostolicae, quo
casu ipsius est in tali causa cognitio, deferatur." [1] Von diesen drei
Möglichkeiten durfte Richard, wenn auch er seine Wahl als eine
zwiespältige bezeichnete, getrost behaupten, sich der ersten bereits
bedient zu haben, da er den Anhängern Alfons' vor seiner Krönung
eine entscheidende Niederlage beigebracht und eben durch seine
potentia die Aachener coronatio durchgesetzt hatte.

Es fragt sich jetzt, ob die in der Bulle Urbans sich findende
und unfraglich auf Richard zurückgehende Rechtsauffassung, der
zufolge ein neu erwählter römischer König sich vor seiner Aachener
Krönung einer mora von einigen Tagen zu unterziehen hatte,
etwa später bestimmend auf die Haltung der Stadt Aachen ein-
gewirkt hat. Auf Grund dieser Erwägungen wenden wir unsere
Aufmerksamkeit folgendem zu.

II. Die Doppelwahl (1314) und die Wahl Karls IV. (1346).

Als Friedrich der Schöne nach seiner Wahl (19. Oktober 1314)
in Sachsenhausen aus Mangel an Proviant seine Stellung am
linken Ufer des Main hatte aufgeben und dem am 20. Oktober
desselben Jahres gewählten Wittelsbacher Ludwig die Wahlstadt

hatte überlassen müssen, ging das Streben Friedrichs vor allem
dahin, seine Krönung möglichst rasch in Aachen vollziehen zu
lassen.[1]) Er überschritt mit einigen Getreuen den Main und
begab sich nach Bonn. Von hier aus schickte er zu den Aachenern
und begehrte, ut sibi ad sedem Caroli introitum condonarent.[2])
Vermutlich bezieht sich auf diese Gesandtschaft der Erzbischof
Heinrich von Köln, wenn er erzählt:[3]) Cives .. Aquenses ..
per solemnes nostros nuncios et speciales, primo secundo et tertio ad
eos transmissos, requiri fecimus, ut nos intromisissent pro coronatione huiusmodi Aquis facienda ut est moris ..[4]) Die Antwort
der Aachener war unbestimmt gehalten[5]): se praeventos et iam
devinctos aliis pactis, iuxta suas sanctiones vellent prius utriusque
potentiam experiri et sic ad hunc vel ad illum esse benivolos et
paratos. Wenn sie unter Betonung der zwiespältigen Wahl sich
auf sanctiones beriefen, denen gemäfs sie zu handeln hätten, so
können darunter nur die in der Bulle Urbans befindlichen Rechts-
bestimmungen gemeint sein, die die Eventualität einer zwistigen
Wahl nicht aufser acht gelassen und in erster Linie vorgeschrieben
hatten: si ... duo in discordia eligantur ... alter electorum per
potentiam (cf. potentiam experiri) obtinebit.[6]) Vielleicht bewog
sie zu einer Benutzung derselben zum teil auch das Vorgehen des
Kölner Erzbischofs, der, bevor an Aachen die Mahnung ergangen
war[7]), Friedrich den Einlafs zu gewähren, wohl von Bonn aus[8]),

---

[1]) cf. Mühling, die Doppelwahl des Jahres 1314 p. 81 ff.

[2]) Joh. Victoriensis 5, 1 bei Böhmer, fontes I, p. 383, 19.

[3]) Im Kurköln. Verkündigungsschreiben b. Olenschlager, Urkundenbuch zur Staatsgesch. d. röm. Kaiserth. p. 73, 3 ff. (n. XXX).

[4]) cf. auch Schreiben Heinrichs an Nürnberg, in dem er die durch ihn
vollzogene Königskrönung Friedrichs meldet. Köln 1314, 25. Nov. bei
Harnack, Kurfürstenkoll. p. 247, 2 f.: interim et cives Aquenses requirentes,
ut nos intromissent ad coronacionem .. faciendam Aquis ut est moris.

[5]) b. Joh. Victor. 5, 1 p. 383.

[6]) Olenschlager, Urkundenbuch z. guld. Bulle p. 50, 2 ff.

[7]) cf. das Kurköln. Verkündigungsschreiben l. c. p. 72 und 73. in dem
die Gesandtschaft an Aachen später als die Ladung Ludwigs erwähnt wird,
und das dem Bericht über jene beigefügte interim (cives etiam Aquenses
interim) offenbar einen Zeitpunkt nach der Ladung und vor dem Ablauf der
Frist bezeichnet. cf. übrigens auch das erwähnte Schreiben Heinrichs an
Nürnberg, in welchem von der Ladung früher als von der an Aachen gerichteten Aufforderung berichtet wird. (Harnack, Kurfürstenkolleg. p. 246
unten, p. 247, 1 ff.

[8]) Die Annahme liegt wenigstens sehr nahe, da die Gesandtschaft nach
Aachen wohl von Bonn ausging.

Ludwig, Ducem Bavariae ... omnesque qui se dicto Friderico opponere vellent vel sibi in Romano regno ius potius vendicarent, ad certum diem et locum vor sich citiert hatte ad docendum de iure, si quod eis competeret in Regno memorato[1]). Dieses Verfahren, das mit der in der Bulle gegebenen Rechtsdarstellung, wonach im Falle einer zwiespältigen Wahl der Pfalzgraf oder der apostolische Stuhl[2]), aber nie und nimmer der Kölner Erzbischof das Amt eines Schiedsrichters übernehmen konnten, in schroffem Widerspruch stand, mochte die Aachener veranlassen, etwas ostentativ den Erzbischof Heinrich auf die sanctiones, die für sie maßgebend wären, aufmerksam zu machen. Um so weniger kann es wundern, daß dieser darauf verzichtete, Aachen für Friedrich zu gewinnen, zumal letzterer einen großen Teil seines Heeres entlassen hatte[3]), so daß schwerlich für den Augenblick an einen Kampf mit Ludwig in offenem Felde zu denken war. Am 25. November 1314 fand die Krönung Friedrichs in Bonn statt[4]), nachdem auf die Aufforderung Heinrichs, sich seinem Urteilssprüche zu unterwerfen, weder Ludwig natürlich, noch irgend einer seiner Anhänger erschienen war.[5]) Ob inzwischen die Aachener auch Ludwig gegenüber, der in ihrer Stadt, gleichfalls am 25. November[6]), schließlich gekrönt wurde, auf die in der Bulle Qui coelum enthaltenen staatsrechtlichen Bestimmungen zurückgegriffen hatten? —

Ein Blick auf die Krönung Karls IV. zu Bonn am 26. November 1346[7]) soll uns die Antwort geben.

* * *

---

[1]) cf. Kurköln. Verkünd.-Schreiben l. c. p. 72 f. und Heinrichs Schreiben an Nürnberg: et ne in eadem (Friedrichs) coronacione perperam procedere videremur, omnibus, si qui forent, qui coronacioni eiusdem se opposuisse voluissent, in specie in genere vocari peremptorie fecimus coram nobis etc. (Harnack, l. c. p. 246 f.).

[2]) cf. Urkundenbuch z. guld. Bulle, p. 50, 2 ff.

[3]) cf. Mühling, p. 83, 8. Joh. Victor., p. 383 (Böhmer fontes I).

[4]) Mühling, p. 83. Olenschlager, Urkundenbuch z. Staatsgesch., p. 73.

[5]) ib. p. 73 und Schreiben Heinrichs an Nürnberg bei Harnack, pag. 247, 4 ff.

[6]) cf. Mühling, p. 84, 7 ff., Heinricus Rebdorf., p. 513 oben (Böhmer-Huber fontes IV).

[7]) cf. Böhmer-Huber, reg. Caroli IV, p. 26, n. 265 a.

Uber die coronacio des am 11. Juli 1346 in Rense bei Lebzeiten Ludwigs des Bayern gegen diesen erhobenen[1]) Karl liegt uns bei Giovanni und Matteo Villani je ein Bericht vor, die beide bis jetzt wenig oder gar nicht beachtet, für unsere Frage von hervorragender Wichtigkeit sind. Giovanni[2]) erzählt: „il detto Carlo avuto del papa sua confermagione sanza indugio, non potendosi coronare ad Asia la Cappella per la forza del Bavaro e di suoi amici ch'erano in que' paesi raunati con forza d'arme per contastarlo, si fece coronare a una terra, che si chiama Bona presso a Cologna in forza di lui e di suoi amici non tenendo tre di campo in arme, come e di consueto e dice il decreto[3]): e cio fu il di santa Caterina (falsch), a di 25 di Novembre 1346“. Die uns angehenden Worte Matteos lauten[4]): „costui eletto era, impotente di cavalleria e di moneta (scil. Carl IV a. 1346) a potere mantenere campo ad Aja la Cappella quaranta di, a rispondere con la forza dell' arme a chi lo volesse contastare, secondo la consuetudine degli eletti imperadori: e però santa Chiesa dispensò con lui questa ceremonia e levollo dal pericolo e dalla spesa“. Beide Nachrichten stimmen darin überein, dafs Karl IV. sich vor seiner Krönung einer Lagerfrist, wie sie das Herkommen erfordere, nicht unterzogen habe. Während aber Giovanni es nicht für ausgeschlossen gehalten zu haben scheint, dafs ein dreitägiges Lager a. 1346 auch vor Bonn hätte eintreten können, stand seinem Bruder Matteo das vierzigtägige Lager in einem so engen Zusammenhang mit der Krönung in Aachen, dafs aus der Unfähigkeit Karls, sich vor Aachen zu lagern, und dem ihm deshalb von der heiligen Kirche erteilten Dispense, der ihn dieser „ceremonia“ überhob, das völlig Überflüssige des campo vor Bonn a. 1346 von selbst sich ergab. Nennt aber Giovanni ein decreto, dem gemäfs

---

[1]) cf. ib. p. 22, n. 234 b.
[2]) Ausgabe von Dragomanni, Buch XII, c. 78.
[3]) Dem umsichtigen Olenschlager ist diese Stelle nicht entgangen, wenn er (Staatsgesch. d. röm. Kaisert. § 164, p. 366, 12 ff.) sagt: (Der gröfste Teil des Reiches noch immer für den Kaiser (Ludwig) in Waffen). Er (Karl) trauete auch daher nicht einmal, nur auf ein paar Tage vor dieser Stadt (Bonn) sein Lager aufzuschlagen, obgleich das alte Herkommen erfordert hätte, dafs er zuvörderst seinen Gegner hier erwarten sollen (aus Villani Giov.).
[4]) Matteo Villani Cronica da Gher. Dragomanni Bd. I, Firenze 1846: 1, c. 34, p. 43, 2 ff. —

die dreitägige Lagerfrist zu beobachten sei, und spricht ferner
Matteo von einer consuetudine degli imperadori, die dem neu Gewählten ein vierzigtägiges Lager vor Aachen zur Pflicht mache,
so kann wol kein Zweifel sein, daſs Beide, bewuſst oder unbe-
wuſst, sich an Urbans Bulle Qui coelum halten, und daſs unter
dem decreto Giovanni's eben jene zu verstehen ist, in der sich
unter den consuetudine degli eletti imperadori ja auch diese
findet[1]): electus .. ante Aquisgranum per dies aliquos facta
mora .. coronatur: quo facto cuilibet via praecluditur contra electionem vel electum iam regem Romanorum effectum dicendi aliquid vel etiam opponendi etc. Wie dieser Bestimmung zufolge
ein jeder neu erwählte römische König sich einige Tage vor
Aachen lagern sollte, um während der mora etwaigen Widersachern noch Gelegenheit zum Protest zu geben, so war es auch
der Zweck der dreitägigen[2]) und der vierzigtägigen mora, innerhalb derselben a potere mantenere campo ad Aja la Capella, a
rispondere con la forza dell' arme a chi lo volesse contastare.
Mag sich auch die Frist von einigen Tagen bei dem einen in
eine solche von drei, bei dem andern in eine solche von 40 Tagen
verwandelt haben, im übrigen decken sich offenbar die Anschau-
ungen Giovanni's und Matteo's völlig mit dem in der Bulle hinsichtlich des Lagers Bemerkten. Zeigen doch die Worte Matteo's:
secondo la consuetudine degli eletti imperadori, daſs auch er, und
Giovanni wird kaum anderer Ansicht gewesen sein, das Lager
durchaus nicht auf zwistige Wahlen beschränkte.

Ganz dieselbe Rechtsauffassung nun tritt uns in einem dem
14. Jahrhundert angehörenden Romane, dem Loher und Maller,
entgegen, der a. 1407 von einer Gräfin von Nassau-Saarbrücken
aus dem Französischen ins Deutsche übersetzt wurde[3]). An einer
Stelle nämlich, an der die deutsche Königswahl auf eine päpstliche Constitution zurückgeführt und zu dem Ende der Papst

---

[1]) Olenschlager, Urkundenbuch z. g. B., p. 49, 22 ff.

[2]) Das zeigen die Worte: ... non tenendo tre di campo in arme.

[3]) Loher und Maller, Ritterroman erneuert von K. Simrock, Stutt-
gart 1868, Cotta, Nach Simrock liegt dem deutschen Text ein jetzt ver-
lorener französischer, diesem aber ein auch wohl nicht mehr vorhandener
lateinischer zu Grunde. (Vorr., p. VII) .. cf. aber Hist. littéraire fran-
çaise tome 28, p. 239 ff., wo gegen Simrock behauptet wird, daſs ein fränz.
und nicht ein latein. Gedicht das ursprüngliche sei (p. 244), und wo es heiſst,
daſs das Gedicht auf jeden Fall aus dem 14. Jahrhundert sei (p. 244, 4 f.).

2*

selbst als redend eingeführt wird, heißt es[1]): Und so der Fürst
gekoren und geweiht ist, so mag er seines Rechtes desto sicherer
sein und fürbaß seine nächsten Freunde zusammenbringen und
vor Aachen ziehen, die edle Festung vierzig Tage lang zu um-
sitzen in Hütten und Gezelt; kommt darüber kein mächtigerer
Fürst, der ihn mit Gewalt hinwegtreibt, so daß er mit Macht die
vierzig Tage lang das Feld behält und die Zeit über stets da ver-
bleibt, so gebe man ihm die Schlüssel und kröne ihn daselbst etc.
— Wie sehr diese Worte mit denjenigen Matteo's in Einklang
stehen, und zwar auch darin, daß das Lager vor Aachen nach
jeder Wahl stattzufinden habe, liegt auf der Hand. Zugleich
rufen sie uns aber auf merkwürdige Weise die in der Bulle Urbans über die mora sich findende Bestimmung ins Gedächtnis.
Denn wenn es überhaupt noch eines Beweises bedürfte dafür, daß
sowol dem dreitägigen als auch dem vierzigtägigen Lager die in
der Bulle erwähnte mora ante Aquisgranum per aliquos dies facta
zugrunde liegt, so wird er doch unfraglich durch die Thatsache,
daß es gerade der Papst ist, der in diesem Roman dem vierzigtägigen Lager Eingang in das deutsche Staatsrecht verschafft,
geliefert sein. Vermutlich hatte der Verfasser des Loher und
Maller davon Kunde erhalten, daß auf Grund eines päpstlichen
Schreibens der Versuch gemacht sei, einen erwählten römischen
König zu einer vierzigtägigen Lagerfrist vor Aachen zu bewegen.
Wenn er auf diese Nachricht hin, vielleicht ohne die Bulle zu
kennen, den Papst als denjenigen bezeichnete, dem diese Lagerfrist vor Aachen ihre Entstehung verdanke, so ist das nicht weiter
auffallend.

---

[1]) p. 222 f. (Simrock). — cf. Zeitschr. d. Savigny-Stiftung für Rechtsgesch. II 1, p. 201. —
Der Inhalt des Romans, soweit er für uns in Betracht kommt, ist: Loher
(Lothar), Karls des Großen Sohn, wird von seinem Bruder Ludwig nach des
Vaters Tode seines Anteils an der Herrschaft beraubt. Doch erhielt Lothar
von dem Papste, dem er gegen die Heiden geholfen, Deutschland und die
Kaiserwürde zurück. — Um diese Lothar und den Deutschen wieder zu ent-
reißen, lädt man arglistig Lothar an Ludwigs Hof. Lothar, dem Rufe
folgend, wird entmannt, damit nach Lothars Tode die Kaiserwürde wieder
auf Frankreich übergehe. — Infolge der Gewaltthat blutiger Krieg der
Brüder. Endlich Friede. Der Papst regelt von Neuem die Übertragung der
Kaiserwürde auf Lothar und die Deutschen (bei der Gelegenheit wird das
Lager vor Aachen genannt). cf. Hist. litt. franç., tome 28, p. 239 ff. und
Simrock.

Wie aber erklärt es sich, das zwei dem Ausland angehörende
Zeitgenossen[1]) zu ein und demselben Jahre, der eine von einem
campo di tre di, der andere von einem solchen di quaranta di
zu erzählen wissen?

Da kein Grund vorliegt, warum wir Matteo und Giovanni
hier mifstrauen oder gar den Bericht eines von ihnen verwerfen
sollten, so bleibt eigentlich nur die Annahme übrig, dafs in den
der Krönung Karls vorhergehenden Tagen nicht wenige von
ihm ein dreitägiges, andere hinwiederum ein vierzigtägiges
Lager vor Aachen erwartet haben. Dafs die Aachener, deren
Widerspänstigkeit Karl schliefslich zwang, sich in Bonn krönen
zu lassen[2]), zu einer derartigen Erwartung Anlafs gegeben haben
werden, hat wohl sehr viel Wahrscheinlichkeit für sich. Wir
möchten daher annehmen, dafs von Aachen aus an Karl als Antwort auf sein Verlangen, ihm die Krönung dort an gewohnter
Stätte zu gewähren, das Ansuchen gestellt sein wird, sich vor
seinem Einzuge in die Stadt einer Lagerfrist von bestimmter zeitlicher Ausdehnung zu unterziehen. Dafs aber das wittelsbachisch
gesinnte Aachen, das kaum ernstlich daran gedacht haben wird,
Ludwig die Treue zu brechen, dann nicht ein dreitägiges, sondern
ein vierzigtägiges Lager von dem Gegenkönige verlangt haben
wird, bedarf keiner weiteren Erörterung. Das Auftauchen einer
dreitägigen Frist, deren Auslagerung von vielen wol als sicher
bevorstehend betrachtet, von den Aachenern selbst vermutlich
a. 1346 aber gar nicht gewünscht wurde, wäre dann nur so zu
deuten, dafs die Krönungsstadt bereits bei einer anderen Gelegenheit einem neu gewählten römischen Könige gegenüber mit derselben hervorgetreten war. Aber wann?

Diese Frage bringt uns in das Jahr 1314 zurück, von dem
wir ausgegangen waren.

* * *

Wir erinnern uns, dafs die Aachener sich in der Friedrich
dem Schönen auf seine Bitte um Einlafs in die Stadt übermittelten
Antwort: iuxta suas sanctiones vellent prius utriusque potentiam

---

[1]) Giovanni, gest. 1348 an der Pest, Matteo setzte das Werk fort bis
1363 (cf. Lorenz, Gesch. Quellen II 263, 5 ff., l. 14 f.). —
[2]) cf. Böhmer-Huber, reg. Carol. p. 26, n. 265 a: Krönung in Bonn,
weil ihn die Bürger von Aachen nicht in die Stadt liefsen.

experiri[1]), auf eine in der Bulle Qui coelum befindliche Bestimmung bezogen hatten. Wie nahe lag es, Ludwig den Bayern, wenn nicht auf dieselbe, so doch auf eine andere in derselben Bulle enthaltene Vorschrift zu verweisen! Und welche hätte unter den gegebenen Verhältnissen diese andere sein können, wenn nicht die auf die mora vor Aachen bezügliche? — Wir möchten daher glauben, daſs die Aachener, die bis zu dem Jahre 1314 allem Anschein nach nie eine herkömmliche Lagerfrist gefordert haben, eben in diesem Jahre versucht haben, Ludwig einer solchen, und zwar unter Berufung auf die Bulle Urbans, geneigt zu machen. — Doch was mochte die Aachener veranlaſst haben, aus der mora von einigen Tagen gerade eine dreitägige zu machen? Folgende Vermutung dürfte vielleicht nicht ganz abzuweisen sein.

Es fällt auf, daſs Friedrich der Schöne und Ludwig der Bayer an ein und demselben Tage, 25. November 1314, und zwar jener in Bonn, dieser in Aachen, gekrönt wurden. Ob der Zeitpunkt der Krönung Friedrichs, die an einer die certa .. ad hoc statuta[2]) vor sich ging, bestimmend für denjenigen der Krönung Ludwigs gewesen ist? — Man erwäge Folgendes. Wie vorher berührt, war von Seiten Heinrichs von Köln an Ludwig eine in peremptorischem Ton gehaltene Ladung[3]) ad diem certum et locum, unter welchem letzteren wir Bonn verstehen möchten, ergangen. Selbstverständlich muſsten, da sich nun einmal der Erzbischof angemaſst hatte, über das Ludwig und dessen Anhängern zustehende Recht zu Gericht zu sitzen, die hierbei erforderlichen Formalitäten auf das peinlichste beobachtet werden. Da aber nach deutschem Rechte die Dauer eines Gerichtes drei Tage beträgt[4]), so konnte Ludwig, wenn etwa der ihm gesetzte Termin (dies certus) der 22. November war, im Falle seines Nicht-Erscheinens nicht bereits

---

[1]) Joh. Victor. 5, 1. bei Böhmer fontes I, p. 383.

[2]) cf. Olenschlager, n. XXXI im Urkundenbuch z. Staatsgesch.: Verkündigungsschreiben an den künft. Papst von Kurkölln etc. p. 75 unten und p. 76.

[3]) cf. ib. n. XXX Kurkölln. Verkündigungsschreiben in das Reich etc. p. 72 und 73. cf. Heinrichs Schreiben an Nürnberg 25. Nov. 1314. Köln. Harnack, p. 246 unten, p. 247, 1: omnibus si qui forent qui coronacioni eiusdem se opposuisse voluissent in specie et in genere vocari peremptorie fecimus coram nobis etc.

[4]) cf. Sohm, fränk. Recht und röm. Recht p. 58, l. 16. Waitz, deutsche Verfassungsgeschichte II 2, p. 194, 9, p. 195, 1 (3. Aufl. 1882).

an diesem Tage, sondern erst nach Ablauf auch des dritten Tages
(des 24. Novembers) in contumaciam verurtheilt und jedes An-
rechtes auf die Krone für verlustig erklärt werden. Dafs aber
Ludwig sich gerade am 22. November, und wohl in Bonn, zu seiner
Rechtfertigung hatte einfinden sollen, dürfte aus inneren Gründen
Wahrscheinlichkeit für sich haben. Denn man wird doch wohl
kaum nach Innehaltung der für ein Gericht vorgeschriebenen
Dauer noch länger mit der Vornahme der auf den 25. November
ja schon angesagten Krönung Friedrichs haben zögern wollen.
Die Worte Heinrichs von Köln[1]) sprechen eher für das Gegenteil: die itaque . . . sic per nos eidem Ludovico et aliis opposi-
toribus ipsius Friderici praefixa nec ipse Ludovicus nec aliquis
alter per se vel per alios coram nobis comparuerunt, nec proponi
quicquam fecerunt, quare ipsi Friderico in praemissis nostrum
non deberemus officii debitum impertiri. Quia igitur invenimus
dictum Fridericum rite electum etc. ... nos ... eundem Fridericum
in oppido nostro Bunnen .. in Romanorum regem unximus et
coronavimus etc. —
  Da nun die Aachener zweifellos von der Absicht des Erzbischofs,
am 22. November über Ludwig Gericht zu halten und am 25.
die Krönung Friedrichs in Bonn zu vollziehen, Kunde gehabt
haben werden, so möchten wir vermuten, dafs sie im Hinblick
hierauf von Ludwig ein dreitägiges seiner Krönung unmittelbar
vorhergehendes Lager verlangt haben. Und warum? Um sich zu
vergewissern, ob der Kölner, den sie sich jedenfalls nicht zum
Freunde gemacht hatten, nicht im letzten Augenblick noch von
seinem Plane, Friedrich in Bonn zu krönen, abgehen und in
Folge dessen gegen Aachen aufbrechen werde. Konnte doch,
wenn selbst nach Ablauf der drei Tage, d. h. nach Beendigung
des von Heinrich ausgeschriebenen Gerichtstages, nichts von einem
Herannahen des Gegenkönigs zu bemerken war, aller Voraussicht
nach die Krönung des Wittelsbachers in Ruhe in Aachen stattfinden. Ludwig konnten sie aber unschwer ihrem Vorhaben, dessen
Zweck, im Grunde genommen, doch nur war, sich bis zum letzten
Moment freie Hand zu bewahren, geneigt machen, wenn sie die

---

[1]) Urk. z. Staatsgesch. bei Olenschlager p. 73. — cf. auch Heinrichs
Schreiben an Nürnberg (Harnack, p. 247, 3 ff.): et quia nihil a quoquam
quod eiusdem domini nostri coronacionem impedire videretur, propositum ex-
titit vel obiectum electionemque suam invenimus rite factam . . . ipsum . . .
Fridericum . . . coronavimus etc.

Zwiespältigkeit der Wahl, die sie Friedrich dem Schönen gegen-
über hervorgehoben hatten, unerwähnt liefsen. Brauchten sie ihn
doch nur zu belehren, dafs er den in der Bulle enthaltenen Rechts-
bestimmungen zu Folge als ein erwählter römischer König eine
Frist von einigen Tagen und eben darum wohl die von ihnen ge-
wünschte Frist auszulagern habe. Die Erwägung, dafs die drei
Tage rasch verstreichen und von habsburgischer Seite seiner
Krönung kaum Schwierigkeiten bereitet werden würden, wird
Ludwig, der auch in späteren Jahren die in der Bulle gegebene
Rechtsdarstellung in mehrfacher Hinsicht, wenn auch nicht unbedingt, acceptiert hat[1]), bewogen haben, ohne langes Widerstreben
sich dem Begehren der ihm trotzdem unfraglich günstig gesinnten
Aachener zu fügen. — Ob Johann von Victring, der uns die
Antwort Aachens an Friedrich den Schönen: iuxta suas sanctiones
vellent prius utriusque potentiam experiri etc. überliefert hat und
bei Erwähnung von Ludwigs Einzug in Aachen sich des merk-
würdigen Ausdruckes: potentialiter introivit[2]) bedient, die Thatsache, dafs die Aachener Ludwig gegenüber den Inhalt ihrer
sanctiones praktisch zu verwerten wufsten, bekannt gewesen ist? —
Mag dem nun sein, wie ihm wolle, auf die von uns dargelegte
Weise erklärt es sich wohl, dafs auch Ludwigs Krönung auf den
25. November 1314 fiel, nachdem er als electus Romanorum rex
eine dem Herkommen entsprechende mora, und zwar von drei
Tagen, absolviert hatte.

Vermutlich in Erinnerung an diese Vorgänge[3]) werden die
Aachener a. 1346 ebenfalls unter Bezugnahme auf die Bulle Qui

---

[1]) cf. Karl Müller, ib. I, p. 10, 14 ff.
[2]) Joh. v. Victring (Böhmer fontes I) p. 383, l. 3 von unten. — cf.
Gesta Balduini Archiep. Trevir. III. c. 1 (bei Reuber, SS. rer. Germanic. tomus unus nova editio curante Georgio Christiano Ioannis 1726
Francof.) p. 976, l. 7 ff. von unten: ... Ludovuicus ... Aquisgrani fuerat ad-
ductus cum potentia.
[3]) cf. mit dem Ergebnis, zu dem wir gelangt sind, Harnack, Kurf. coll.
bis zur Mitte des 14. Jahrh., p. 110. Anm. 2: „Ein Lager des Neugewählten
vor der Stadt Aachen scheint früher Sitte geworden zu sein, als das vor
Frankfurt; wenigstens hat schon Richard (Schreiben von 1263, § 55) die
Krone empfangen „moram apud Aquisgranum quantum decuit faciens nec inveniens resistentem.“ „Dies mag damals freilich nur durch die vorsichtige
Haltung Aachens erzwungen worden sein; aber gerade bei den letztvergangenen Wahlen hatte Aachen Gelegenheit gehabt, die Frage, ob der Neu-

coelum die vierzigtägige Lagerfrist gefordert haben. Daſs Karl dem Folge leisten würde, war nicht anzunehmen, weil Ludwig ihm mit ansehnlichen Streitkräften den Zugang zu der Krönungsstadt versperren konnte[1]). Ob er sonst darauf eingegangen wäre und sich als ein erwählter römischer König vor der Stadt gelagert hätte? Wer weiſs! Jedenfalls war die Thatsache, daſs der Anhang Ludwigs sich in der Umgegend Aachens gesammelt hatte, genügend, um Karl von seinem Plane, sich in jener Stadt krönen zu lassen, abzubringen. Von einem kirchlichen Dispense, der ihn nach Matteo Villani ausdrücklich der Lagerfrist überhoben hätte, wird kaum die Rede sein können[2]).

Was nunmehr die 40 Tage betrifft, so könnte man wohl von vorn herein zu der Erwartung berechtigt sein, daſs die Aachener, sobald sie der in der Bulle genannten mora von einigen Tagen eine bestimmte zeitliche Ausdehnung von längerer Dauer geben wollten, dann wohl eine Frist gewählt haben werden, deren Bedeutung dem in der Bulle hinsichtlich des Lagers Festgesetzten möglichst entsprach. Haben wir aber in der mora von 40 Tagen eine solche Frist vor uns? — Nein, dagegen wohl, wie sogleich gezeigt werden soll, in der mora von 45 Tagen, d. h. von 6 Wochen und 3 Tagen. In Anbetracht nun, daſs die 6 Wochen und 3 Tage in den folgenden Jahren bei dem Lager vor Frankfurt eine solche Rolle spielen, und daſs auch die Aachener in einem späteren Zeitpunkt,[3]) über den wir besser, als über das Jahr 1346 unterrichtet sind, gerade ein Lager von 6 Wochen und 3 Tagen verlangen, wagen wir es, die 40 Tage, von denen Matteo und der Verfasser

---

gewählte zur Krönung einzulassen sei, sorgfältig zu erwägen, und ein Lager desselben vor den Thoren mag daher schon öfter vorgekommen sein, wie auch König Richard, freilich übertreibend, an seinen Neffen Eduard schreibt (1257, 18. Mai): Non credimus, ... quod a ducentis annis et citra aliquis praedecessorum nostrorum ... in suae novitatis principio nobis dumtaxat exceptis dictam civitatem Aquiensem sine gravis offensionis seu contradictionis obice sit ingressus. — "

[1]) cf. Giov. Villani 12, 78 (ed. Dragomanni): ... Carlo ... non potendosi coronare ad Asia la Cappella per la forza del Bavaro e di suoi amici, ch'erano in que' paesi raunati con forza d'arme per contastarlo etc. —

[2]) cf. I 34, p. 43, 2 ff: ... e però (wegen der Unfähigkeit Karls sich vor Aachen zu lagern) santa chiesa dispensò con lui questa ceremonia, e levollo dal pericolo e dalla spesa. (Ausg. von Dragomanni). cf. übrigens über diese Worte Matteos Exkurs V.

[3]) a. 1400. Darüber später.

des Loher und Maller berichten, gleich 45 Tagen zu setzen. Hat es doch an und für sich wenig Auffallendes, daſs man anstatt der 45 Tage in runder Summe von 40 Tagen sprach. Daran wird man sich eben so wenig stoſsen dürfen, als wie daran, daſs bei Erwähnung der 6 Wochen und 3 Tage sehr oft die 3 Tage fortgelassen werden.[1]

Doch vor Allem der Nachweis, daſs die mora von 6 Wochen und 3 Tagen sich der auf Richard von Cornwall zurückgehenden Vorschrift sehr gut anpaſst (was sich von der vierzigtägigen Frist keineswegs behaupten läſst), muſs uns rechtfertigen und unser Vorgehen vor dem Vorwurf der Willkür schützen.

Um nun den der vierzigtägigen oder vielmehr, wie wir von jetzt an durchweg sagen werden, um den der 45tägigen Frist in unserem Falle innewohnenden Sinn zu erkennen, ist es nötig, mit einigen Worten auf die beim Reichshofgericht in Bezug auf das Ungehorsamsverfahren geltende Praxis einzugehen.[2] Hier war seit dem 13. Jahrhundert als eine Form der Exekution die sogenannte Anleite in Übung.[3] Diese bestand nach älterem Rechte in der wirklichen, dagegen nach jüngerem meist nur in der symbolischen Einweisung[4] des Klägers in den Besitz der Güter des Verklagten. War letzterer nach dreimaliger Ladung auch an

---

[1] Der sechswöch. Frist lagen vierzehnnächtige (unsere Vorfahren rechneten nach Nächten) zu Grunde. Der Termin einer vierzehnnächtigen Frist ging erst mit dem Eintritt des auf die letzte Nacht folgenden Tages zu Ende, also am 15. Tage. Eine Frist von 6 Wochen, die sich auf dreimal 14 Nächten aufbaute, erreichte erst am 45. Tage ihren Abschluſs. Auf jeden 14. Tag erfolgte eine Zugabe von einem Tage, an dem Gericht gehalten zu werden pflegte. Daſs man die Zugabetage häufig nicht erwähnte, ist nicht auffallend. (cf. deutsche Rechtsalterth. von Jak. Grimm p. 220 u. 221 unter q. Zugabzahlen p. 222, 6 ff.) —

[2] cf. Franklin, das Reichshofgericht im Mittelalter 2. Bd., p. 285 ff., das Exekutionsverfahren; und Vogel, Beiträge z. Gesch. d. deutsch. Reichshofgerichtes in Ztschr. d. Savigny-Stiftung für Rechtsgesch. II, 1, p. 151 ff., besonders p. 190 u. 191, wo eine Rechtsaufzeichnung über die bei dem Reichshofgericht hinsichtlich des Ungehorsamsverfahrens geltenden Rechtssätze abgedruckt ist. Den Hinweis auf den Vogelschen Aufsatz, der über das Anleiteverfahren neue Aufschlüsse giebt, verdanke ich einer gütigen Mitteilung des Herrn Professor Bresslau.

[3] cf. Franklin, l. c. p. 285, 18 ff., 23 ff.

[4] cf. ib. p. 296 ff., p. 298. Später hörte auch die symbolische Einweisung auf; dem Beklagten wurde die Anleite dann nur bekannt gemacht und er zur Verantwortung aufgefordert. cf. Vogel, l. c. p. 191, § 4 u. § 5.

dem dritten ihm gesetzten Termine nicht erschienen[1]), so wurde der Kläger auf Grund einer Urkunde, die ihm die Anleite zuerkannte[2]), durch den von ihm vorgeschlagenen und vom Richter ernannten Anleiter in das Objekt, um das sich die Klage drehte, eingewiesen[3]). Von dem Tage der wirklichen oder symbolischen Einweisung an, gerechnet, mußte hierauf der Kläger 6 Wochen und 3 Tage lang abwarten, ob etwa der bis dahin ausgebliebene Verklagte sich innerhalb dieser gesetzlich vorgeschriebenen Frist noch nachträglich verantworten würde.[4]) War die Frist verflossen, ohne daß von seiten des Verklagten Schritte behufs einer Rechtfertigung vor Gericht gethan waren[5]), so hatte der Kläger darzuthun, daß er die Anleite die gehörige Zeit über besessen habe[6]), und erhielt dann auf seinen Antrag[7]) die Nutzgewere. „Die Einweisung in die Nutzgewere bildete den Schlußakt des gerichtlichen Exekutionsverfahrens am Reichshofe."[8]) Durch sie wird der Kläger bereits so gut wie Eigentümer des Gutes; hatte er bis dahin nicht das Recht, über dasselbe irgend welche Verfügungen zu treffen, so konnte er nach einem ungestörten Besitz

---

[1]) cf. Vogel, l. c. p. 191, 19 ff.: Nullo eciam in tercio comparente iudicio decernitur in eodem quedam induccio, vulgariter dicta anleyte etc.

[2]) cf. Franklin, l. c. p. 286, 2 f.

[3]) ib. p. 293, 1 ff.; cf. Urk. a. 1255, der Anleiter erhält den Auftrag: quatinus ducas eos (die Kläger) in possessionem etc. (ib. p. 293, 14 f.).

[4]) ib. p. 301 unten p. 302, 1 ff., cf. Urk. a. 1257: ... du solt in auch anleiten uf denselben guten mit dem rehte dry tag und sechs wochen, den guten an schaden (ib. p. 294) ib. p. 295, 11 ff. ähnlich: Befehl, die Anleite zu vollstrecken, doch unschedlich daran allen den, die das zu verantworten meynen, sechs wochen und drey tage, die nach dem tage als du solche anleite getan hast an einander kummen werden etc. — cf. dass. Vogel l. c. p. 189, 26 ff. cf. ib. p. 191 § 5: dem Verklagten wird verkündet: et si huius modi bona in sex septimanis et tribus diebus defendere non curaveris, scias, quod ulterius procedetur (l. 30 ff.).

[5]) Wenn der Beklagte den Kläger gewaltsam aus dem Besitz, in den er eingewiesen war, verdrängte, so stellte Letzterer weitere Exekutionsanträge (Franklin l. c. p. 297, 8 ff.)

[6]) Zur Bekräftigung fügt man oft hinzu, daß man das Gut mere dan sechs wochen und drei tag besessen habe. cf. Urk. a. 1300 (Franklin p. 303, 15) u. a. 1339 (ibid. p. 303, 24).

[7]) Franklin l. c. p. 302.

[8]) ib. p. 312, 1 ff. — cf. p. 313, 1 ff. l. 20 ff. — Über eine Verschiedenheit des Exekutionsverfahrens bei dem Reichshofgericht einerseits und dem Rotweiler und Nürnberger Landgericht andererseits cf. Franklin p. 307 Anm. 3, p. 308 Anm. 2.

von 6 Wochen und 3 Tagen mit dem Gegenstande der Klage schalten und walten, wie er wollte.

Man beachte, wie sehr sich von dem Verfahren nach Land- und Lehn-Recht dasjenige des Reichshofgerichtes unterscheidet. Auch nach jenem wurde der Kläger freilich, wenn der Beklagte an den ihm gesetzten Dingtagen ausgeblieben war, in das Gut eingewiesen. Erlangte man aber am Reichshofgerichte bereits nach 6 Wochen und 3 Tagen, natürlich vorausgesetzt, daſs man die ganze Zeit hindurch sich im Besitze hatte erhalten können, und daſs der Beklagte sich nicht verantwortet hatte, die Nutz-gewere, so erzeugte nach Land- und Lehn-Recht erst der Besitz von Jahr und Tag d. h. von einem Jahre, 6 Wochen und 3 Tagen ein volles Eigentum und eine rechte Gewere [1]). Binnen Jahr und Tag konnte hier der contumax noch auftreten und das Gut, indem er sich zur Antwort erbot, wieder in seine Gewere nehmen. —

Von besonderem Interesse ist es nun, daſs das Anleiteverfahren selbst dann eintrat, wenn der Gegenstand der Klage ein ganzes Land oder ein Fürstentum mit allen Regalien und Hoheits-rechten war.[2]) Wurde in einem solchen Falle die Nutzgewere nach Ablauf der 6 Wochen und 3 Tage erteilt, so galten alle dem Verklagten geleisteten Eide als gelöst, und alle Unterthanen, sowie alle Lehnsmannen des Verklagten waren verpflichtet, dem Kläger zu huldigen und zu Diensten zu sein. Mit einem Wort, sie muſsten diesen als ihren rechten Herrn betrachten.[3])

Hiernach wird wohl niemand zweifeln, daſs wir in den 6 Wochen und 3 Tagen, die das Lager vor Aachen dauern sollte, die Anleitefrist zu erblicken haben, und daſs die Aachener wohl unfraglich a. 1346 den Versuch gemacht haben, das am Reichs-hofgerichte übliche Anleiteverfahren auf die deutsche Königswahl zu übertragen. Wie aber dieses am Reichshofgerichte doch nur dann zur Anwendung kam, wenn ein Kläger und ein Verklagter vorhanden waren, von denen letzterer sich geweigert hatte, sich von den gegen ihn erhobenen Anschuldigungen zu reinigen, so

---

[1]) cf. Heusler, die Gewere p. 201 u. 202. — Eichhorn, Einleitung in das deutsche Privatrecht. Gött. 1845. p. 447, 6.

[2]) Franklin cf. p. 287 unten; p. 288.

[3]) nach Franklin cf. p. 314, 2 ff. u. Anm.

mufste doch wohl, wenn man es wagte, die Anleite mit der Wahl
eines römischen Königs in einen gewissen Zusammenhang zu
bringen, hier die Voraussetzung sein, dafs ein alter und ein neuer,
d. h. Gegen-König existierten, von denen jener gleichsam die
Rolle des Verklagten, dieser die des Klägers spielte. Klagte doch
letzterer gleichsam auf Herausgabe der römischen Königswürde
und der Herrschaft über das Reich, auf die er wohl nach Meinung
der Aachener durch seine Wahl zum Gegenkönig erst ein vorläufiges Anrecht erworben hatte. Wenn demnach die Aachener
wohl Karl IV. gegenüber sich der Anleitefrist bedienten und zugleich erklärten, dafs das fünf und vierzigtägige Lager nur be-
zwecke, etwaigen Widersachern noch Gelegenheit zum Protest zu
geben, und dafs seine Abhaltung somit durchaus nicht von der
Existenz eines ebenbürtigen Gegners, d. h. eines Gegenkönigs, ab-
hänge, so strafte sie die mora von 6 Wochen und 3 Tagen Lügen.
Ihr war, genau genommen, nur zu entnehmen, dafs das Lager
nach der Wahl eines Gegenkönigs einzutreten habe. Und es war
klar, dafs wenn die Aachener von Karl die 6 Wochen und 3 Tage
ausgelagert zu sehen wünschten, ein solcher Wunsch nur mit
Rücksicht auf das Gegenkönigtum Karls geäufsert wurde. Ihre
Auffassung war wohl die, dafs die dem alten Könige geschworenen
Eide erst dann als gelöst betrachtet werden könnten, wenn der
gegen ihn Erhobene, der sich gleichsam durch seine Wähler in
den vor ihrer Stadt liegenden Grund und Boden und eben wohl
dadurch schon gleichsam in einen Teil der Güter des Verklagten,
d. h. des alten Königs, einweisen lassen müsse, sich 6 Wochen
und 3 Tage in dem dort aufgeschlagenen Lager habe behaupten
können. [1])

---

[1]) Senckenberg (Sammlung von ungedruckten und raren Schriften 1751
Frankfurt I Vorr. § XII) und im Anschlufs an ihn Kirchner (Gesch. der
Stadt Frankf. a. M. 1. Bd. 1807. Frankf. p. 117 nt. s) begründen die Lagerfrist von 6 Wochen und 3 Tagen mit dem Hinweis auf eine Stelle des
kleinen Keyserrechts, wo wol die Anleitefrist gemeint ist (ed. Endemann
II c. 109 p. 148): eyn iglich man sal wiszen, daz wer den andern leszet in sim
gut sitzin dri tag und sechs wuchen, also daz sich der anneme, daz dicz gut
sin sy, der en mag noch en sal yenen ustriben mit gewalt nach des keisers
satzunge. Sint der keiser hat gesprochen: wer in gut sitzet dri tage und
sechs wochen, der hat ein recht gewere etc. — Vermutlich meint auch
Olenschlager die Anleitefrist, wenn er sagt (N. Erl. d. g. B. § 107 p. 412):
man wolte nach der alten Gerichtsarth 6 Wochen und 3 Tage erfordern, um
den Ausspruch Gottes durch die Degen abzuwarten.

Wenn sie trotzdem die Fassung der in der Bulle befindlichen
Bestimmung beibehielten und Karl etwa zu verstehen gaben, dafs
er nicht als ein Gegenkönig, sondern überhaupt als ein gewählter
römischer König verpflichtet sei, nach altem Herkommen sich
6 Wochen und 3 Tage vor der Krönungsstadt zu lagern, damit
es innerhalb der Frist Jedem, der wolle, noch möglich sei, sich
seiner Wahl zu widersetzen, so ist das in keiner Weise auffallend.
Konnte man es doch auf die Weise vermeiden, den Luxemburger
allzu sehr zu reizen, indem man ihm sein Gegenkönigtum nicht
in's Gedächtnis rief. Aber man zeigte dann nur, dafs man anders
dachte, als man sprach.

III. Günthers Lager vor Frankfurt (1349).

Hatten aber einmal die Aachener unter Berufung auf die
Bulle Urbans, die ihnen wohl bereits a. 1314 zu einer dreitägigen
mora verholfen hatte, es gewagt, einem römischen Könige gegenüber mit der Anleitefrist hervorzutreten, so lag doch wahrlich
nichts näher, als dafs die Frankfurter bei der ersten Gelegenheit,
die es ihnen bedenklich erscheinen lassen mufste, einen neuen
römischen König sofort aufzunehmen, auch ihrerseits den Versuch
machten, das Anleiteverfahren bei der deutschen Königswahl zur
Geltung zu bringen, mit anderen Worten: einen römischen König
zu einem Lager von 6 Wochen und 3 Tagen vor ihren Mauern
zu zwingen. Oder hätten sie etwa den Aachenern zugestehen
sollen, dafs die Vollstreckung der Anleite, d. h. die thatsächliche
Einweisung in die Herrschaft, erst dann ihren Anfang nehme, wenn
der römische König vor Aachen erschienen sei, um sein Lager zu
beziehen? — Mochte man auch a. 1346, wo Karl nicht einmal in
Frankfurt gewählt werden konnte und für's erste darauf verzichtete,
die Wahlstadt für sich zu gewinnen, von Seiten Aachens mit einem
gewissen Rechte derartiges behaupten, so doch gewifs dann nicht,
wenn die Wahl in oder vor Frankfurt geschehen war, und der
electus auf den Altar der Bartholomäuskirche gehoben zu werden
begehrte.[1]

---

[1] Heinrich VII. wurde in der Kirche der Predigermönche, Ludwig,
Günther etc. wurden in der Bartholomäuskirche auf den Altar gehoben.
(Harnack, Kurfürstencoll. p. 106 Anm. 3. Janson, Günther p. 60, 1 f.
Fritz Rieger, die Altarsetzung der deutschen Könige nach der Wahl.
Berlin 1885, p. 2 ff., p. 6 f., p. 9 ff.)

Es wäre geradezu auffallend, wenn Frankfurt in Verhältnissen, die denjenigen des Jahres 1346 im ganzen und großen analog sein mochten, nicht das Beispiel Aachens befolgt hätte. Aachen selbst war aber von nun an der Weg gewiesen, wie es, wenn die Umstände es erfordern sollten, sich einem gewählten römischen Könige gegenüber zu verhalten habe.

Dies vorausgeschickt, wird uns das Verfahren der Frankfurter im Jahre 1349 kaum mehr seltsam berühren.

Wie wir bereits in der Einleitung kurz erwähnten [1]), wurde am 30. Januar dieses Jahres Graf Günther von Schwarzburg von den Anhängern des verstorbenen Ludwigs des Bayern „zu Frankenfort in dem velde" zum römischen König gewählt.[2]) Als der legitime Nachfolger König Ludwigs, als den er sich betrachten durfte, hätte er wohl hoffen können, daß die Frankfurter, die dem als Gegenkönig erhobenen Karl IV. in keiner Weise entgegen gekommen waren und dem Wittelsbacher stets ihre Ergebenheit bewiesen hatten[3]), dieses Wohlwollen ohne Weiteres auch auf ihn übertragen hätten. Statt dessen trugen diese, die schon vor der Wahl die Thore geschlossen hatten[4]), auch nach derselben Bedenken, von dieser Vorsichtsmaßregel abzulassen.[5]) Und doch hatte Günther noch am 30. Januar, nachdem das Wahlresultat den Umstehenden mitgeteilt und von ihnen mit Frohlocken begrüßt worden war[6]), an Frankfurt die Aufforderung gerichtet, ihm den Einzug in die Stadt zu gewähren.[7]) Man hielt ihm entgegen, wie Latomus erzählt[6]): tempus proclamationis regis, videlicet sex hebdomadas et tres dies, non expirasse. Wie ihrer Zeit die Aachener, so wandten jetzt also in der That die Frankfurter die Anleitefrist auf die Wahl eines römischen Königs an.[9])

---

[1]) s. o. p. 1.
[2]) cf. Janson l. c. p. 39. 7 ff., p. 134 u. IX l. 17: zu Frankenfort in dem velde.
[3]) cf. z. B. Janson p. 62, 17 ff.
[4]) cf. ib. p. 30, 21 ff.
[5]) ib. p. 59.
[6]) cf. Latomus in Quellen z. Frankf. Gesch. Bd. 1, Frankf. 1884, p. 87, 16 f.
[7]) ib. l. 18: eodem die (30. Januar) rex petebat introitum ab oppidanis. Janson p. 59.
[8]) ib. l. 19 ff.
[9]) cf. Janson, Günther p. 59 Anm. 2, dessen Worte: „Es scheint, als ob diese Frist hier (1349) zum ersten Male auf die Königswahl angewendet worden sei", hiernach zu modifizieren sind.

Wie ganz anders war aber doch die Lage der Dinge a. 1349
als a. 1346! In letzterem Jahre war ein alter König, Ludwig,
vorhanden gewesen, dem die Aachener sich vormals eidlich verpflichtet hatten. Derjenige, welcher sich vor der Krönungsstadt
damals gleichsam als Kläger hatte einweisen lassen sollen, Karl IV.,
war als Gegenkönig gewählt und als solcher von den Aachenern
betrachtet worden. — Wenn aber a. 1349 Frankfurt von Günther
verlangte, sich der Anleitefrist zu unterziehen, wo war denn, so
mußte man fragen, der König, dem Frankfurt Treue geschworen?

Er existierte nicht, denn von Karl hatten die Frankfurter sich
consequent fern gehalten. Daß aber Günther, der rechtmäßige
Nachfolger Ludwigs, gutwillig die 6 Wochen und 3 Tage auslagern würde, war nicht zu erwarten. Hätte er doch dadurch den
Glauben erweckt, als ob man in dem Gegenkönigtum Karls ein
wirkliches Königtum, dagegen in seiner Wahl diejenige eines
Gegenkönigs zu erblicken habe.

Es wird einleuchten, daß das Anleiteverfahren, so vortrefflich
es auf das Jahr 1346 paßt, sich der Situation des Jahres 1349
nicht recht einfügen läßt.

Daß den Frankfurtern dies nicht entgangen sein wird, darf
man a priori annehmen. Mit um so mehr Recht wird man behaupten dürfen, und die ganz allgemein gehaltenen Worte: tempus
proclamationis regis sind damit gut zu vereinbaren, daß auch die
Frankfurter ihrer Forderung eine Fassung gegeben haben werden,
die der in der Bulle befindlichen Bestimmung vielleicht unmittelbar
nachgebildet war. In Gemäßheit ihrer Günther vorgetragenen
Rechtsanschauung sollte wohl dieser als ein erwählter römischer
König nach altem Herkommen 6 Wochen und 3 Tage lagern, um
binnen dieses Zeitraums etwaigen Widersachern noch die Möglichkeit an die Hand zu geben, sich ihm zu widersetzen. Denn da
es hiernach den Anschein gewinnen mußte, als ob ein jeder neue
König, mochte ein Gegner da sein oder auch nicht, diesem Herkommen Folge zu leisten habe, so umgingen sie es, ihr Verhalten
mit dem ausdrücklichen Hinweis auf das Gegenkönigtum Karls zu
rechtfertigen und dadurch den Groll Günthers und seines Anhangs
zu erregen, und schützten sich zugleich in gewisser Weise im
Voraus gegen den Vorwurf, daß das Anleiteverfahren im gegenwärtigen Moment gar keinen Sinn habe, da man in Günther den
legitimen Nachfolger des verstorbenen alten Königs vor sich habe.
Und doch gedachte Frankfurt wohl, sich so weit wie irgend

möglich, an das am Reichshofgericht übliche Anleiteverfahren zu
halten, vielleicht auch darin, daſs es sagte: tempus proclamationis
regis non expirasse. Wenn man nämlich erwägt, daſs doch jedeu-
falls die Vollstreckung der Anleite, wurde z. B. um ein Fürstentum geklagt, den in der Nachbarschaft Wohnenden und dem Verklagten selbst, bekannt gemacht zu werden pflegte, so hat die
Annahme viel für sich, daſs die Frankfurter mit der proclamatio
regis auf den Akt Bezug nahmen, der sich unmittelbar nach der
Wahl vor ihren Mauern abgespielt hatte: die 30. januarii in campo
praedicto locatis sedibus aptis electionem factam secundo publicaverunt ... Et sic quilibet illorum vexillum signo imperiali
videlicet aquilae regi porrigebat, omnibus in campis clamantibus
voce magna: Romanum imperium [1]). Sie sahen wohl in der Publi-
kation der Wahl von ihrem Standpunkt aus zugleich auch die Verkündigung der Thatsache, daſs der im Lager vor Frankfurt gewählte Günther sich nunmehr auch wirklich in den vor ihrer Stadt
liegenden Grund und Boden habe einweisen lassen, um ihn durch
einen ungestörten Besitz von 6 Wochen und 3 Tagen zu ersitzen.
Wäre diese Deutung die richtige, so hätten die Frankfurter die
Sache fast unmerklich so gedreht, als ob nicht sie, sondern die
Fürsten damit begonnen hätten, sich auf das Anleiteverfahren zu
beziehen.

Wenn aber von fürstlicher Seite mit demselben bereits der
Anfang gemacht zu sein schien, vermochte dann Frankfurt nicht
mit um so mehr Nachdruck die Auslagerung der Anleitefrist zu
verlangen? —

Es ist freilich zuzugeben, daſs die Worte tempus proclamationis regis auch bedeuten könnten: die Frist bis zu der proclamatio. Mit letzterer hätte man dann die feierliche publicatio und
praesentatio in Frankfurt, die sich der elevatio Günthers auf den
Altar der Bartholomäuskirche nach alter Gewohnheit [2]) anschlieſsen
muſste, gemeint. Dies könnte man dann vielleicht als Beweis da-

---

[1]) cf. Latomus in Quellen z. Frankf. Gesch. Bd. 1, p. 87, 9 ff. secundo
vor publicaverunt ist jedenfalls Zuthat des Latomus. cf. l. c. p. 87 Anm. 2.

[2]) Hatte der electus die Wahl angenommen, so wurde den etwaigen,
in unmittelbarer Nähe Anwesenden die Erwählung verkündet. „Die feierliche publicatio und praesentatio aber geschah erst, nachdem der Erwählte
in einer dazu ausersehenen Kirche (in Günthers Zeit war es die Bartholomäuskirche) auf den Altar erhoben worden war." (Harnack, Kurf. coll.
p. 106, 13 ff.)

für anführen, daſs die 6 Wochen und 3 Tage von der Wahl an,
bezüglich von ihrer Annahme durch Günther, oder etwa von dessen
Bitte um Einlaſs in die Stadt an gerechnet wären. Da man jedoch bei jeder dieser Rechnungen zu dem Resultât gelangt, daſs
der 30. Januar als der Wahl- und Proklamationstag zugleich auch
der Anfangstermin der Anleitefrist im Sinne der Frankfurter wäre,
so erscheint es uns natürlicher, zumal, wie gesagt, die proclamatio
des 30. Januar gleichsam als der Beginn des Anleiteverfahrens betrachtet werden könnte, in der proclamatio nicht die publicatio in
Frankfurt, sondern die im Lager vor Frankfurt geschehene zu
sehen. Wir werden noch Gelegenheit haben, hierauf zurückzukommen. —

Die Antwort der Fürsten nun auf die Äuſserung der Frankfurter: tempus proclamationis regis, videlicet sex hebdomadas et
tres dies, non expirasse lautete nach Latomus: Econtra principes
sub iuramento finaliter pronunciaverunt: cum rex a maiore parte
electus sit nec iura privilegia vel consuetudines extent, aliquem
praecedentium regum tale tempus complevisse, eum debere intromitti [1]).

Man sollte denken, der hiernach von fürstlicher Seite geführte
Nachweis, daſs keiner der vorhergehenden Könige die 6 Wochen
und 3 Tage ausgelagert habe, und besonders die Feststellung der
Thatsache, daſs keine Privilegien oder ein Gewohnheitsrecht, denen
gemäſs ein derartiges Lager stattzufinden habe, vorhanden seien,
hätten wohl genügen können, um die Frankfurter von der Halt-
losigkeit ihrer Behauptung zu überzeugen. Wenn man statt dessen
für die sofortige Aufnahme Günthers in erster Linie den Umstand
geltend machte, daſs er von der Majorität der Kurfürsten erwählt
sei, und wenn man demnach wohl nicht in jedem Falle gegen die
Lagerfrist Einwendungen erhoben hätte, so ist das auffallend und
bedarf einer Erklärung.

Unfraglich gab man mit der Bemerkung: rex a maiore parte
electus sit, den Frankfurtern, die, ihren Worten nach zu urteilen,
wohl ein Lager nach jeder Wahl für erforderlich gehalten haben
werden, zu verstehen, daſs eine etwaige Rücksichtnahme auf das
Gegenkönigtum Karls IV., die sie zu beeinflussen scheine, im gegenwärtigen Zeitpunkt durchaus unangebracht sei, da nach Günthers
Erhebung zum römischen König nicht von einem Doppelkönigtum

---

[1]) Latomus in Quellen z. Frankf. Gesch. Bd. 1, p. 87, 20 ff.

Karls und Günthers und somit auch nicht von einem Gegenkönigtum des Letzteren gesprochen werden könne. Gesetzt aber, die
Fürsten hätten die Existenz eines Doppelkönigtums zugegeben,
würden sie dann auch ihrerseits Günther zu einem sechswöchentlichen Lager vor Frankfurt veranlaßt haben? — Daß sie dem
Lager eine gewisse Berechtigung zugestanden haben, wird sicher
sein. Aber gerade im Falle eines Doppelkönigtums? — Da ein
solches thatsächlich a. 1349 doch immerhin vorhanden war, so erscheint es uns eigentlich nicht recht glaublich, daß dies die Meinung der Fürsten gewesen sein sollte. Konnten die Frankfurter
ihnen dann doch nur zu leicht mit dem Hinweis auf eben dieses
Doppelkönigtum antworten. Sollten die Fürsten aber auf die Gefahr hin, den Vorteil, der für sie darin lag, daß keine privilegia
und consuetudines das Verlangen der Frankfurter unterstützten,
preisgegeben und es unterlassen haben, sich ein für alle Mal jeg-
liche Vermengung der Auleitefrist mit der Wahl eines römischen
Königs zu verbitten? Wohl kaum.

Bedenkt man dagegen, daß die wesentlichen Voraussetzungen
für das Anleiteverfahren, ein Verklagter in der Person eines alten
Königs, dem man sich eidlich verpflichtet hätte, und ein Kläger
in der Person des Gegenkönigs, a. 1349, fehlten, so hat die Vermutung viel Wahrscheinlichkeit für sich, daß die Fürsten das Lager
von 6 Wochen und 3 Tagen wohl bei einem Gegenkönigtum, auf
das diese Vorbedingungen zutrafen, im Jahre 1349 haben gelten
lassen wollen.

Wie die Fürsten dazu kamen, das Anleiteverfahren unter
solchen Verhältnissen bei der Königswahl zu dulden? — Vermutlich hatten wohl eben sie im Jahre 1346 als Anhänger Ludwigs
das von den Aachenern Karl IV. gegenüber eingeschlagene Verfahren stillschweigend gebilligt und es auch wohl gut geheißen,
wenn jene ihrem Begehren unter Berufung auf die Bulle Qui
coelum und die in ihr enthaltenen consuetudines Nachdruck zu
geben versucht hatten. Und es war wohl in Erinnerung daran,
wenn man a. 1349 den Frankfurtern die Notwendigkeit des fünfundvierzigtägigen Lagers nicht durchweg bestritt; mochte man
ihnen auch andererseits verwehren, was man den Aachenern wohl
hatte durchgehen lassen, sich mit Privilegien und consuetudines
zur Bekräftigung ihrer Forderung zu brüsten. Nicht zum wenigsten
aber mochte hierbei wohl der Umstand ins Gewicht fallen, daß
selbst dann, wenn man den Frankfurtern erlauben wollte, im

3*

Jahre 1349 von einem Doppelkönigtum zu reden, ein zwischen den Jahren 1346 und 1349 gezogener Vergleich zeigen mußte, wie unberechtigt das an Günther gestellte Verlangen, sich zu lagern, auch abgesehen davon sei, daß es sich weder urkundlich, noch durch ein Gewohnheitsrecht begründen lasse.

Nach dem Allen wird es wohl verständlich sein, warum die Fürsten sich a. 1349 nicht gegen jede Anwendung des Anleiteverfahrens auf die deutsche Königswahl ausgesprochen haben.

Das Ergebnis einer siebentägigen Beratung, die nach Latomus auf die Darlegungen der Fürsten hin von den Frankfurtern abgehalten wurde, war, daß man jenen in allem Recht gab: oppidani septem diebus deliberantes sic esse certificati annuerunt [1]). Damit räumte man ein, daß Günther a maiore parte electus und als ein rechtmäßiger Herrscher sofort in die Stadt zu lassen sei. Und ferner ließ man sich hiermit auch zu dem Zugeständnis herbei, daß consuetudines und Privilegien in der That nicht für die Abhaltung des Lagers beigebracht werden könnten, und daß es, wenn überhaupt, von einem neu Gewählten nur dann zu beziehen sei, wenn dieser im Gegensatz zu einem alten, bisher allgemein anerkannten König erhoben worden sei.

Die Fürsten hatten somit erreicht, was sie wollten, und zum guten Teil wohl auch dadurch, daß sie von den Frankfurtern, die vermutlich ihren Worten nach zu schließen, von irgend welcher Beschränkung des Lagers auf zwistige Wahlen nichts hatten wissen wollen, nicht einen bedingungslosen Verzicht auf die Anleitefrist verlangt hatten.

Das Resultat aller Verhandlungen aber kam gerade darum einem Erfolge der Frankfurter, den sie über die Fürsten davongetragen hatten, gleich. Denn mochten sie auch Günther gegenüber mit ihrer Behauptung, daß ein jeder römischer König nach seiner Wahl sich vor ihrer Stadt lagern müsse, nicht durchgedrungen sein, so wurde dies doch vollkommen dadurch aufgewogen, daß man ihnen das Recht zugestand, unter Verhältnissen, die denen des Jahres 1346 analog seien, einem erwählten römischen Könige gegenüber die Lagerfrist zur Anwendung zu bringen. Die Fürsten, die es a. 1349 in ihrem Interesse finden mochten, sich derart zu äußern, hatten damit einen Schritt gethan, der wenn nicht ihnen selbst, so doch ihren Nachfolgern viel Verlegenheit bereiten konnte.

---

[1]) Latomus l. c. p. 87, 24 f.

Der Einzug Günthers erfolgte nach Latomus nunmehr sogleich nach Verlauf der siebentägigen Beratschlagung: Sexto Februarii electus est more solito intromissus et exaltatus pluribus militibus ante portam stantibus [1]). — Es fragt sich, ob der doch nur dürftige Bericht des Latomus sich nicht durch zwei erst kürzlich veröffentlichte [2]) Urkunden vervollständigen, ja korrigieren läfst. — Am 25. Februar 1349 meldete Günther der Stadt Dortmund seine Wahl und mahnte zu seiner Anerkennung [3]). Über die seinem Einzuge in Frankfurt vorhergegangenen Verhandlungen erzählt er [4]):

> unde darnach (nach der Wahl) alzuhant (sofort) fordirten und boten mit uns die vorgenanten (scil. Günthers Wähler) fursten mit yres selbis liblich geinwerdikeit an dem rate und den . . burgern der stat zu Frankenfort, daz sie uns euphingen huldeten und tetin allis daz, daz sie uns als eyme Romischen kunge billich und von rechte tun solten. darubir boten sie eyner zit zu beraten und irfarn sich, daz sie gein uns und dem riche getun mochten, daz sie billich und von rechte tun solten. da enbynnen wurden dyeselben burgere, von den vorgeschriben fursten und von andirs vil grafin heren rittern und vil guten luten phaffin und leygen dye geinwerdig waren, uff den eyt mit orteiln underwiset, daz sie uns billiche und von rechte hulden und gehorsam sin solten als eym Romischen kunge. darnach abir alzuhant euphingen und huldeten uns dieselben burgere und tatin uns als sie schuldig sind und underwiset waren alse vorgeschriben ist.

Ähnlich äufsert sich nach Günthers Verzicht auf das Reich am 13. Juni 1349 der Erzbischof Heinrich von Mainz in einem Schreiben an Frankfurt [5]):

---

[1]) Latomus in Quellen z. Frankf. Gesch. Bd. 1, p. 87, 29ᵇ ff.

[2]) von Janson, Günther von Schwarzburg. Anhang, n. IX, p. 134 und n. XII, p. 140.

[3]) Janson, p. 134, n. IX.

[4]) Janson, p. 134 Mitte u. d. folg. Zeilen.

[5]) Janson, p. 140, n. XII (1). — Erzbischof Heinrich von Mainz an Frankfurt fordert auf, König Karl IV., den er und seine Mitkurfürsten mit Günther von Schwarzburg gestimmt und nach des letzteren Verzicht auf das Reich als Römischen König anerkannt haben, einzulassen und ihm zu huldigen. 1349 Juni 13 Mainz.

alse wir . . unser wal und kure lachten an den ediln herren
grefen Gunthern von Swartzburg . . . und kuren den zu
eyme Romischen kunyge und gaben und antwurten in den
. . burgern und der stad zu Frankenford fur eynen Romischen kunyg und iren rechten herren, und wyseten sie
wir und die andirn unse myddekurfursten und herren ritter
und knechte uff den eyd, das sie in billiche und von rechte
in sulden lazsen und gehorsamen und tun alse irme rechten
herren: das taden sie und hulten und swuren ime als eyme
Romischen kunyge und irme rechten herren.

Günther und Latomus stimmen darin überein, daſs sofort nach
dem Wahlakt (Günther: alzuhant) man von Frankfurt Einlaſs begehrte. Dagegen übergehen Günther und Heinrich von Mainz
Frankfurts Wunsch nach einer Frist von 6 Wochen und 3 Tagen
mit Stillschweigen. Daſs er ausgesprochen wurde, ist nicht zu be-
zweifeln. Doch ist es erklärlich genug, warum Günther nach dem
6. Februar, dem Tage des Einzugs, den Weigerungsgrund der
Frankfurter nicht weiter erwähnte. Ein Zeichen seiner Stärke war
es ja gewiſs nicht gewesen, daſs man ihm mit einer solchen Aus-
rede hatte kommen dürfen. Heinrich von Mainz aber, der am
13. Juni die Frankfurter ersuchte, Karl IV. einzulassen, muſste es
schon darum vermeiden, die Frankfurter an ihr Verlangen vom
30. Januar zu erinnern, da sie Karl sonst vielleicht in gleicher
Weise und folglich so, wie a. 1346 die Aachener, geantwortet
haben würden. Ist demnach Latomus' Darstellung in dieser Hinsicht nicht anzutasten, so doch in anderer. Aus Günthers sowohl,
als aus Latomus' Schilderung geht hervor, daſs die Frankfurter
sich erst nach längerer Beratung zur Aufnahme des neuen Königs
verstanden. Auch darin sind vielleicht beide Berichte zu vereinbaren, daſs die Bedenkzeit volle sieben Tage, etwa vom Abend
des 30. Januar bis zum Abend des 6. Februar, dauerte. Aber die
peremptorisch gehaltene Antwort der principes erfolgt nach Latomus,
der die Frankfurter nach Empfang derselben noch 7 Tage beraten
läſst (am 6. Februar betrat Günther die Stadt), ohne Frage am
30. Januar. Dies kann nicht richtig sein. Denn aus dem Schreiben
Günthers ersehen wir, daſs innerhalb der Bedenkzeit (da enbynnen),
die Günther den Frankfurtern anscheinend am 30. Januar gewährte[1]),

---

[1]) cf. Janson, p. 134, n IX, l. 25: Günther forderte Einlass am 30. Januar. Die Antwort war nach Günther: Bedenkzeit bitten wir.

diese sich von den Kurfürsten ein Weistum erbeten haben müssen.
Der Umstand nämlich, dafs sie, die Frankfurter, uff den eyt mit
orteiln underwiset wurden, setzt auf alle Fälle eine Anfrage von
ihrer Seite voraus, etwa des Inhalts, ob sie Günther einlassen
dürften. Ungefragt werden die Kurfürsten im Verein mit anderen
Fürsten und freien Herren kein Weistum erteilt haben, und überhaupt auch dann nicht, wenn sie sich bereits am 30. Januar so
geäufsert hätten, wie sie es an dem Tage nach Latomus gethan
haben sollen. Daraus ergiebt sich ein Irrtum des Latomus. Der
Annahme steht aber nichts im Wege, dafs uns bei Latomus eine
vollständigere Fassung eben des Weistums vorliegt. Schon die
Worte: econtra principes sub juramento finaliter pronunciaverunt[1]),
erinnern an die Günthers: da enbynnen wurden dyeselben burgere
. . uff den eyt mit orteiln underwiset[2]) und die Heinrichs: und
wyseten sie wir . . uff den eyd[3]). Man vergleiche ferner Latomus[4]):
cum rex a maiore parte electus sit nec iura privilegia vel consuetudines extent, aliquem praecedentium regum tale tempus complevisse, eum debere intromitti; Günther: da enbynnen wurden dyeselben burgere . . . uff den eyt mit orteiln underwiset, daz sie
uns billiche und von rechte hulden und gehorsam sin solten als
eym Römischen kunge[5]); und Heinrich: und wyseten sie wir . .
uff den eyd, das sie in billiche und von rechte in sulden lazsen
und gehorsamen und tun alse irme rechten herren[6]). — Wenn wir
erwägen, dafs Günther und Heinrich Gründe genug hatten, nach
dem 6. Februar das tempus proclamationis regis zu ignorieren, so
sind die hier in Betracht kommenden Worte Günthers und Heinrichs nur eine Variation von Latomus' Worten: Guntherum debere
intromitti. Sehr bezeichnend übrigens, dafs Latomus nicht sagt
electores, sondern principes pronunciaverunt. Die principes sind
eben die Kurfürsten und andirs vil grafin heren ritter und vil
guten luten, phaffin und leygen, dye geinwerdig waren[7]), oder,
um mit Heinrich von Mainz zu reden, wir und die andirn unse

---

[1]) cf. Latomus in Quellen z. Frankf. Gesch. Bd. 1, p. 87, l. 20 f.
[2]) Janson, p. 134, 27 ff.
[3]) Janson, p. 140, 19 ff.
[4]) l. c. l. 21 ff.
[5]) Janson, p. 134, 27 ff.
[6]) Janson, p. 140, 19 ff.
[7]) cf. Janson, p. 134, 27 ff.

myddekurfursten und herren ritter und knechte[1]), die alle, unter
Leitung und Führung natürlich der Kurfürsten, den Frankfurtern
auf deren Bitte den Weg, der von ihnen einzuschlagen wäre,
wiesen[2]).

Kombinieren wir nunmehr unsere drei Quellen, so wird der
Gang der Verhandlungen ungefähr dieser gewesen sein. Am 30. Januar begehrten Günther und seine Wähler Einlafs. Frankfurt erklärte, darauf erst eingehen zu können, wenn Günther als ein erwählter römischer König volle 6 Wochen und 3 Tage vor der
Stadt auf dem Felde gelagert haben würde.

Vermutlich erneuerten darauf noch am gleichen Tage Günther
und die Kurfürsten, ohne wohl die Behauptung der Frankfurter
einer ausdrücklichen Widerlegung gewürdigt zu haben, in energischem Tone ihre Bitte um Aufnahme. Frankfurt, das sich scheute,
noch einmal in demselben Sinne zu entgegnen, erbat sich Bedenkzeit. — Man bewilligte diese, vielleicht eine solche von sieben
Tagen. Innerhalb derselben vollzog Frankfurt seine Schwenkung
und gerade nicht in sehr ehrenvoller Weise. Der Rat fragte bei
den Kurfürsten an, ob Günther schon vor Ablauf der 6 Wochen
und 3 Tage einzulassen sei. So ungefähr wird die Frage gelautet
haben. Dafs die Aufnahme Günthers damit auf jeden Fall entschieden war, ist klar. Die Kurfürsten aber benutzten die ihnen
so gebotene Gelegenheit, um den Frankfurter Ratsherren wohl des

---

[1]) cf. Janson, p. 140, 19 ff.

[2]) Ein Weistum cf. auch Janson, Anhang, n. X (p. 135: Günther an
Dortmund, macht die Ausfertigung der Konfirmation der städt. Privilegien
abhängig von der der städt. Huldigungsurkunde; die Stadt soll Karl IV.
die Huldigung verweigern, dieser würde sie nur in anderer Herren Hand
geben. 1340 April 1 Friedberg.): p. 136, 1 ff.: ir sullent uns hulden . . .,
wand ouch die kurfursten und andirs vil grafin heren rittere und vil guter
lute phaffin und leigin uff den eit geteilt han, und ouch nu der mererteil
der burgmanne zu Friedeberg . . . ouch uff yren eit gesprochen und geteilt
han, daz unser kur gerechter und dem riche und des riches frunden und undertanen erlicher und nuczer sii danne des kunges von Behemen kur . . . Die
das Weistum Erteilenden sind, was die ständischen Abstufungen betrifft, dieselben, wie die im Schreiben Günthers vom 25. Februar Erwähnten (cf. n. IX,
p. 134, 27 ff.). — Ob die Worte: daz unser kur gerechter sii etc. denjenigen
des Latomus: cum rex a maiore parte electus sit (Frankfurter Geschichtsquellen, l. c. p. 87, 21 f.) zu Grunde liegen, so dafs in diesem Schreiben
(1. April) eine 4. Quelle sich zeigte, aus der das Weistum, das Frankfurt
zwischen dem 30. Januar und dem 6. Februar erhielt, zu rekonstruieren
wäre?

längeren und breiteren auseinander zu setzen, wie das Anleiteverfahren, gegen dessen Übertragung auf die Wahl eines römischen
Königs sie im Prinzip nichts hätten, doch Günther gegenüber aus
den vorher von uns dargelegten Gründen nicht anwendbar sei.
Ein Bescheid, mit dem sich die Frankfurter um so eher zufrieden
geben konnten, als die Fürsten bei dem Mangel an allen urkund-
lichen Zeugnissen und in anbetracht dessen, dafs noch nie ein neu
Gewählter die Frist ausgelagert hatte, sich unfraglich einen weit
energischeren Protest gegen das auf ein angebliches Herkommen
sich stützende Begehren der Wahlstadt hätten erlauben dürfen.

Nach Ablauf der Bedenkzeit betrat dann Günther am 6. Februar[1]) die Stadt und wurde nach alter Sitte in der Bartholomäus-
kirche von seinen Wählern auf den Altar gehoben.

IV. Wenzels Wahl zum römischen König in Frankfurt (1376).

An das Bemühen Frankfurts, den neu gewählten König a. 1349
zu einem Lager vor Frankfurt zu zwingen, erinnert uns ein Schreiben
des Jeckelin Lentzelin an Strafsburg aus dem Jahre 1376[2]). — Es
war das Jahr, in welchem es Karl IV. gelang, seinem Sohne Wenzel
die römische Königskrone zu verschaffen. Hatte man anfänglich
die Wahl in Rense vollziehen lassen wollen, so ging sie schliefslich doch am 10. Juni in der Sakristei der St. Bartholomäus-Kirche
zu Frankfurt vor sich[3]). Vom Chor der Kirche herab, so erzählt
Jeckelin, wurde das Ergebnis, die Wahl Wenzels, verkündet: und
haben das (die Kurfürsten) offenlich verkündet uff dem lettener[4]).
Er fährt dann fort: nun wollen sie alle (scil. Karl IV., Wenzel,
die Kurfürsten) hinweg und den könig zu Ache crönen, dann man
saget, dafs der könig vor Franckenfurd nit ligen wolle; wan (= da)
man noch nit weifs von iman sagen der wider in sin wolle[5]).

Dafs bei dem iman nur an einen ebenbürtigen Gegner, d. h.
an einen Gegenkönig, zu denken ist, wird wohl sicher sein. Wenzel

---

[1]) cf. Janson, p. 59, p. 60, 1 f.

[2]) cf. R.T.A. I, n. 54, p. 81: Jeckelin Lentzelin an Strafsburg, berichtet
von der Wahl zu Frankfurt (1376 nach Juni 10. Frankfurt).

[3]) cf. R.T.A. I, n. 53, p. 81, 8 ff., I, n. 54, p. 81, 25 f. — Th. Lindner,
Gesch. d. deutschen Reiches unter König Wenzel I, p. 40, 6.

[4]) R.T.A. I, n. 54, p. 82, 1.

[5]) R.T.A. I, n. 54, p. 82, 4 ff.

wäre also Jeckelin zufolge von seinem Vorhaben, sich nach der
feierlichen publicatio des Wahlresultats in Frankfurt vor der Stadt
zu lagern, abgekommen, da man auch nach geschehener Feierlich-
keit noch nichts [1]) von einem gegen ihn Erhobenen gehört habe.
— Doch konnte an Wenzel im Jahre 1376 überhaupt die Frage
herantreten, ob er sich der Anleitefrist unterziehen solle oder nicht?
Eigentlich doch wohl nur dann, wenn er gegen seinen Vater Karl IV.
als Gegenkönig erhoben worden wäre. Wenigstens hätte er bei
einer Doppelwahl, auf die die Worte Jeckelins hinzuweisen scheinen,
gegen das sechswöchentliche Lager nicht ohne Grund bemerken
können, dafs das Anleiteverfahren nicht zwei neu Gewählte, sondern einen alten Herrscher und einen neuen d. h. Gegenkönig zur
Voraussetzung haben müsse. Oder hätten etwa die leitenden Kreise
Frankfurts Wenzel mit der Zumutung belästigt, dafs er trotz seiner
einmütigen Wahl als erwählter römischer König 6 Wochen und
3 Tage lang nach altem Herkommen das Feld vor Frankfurt gegen
etwaige Gegner zu behaupten habe? — Daran wird gar nicht zu
denken sein. Ging doch der Frankfurter Rat in seiner Ergebenheit gegen Karl IV. so weit, dafs er den aus Rense kommenden
und noch nicht gewählten Wenzel bei dessen Einzuge in Frankfurt sogar schon als König begrüfsen und aufnehmen wollte [2]).
  Selbst zugegeben aber, Wenzel hätte sich auf Wunsch der
Frankfurter a. 1376 bereit erklärt, die Frist auszulagern, so wird
doch wohl kein Zweifel sein können, dafs das Lager vor seiner
elevatio auf den Altar und wohl überhaupt vor seinem Einzuge in
die Wahlstadt abgehalten worden wäre.
  Die Meinung aber, dafs der König, der sich durch seine Altarsetzung bereits als rechtmäfsiger Herrscher fühlen mufste, sich
selbst dann noch in Form des Anleiteverfahrens in das Reich hätte
einweisen lassen wollen, richtet sich selbst und bedarf keiner weiteren Widerlegung. — Dafs wir demnach der Mitteilung Jeckelins
nur den Wert eines Gerüchtes beilegen können, versteht sich von

---

[1]) Nur in diesem Sinne wird das noch nit aufzufassen sein. Es kann
doch unmöglich heifsen, dafs Wenzel sich auch später noch zu einem Lager
bequemen wolle, sobald nur ein Gegenkönig gegen ihn aufgestanden wäre.

[2]) R.T.A. I, n. 53, p. 81, 9 ff.: darnach uf den sunnendag nach dem
pfingestdage .. do kam der keiser und der künig und der herzog von Peigern
.. alle uf die zit gen Franckenfurt. do wolten die von Franckenfurt den
künig enphangen also ein künig. do wolts der herzoge von Peigern nit, er
wer' noch nit gewelet.

selbst. Und dazu sind wir um so mehr berechtigt, da Jeckelin selbst ja offenbar als seine Quelle ein im Volk verbreitetes Gerede angiebt: dann man saget. —

Wie vermochte sich aber eine so seltsame Ansicht zu bilden, dafs das Lager sich, wenn nötig, unmittelbar an die feierliche proclamatio der Wahl hätte anschliefsen müssen? Sollte hier etwa eine Verwechselung der feierlichen publicatio in Frankfurt mit der a. 1349 vor Frankfurt auf dem Felde erfolgten proclamatio vorliegen? Wäre dem so, so könnte man die Worte Jeckelins als Beweis dafür anführen, dafs die Frankfurter in der That am 30. Januar 1349 mit der proclamatio die am nämlichen Tage vor Frankfurt geschehene Verkündigung der Wahl im Auge gehabt hätten. — Dann wäre nicht nur a. 1376, sondern auch a. 1349 die Auffassung die gewesen, dafs von der proclamatio an gerechnet, unter der man a. 1376 nur fälschlich eine andere als a. 1349 verstanden hätte, ein tempus von 6 Wochen und 3 Tagen verfliefsen müsse. — Eine direkte Beeinflussung des Volkes durch die Frankfurter Erklärung des 30. Januar 1349, die damit ja freilich für das Jahr 1376 so gut wie erwiesen wäre, ist aber vielleicht auch in den so unbestimmten Worten: iman der wider in sin wolle erkennbar. Sie erinnern uns unwillkürlich daran, dafs in Gemäfsheit der Bulle Urbans die mora vor Aachen bezweckte, jedem der wolle (cuilibet) noch Gelegenheit zu geben, dem neu Gewählten mit Worten oder Thaten zu opponieren[1]). Da nun vermutlich a. 1349 die Frankfurter ihr Verlangen nach der fünfundvierzigtägigen mora Günther gegenüber in ähnlicher Weise begründet haben werden, so wird man in dem „iman der wider in sin wolle" auch wohl eine Reminiscenz an die Frankfurter Forderung des Jahres 1349 sehen dürfen. Da damals wohl Günther als erwählter römischer König sich hatte lagern sollen, um abzuwarten, wer wider in sin wolle, so war nach Wenzels Wahl vielleicht die Annahme im Volke verbreitet, dafs sich dieser aus dem gleichen Grunde zu einem Lager bequemen werde. Als die Erwartung sich nicht erfüllte, war es natürlich das Fehlen jeglichen Gegners, das der Menge die Unterlassung des Lagers plausibel machen konnte und mufste.

---

[1]) Olenschlager, Urk.buch z. g. B., p. 49, 22 ff. cf. auch Matteo Villani: mantenere campo a rispondere con la forza dell' arme a chi lo volesse contestare (I 34 ed. Gher. Dragomanni).

Liegen somit der Mitteilung Jeckelins auch wohl keinesfalls Vorgänge hochpolitischer Natur zu Grunde, so ist sie doch immerhin wertvoll, weil sich ihr entnehmen läfst, wie man im Volke a. 1376 über das Lager dachte und sprach.

V. Die Wahl Ruprechts von der Pfalz zum römischen König und sein Lager vor Frankfurt (1400).

Den ernstlichen Versuch, einen neu gewählten römischen König zu einem Lager von fünfundvierzigtägiger Dauer zu veranlassen, machten die Frankfurter erst wieder bei der nächsten Wahl, a. 1400.

Mit diesem Jahre beginnt eine neue Phase der Entwickelung. Und wir werden sehen, wie auch die Aachener, die weder von Karl IV. bei seiner zweiten Krönung in Aachen (25. Juli 1349)[1] noch von Wenzel bei seiner ebenfalls in ihrer Stadt vorgenommenen coronatio (6. Juli 1376)[2] die Auslagerung irgendwelcher Frist verlangt hatten, a. 1400 durch die Macht der Verhältnisse dazu getrieben wurden, auf ihre Forderung vom Jahre 1346 zurückzugreifen.

Es war am 4. Juni 1400 auf einem Fürsten- und Städtetag in Frankfurt, dafs die Fürsten den städtischen Abgeordneten gegenüber zuerst mit dem Plane einer Absetzung Wenzels und der Erhebung eines neuen Königs herausrückten[3]. Im Namen der Kurfürsten begründete Ritter Johann von Talburg[4] die beabsichtigte Vorladung Wenzels nach Oberlahnstein auf den 10. August[5] und verlangte für den Fall, dafs der König dort die gebresten nit abe lechte oder überhaupt ganz ausbliebe[6], die Zustimmung der Städte zur etwaigen Absetzung und Neuwahl. Hierauf kamen die Städte überein, zu Mainz am 1. Juli sich zu beraten[7]. An diesem Tage,

---

[1] cf. Böhmer-Huber reg. Caroli IV., p. 87, n. 1080 a.

[2] cf. R.T.A. I. n. 99, p. 163, 38 ff.

[3] cf. R.T.A. III, p. 171, 26, n. 142, p. 188.

[4] R.T.A. III, n. 142, p. 188 u. 189 f.

[5] Die wirkliche Einladung vom 4. Juni ging dann auf Aug. 11. cf. R.T.A. III. n. 146—151.

[6] cf. R.T.A. III, p. 189, 39. p. 190, 1 ff.

[7] ib. p. 190, 10 ff.

an welchem sich Vertreter von Mainz, Strafsburg, Worms, Speier, Frankfurt und Friedberg zusammen fanden[1]), beschlofs man, in Oberlahnstein erst weitere Instruktionen, vor allem nähere Mitteilung über die Person des Thronkandidaten zu erbitten[2]).

Zugleich wurde eine neue Zusammenkunft in Mainz auf den 5. August in Aussicht genommen[3]).

Inzwischen sandte Frankfurt am 20. Juli an König Wenzel einen Schreiber Petrus mit mündlichen Nachrichten[4]). Nachdem die Stadt sofort am 4. Juni dem Könige einen Auszug aus der Rede des Ritters von Talburg gesandt hatte[5]), beeilte sie sich an diesem Tage (20. Juli), Wenzel mehr Neuigkeiten zu melden. Der uns erhaltene Auftrag des Petrus[6]), soweit er uns angeht, bestand in Folgendem:

> ich bin zu uwern gnaden gefertigit, uwern koniglichen wirdekeiden von solichir viranderunge eczwaz zu erzelen, daz der rad vorgnanter (der von Frankfurt) sither (scil. seit dem 4. Juni) gewar ist worden und in zu wissin getan ist, mit namen, daz die fursten uf Sant Laurencien tag nestkompt (10. Aug.) einen des namen sie (die Frankfurter) doch nit wissen, meinen zu Rense uf den stul gein Lanstein ubir zu eime Romschen konige zu seczen und zu erheben, obe uwir konigliche gnade anders daz nit virhalde nach schriften[7]) als die fursten uwern gnaden getan haben als sie (die Frankfurter) vernommen han, und dann darnach zu stund die fursten und derselbe, den sie also erhaben hetten, für uwir und des heilgen richs stad Franckenfurd meinen zu ziehen und sich da dri tage und sehs wochen zu legern[8]).

Unter solchen Umständen erbittet die Stadt Rat und Hilfe:

> und obe soliche sache, des got nit enwulle, in einche wise volnzogen wurde, und nach dem als dan uwir und des

---

[1]) R.T.A. III, n. 167, p. 210, 16 f.

[2]) R.T.A. III, p. 211, 41 ff., p. 212, 1 ff. cf. n. 168, p. 213, l. 29 ff. besonders l. 42 f.

[3]) R.T.A. III, p. 213, 19.

[4]) R.T.A. III, n. 161, p. 206.

[5]) R.T.A. III, n. 157, p. 204.

[6]) R.T.A. III, n. 162, p. 206 u. 207.

[7]) cf. R.T.A. III, p. 207, Anm. 3.

[8]) R.T.A. III, n. 162, p. 207, 4 ff. besonders l. 12.

heilgen richs stad Franckenfurd die ersten sin fur die
solich gezog gedihen mochte, so bidden und flehen sie
(die Frankfurter) uwern koniglichen mildekeiden .. sie
gnediclich in den sachen zu versorgen .. [1])
Ob die Fürsten, die am 4. Juni die städtischen Vertreter von
ihrem Plane, unter Umständen in Oberlahnstein am 10. August[2])
zu einer Neuwahl zu schreiten, in Kenntnis gesetzt hatten, den
Frankfurtern wenig später die Zusicherung gemacht haben, dafs
der neu Gewählte sich 6 Wochen und 3 Tage vor ihrer Stadt
lagern werde? — Das ist undenkbar, weil die fürstliche, Wenzel
feindlich gesinnte Partei dadurch sich schon vor der Wahl die
Hände gebunden und wohl zugegeben haben würde, dafs das Königtum Wenzels auch nach dessen Absetzung noch zu berücksichtigen
sei. Vielmehr wird die Stadt, während sie sich durch Boten über
alles im Laufenden erhielt und bemerkte, wie die Wahl eines
Gegenkönigs mit Bestimmtheit zu erwarten war, aus eigener
Initiative den Plan gefafst haben, von dem etwaigen electus die
Auslagerung der Anleitefrist zu verlangen. Von dem Vorhaben
der Kurfürsten aber, nach der Wahl zu stunt mit ihrem neu Gewählten nach Frankfurt zu ziehen, natürlich besonders, um denselben in der Bartholomäus-Kirche feierlich auf den Altar zu erheben, wird man wohl schon damals Kunde gehabt haben. Wenzel
übrigens die Sache so darzustellen, als ob die Fürsten die Absicht
hätten, mit dem von ihnen Erhobenen 45 Tage vor Frankfurt zu
liegen, mochte man sich vielleicht deshalb für berechtigt halten,
da man ja offenbar auf fürstlicher Seite a. 1349 das Anleiteverfahren unter Verhältnissen, wie sie durch die Wahl eines Gegenkönigs bei Lebzeiten eines bis dahin allgemein anerkannten Herrschers geschaffen wurden, hatte gelten lassen wollen.

Die Frankfurter konnten demnach wohl von der Voraussetzung
ausgehen, dafs der neu Gewählte, der durch seine Erhebung zum
Gegenkönig erst ein vorläufiges Anrecht auf die römische Königswürde erlangt haben werde, sich nach seiner Wahl in Rense in
den vor ihrer Stadt liegenden Grund und Boden gleichsam durch
seine Wähler einweisen lassen werde. Nämlich um dem alten
König, gegen den er sozusagen auf Herausgabe der Herrschaft
klage, noch die Möglichkeit zu geben, sich binnen 6 Wochen und

[1]) R.T.A. III n. 162. p. 207, 16 ff.
[2]) Wie schon erwähnt, ging die wirkliche Einladung auf den 11. August.

3 Tagen ihm mit Erfolg zu widersetzen. Was Wenzel betrifft, so konnte er der an ihn von den Kurfürsten ergangenen Aufforderung, zu seiner Rechtfertigung vor ihnen und andern Fürsten am 11. August in Oberlahnstein zu erscheinen [1]), natürlich nicht Folge leisten. Doch mußte es jetzt an ihm sein, den Frankfurtern, die ja in seinem Interesse nach einer etwaigen Neuwahl die Anleitefrist beobachtet zu sehen wünschten, möglichst rasch zu Hilfe zu kommen, um, wenn er wohl auch nicht die Wahl eines Gegenkönigs zu hintertreiben imstande war, wenigstens den Abfall der ihm treu ergebenen Wahlstadt zu verhindern.

War man aber bereits am 20. Juli in Frankfurt entschlossen, den etwaigen Gegenkönig zu einem Lager von 6 Wochen und 3 Tagen zu zwingen, so wird man selbstverständlich diesen Entschluß am 5. August den in Mainz und auch am 8. August den in Koblenz versammelten Städten nicht vorenthalten haben. Heißt es doch auch im Protokoll des rheinischen Städtetags zu Mainz vom 1. Juli: [2])

> auch ist der vorgeschriben stete frunde meinunge: daz die rete der egnanten stete, igliche in irer stat, hie entzuschen deme egnanten dage mit ernste uber die sache siczen sich ernstlichen und wißlich daruf zu bedenken; und wez sich izliche stat daruf zum besten nach irer meinunge bedenken und entsinnen wirt, daz igliche stat daz iren frunden, die zu deme dage gein Mencze (Aug. 5) komen werdent, entphelen, ire meinunge, wez sie sich daruf bedacht hant, der ander stete frunden uf deme dage zu Mencze zu sagen und vorzulegen, uf daz sich der egnanten stete frunde samentlich die dan gein Mentze kommen werdent daruf bedenken und geratslagen mogen, welchen wegen den steden zum nutzten und besten zu volgen und nachzugende si. —

Welche Rechtsauffassung aber hinsichtlich des Lagers auf den erwähnten zwei Tagen von den Gesandten Frankfurts vorgetragen sein mag, davon wird gleich zu reden sein. Hier sei jetzt nur bemerkt, daß Frankfurt mit andern Städten am 11. August in

---

[1]) cf. R.T.A. III n. 146 u. 147.

[2]) cf. R.T.A. III n. 167 p. 212 l. 32 ff. Artikel 6. Ein Protokoll des Mainzer Tages vom 5. August ist wohl nicht erhalten. cf. R.T.A. III p. 174, 36 f.

Oberlahnstein [1]) außer stande zu sein erklärte, wegen der gegen
Wenzel eingegangenen Verbindlichkeiten auf das Begehren der
Kurfürsten vom 4. Juni (Zustimmung zur etwaigen Absetzung und
Neuwahl) zu antworten. [2])

Der am 20. August in Oberlahnstein erfolgten Absetzung
Wenzels schloß sich am folgenden Tage in Rense die Erhebung
des Kurfürsten Ruprecht von der Pfalz zum römischen Könige an. [3])
Da zu einer Kräftigung der Stellung des Neugewählten für den
Anfang nichts mehr dienen mochte, als wenn es gelang, die bis
dahin sich ablehnend verhaltenden Frankfurter zur Aufnahme
Ruprechts zu bewegen, so ist es begreiflich, daß man mit dem
offenbar schon vor der Wahl geplanten Aufbruch nach Frankfurt
möglichst wenig zu zögern suchte. Freilich schien man sich im
kurfürstlichen Lager keine Hoffnungen zu machen, daß die Thore
der Wahlstadt sich ohne weiteres dem neuen König öffnen würden.
Im Gegenteil! Die Aufträge, die Erzbischof Friedrich von Köln
am 22. August seinem Bevollmächtigten Johann Sale an den Frankfurter Rat gab, lassen darauf schließen, daß man ein längeres
Lagern vor der hartnäckigen Stadt, in der man um diese Zeit den
Waffenvorrat einer eingehenden Besichtigung unterzog [4]), als sehr
wahrscheinlich bezeichnet haben wird. Sale nämlich bat auf Geheiß des Kölner Erzbischofs um die Vergünstigung, daß man ihn
vor Frankfurt zu felde wulle lassen herberge beslahin, und ime uz
Franckinfurd spisunge tun und gonnen umb sin gelt. [5]) Wenn aber
Frankfurt am 2. September Wenzel schreiben konnte [6]), daß ihnen
sither zu wissen worden si wie daz herzoge Ruprecht von Beiern
mitsampt den kurfursten andern fursten graven und herren mit
grossir macht uf fritag nach unser frauwen tage nativitatis nest-
kompt (Sept. 10) odir umb die zit sich vur Franckinfurd ziehen

---

[1]) In Oberlahnstein waren Köln. Strasburg, Mainz, Worms, Speyer,
Frankfurt, Friedberg und Gelnhausen; cf. R.T.A. IV p 240, 21 ff.

[2]) cf. R.T.A. III n. 178 p. 219 f. u. R.T.A. IV p. 240. l. 25 ff.

[3]) cf. Höfler, Ruprecht von der Pfalz, p. 166 unten. p. 173 unten.

[4]) cf. R.T.A. IV. n. 174 p. 199, 22 ff. Kosten Frankfurts Aug. 21 — 1402
Febr. 11: (1) Sabb. ante Bartholomei (21. Aug.): 4 lb. minus 3 hl. virzertin
burgermeister reidemeister und ander des rads frunde und mit namen die die
den harnesch besahin als sie bi ein waren von der bestellunge wegin der
stad, als sich die fursten davour legen woldin.

[5]) R.T.A. IV n. 133 p. 150 u. n. 134 p. 150 cf. R.T.A. IV. p. 145, 19 ff.

[6]) R.T.A. IV. n. 146 p. 163. 16 ff.

und legern wullen und hinzufügte: so han die fursten eins teils ir
bauere uf dem felde vor Franckinfurd lassen ufgestecken und meinen
sich da zu legern, und wenn Ruprecht selbst am 6. September den
Frankfurtern melden liefs[1]), dafs er uf den fritag (10. Septb.) selbir
komen werde fur Frangkfurd mit andern . . herren den kurfursten,
so mochte dies alles leicht bei Fernerstehenden den Glauben erwecken, als ob Ruprecht und die Fürsten, die von dem Plane der
Frankfurter, sie 6 Wochen und 3 Tage lagern zu lassen, unfraglich
Kenntnis hatten und ihn natürlich auf das energischste bekämpfen
mufsten, die Absicht hätten, sich aus freien Stücken zu der Anleitefrist zu verstehen.

So ist es gerade nicht sehr wunderbar, dafs im Elsafs das
Gerücht verbreitet war, der Herzog Ruprecht versammle eine starke
Macht und meine sich zu Felde zu schlagen vor Frankfurt, wie
das Herkommen ist und einem Römischen künftigen Könige zu-
gehört.[2]) Fragen wir näher nach dem Ursprung dieses Geredes,
von dem Kolmar am 5. September Frankfurt Mitteilung machte,
indem es sich zugleich Aufklärung über den Stand der Dinge erbat,
so liegt es nahe, anzunehmen, dafs derselbe in Strafsburg zu suchen
ist, das an den Städtetagen zu Mainz und Koblenz am 5. und
8. August teilgenommen und dort vermutlich von dem Plane
Frankfurts, dem etwaigen Gewählten gegenüber auf die Anleitefrist
zurückzugreifen, Kenntnis genommen hatte. Sei dem aber auch
anders, jedenfalls wird der Erzählung, Ruprecht denke sich als ein
künftiger König dem Herkommen gemäfs vor Frankfurt zu lagern,
mit absoluter Sicherheit zu entnehmen sein, in welcher Weise die
Vertreter Frankfurts vor den anderen städtischen Abgeordneten ihr
Verlangen nach der Lagerfrist begründet haben werden.

Da ist es nun von höchstem Interesse zu sehen, dafs die Frankfurter offenbar dem Neugewählten gegenüber, der doch thatsächlich
wegen seiner Wahl zum Gegenkönig aufgefordert werden sollte,
6 Wochen und 3 Tage vor ihrer Stadt zu liegen, die Erwähnung
seines Gegenkönigtums vermeiden und zu dem Ende die Sache so
drehen wollten, als ob ein jeder neu gewählte römische König,

[1]) R.T.A. IV n. 137 p. 153, 11 ff.
[2]) R.T.A. IV p. 186 Anm. 2. l. 44 a ff. l. 33 b f. Ein anderes im Elsafs
verbreitetes Gerücht war: Ruprecht sei nach seiner Wahl gen Aachen gezogen und solle dort von den Kurfürsten gekrönt werden. cf. R.T.A. IV
p. 186. Anm. 2. l. 39 a. ff.

dem die Wahl nur ein vorläufiges Anrecht auf die römische Königswürde und gleichsam nur den Titel eines künftigen Königs ver-
schaffe, sich vor seinem Einzuge in Frankfurt vor der Stadt auf
dem Felde dem Herkommen gemäfs der Anleitefrist unterziehen
müsse. Denn erst dann, wenn man sich im Lager 6 Wochen und
3 Tage habe behaupten können, werde aus dem künftigen König
ein wirklicher und allgemein anzuerkennender Herrscher. Es liegt
auf der Hand, dafs die Frankfurter hiermit die Formulierung der
Aachener Forderung vom Jahre 1346, die sie sich bereits, so weit
zu erkennen ist, a. 1349 zu eigen gemacht hatten, von neuem
wieder acceptierten. Wie man a. 1346 und a. 1349 das Herkömmliche der Lagerfrist betont und ihre Beobachtung nach der
Wahl eines jeden Königs als unumgänglich notwendig hingestellt
hatte, in derselben Weise gedachte man auch a. 1400 Ruprecht
gegenüber zu verfahren. Wie a. 1346 und 1349, so bezweckte
man auch jetzt die eigentliche Veranlassung des Begehrens, die
zwistige Wahl des neu Gewählten und sein Gegenkönigtum, durch
eine an die Bulle Urbans erinnernde Fassung zu verbergen.

Während nun Ruprecht, der der angeführten Rechtsanschauung
gemäfs in den Augen der Frankfurter und der ihnen verbündeten
Städte vor Ablauf der Frist natürlich noch nicht auf das Prädikat
König Anspruch erheben, sondern ihnen nur der herzoge von Beiern
sein konnte, sich anschickte, vor Frankfurt zu ziehen, unfraglich
um die Stadt zu seiner schleunigen Aufnahme zu bewegen, wird
er es gewifs nicht am 25. August in Alzei, wohin er Gesandte
von Frankfurt und Mainz geladen hatte [1]), unterlassen haben, die
Wahlstadt in diesem Sinne zu bearbeiten.

Gegenüber diesen und ähnlichen Bemühungen schien es wohl
Frankfurt geboten, im Verein mit anderen Städten Stellung zu
nehmen [2]). Zu dem Zwecke bereiteten Mainz und Frankfurt ge-
meinsam einen Städtetag vor, der in ersterer Stadt am 8. September stattfinden und auch von Köln, Worms, Speier, Strafsburg
und Friedberg besucht werden sollte [3]).

Vielleicht im Hinblick hierauf erbat und erhielt der Frankfurter Rat von den Bevollmächtigten Ruprechts, die am 30. August

---

[1]) R.T.A. IV n. 113 p. 128 cf. 1400) Aug. 22 Bacherach. Auch frunde
von Mencze waren in Alzei, cf. n. 115 p. 129, 26.

[2]) cf. R.T.A. IV n. 115 p. 129. Aug. 28 (Frankfurt).

[3]) cf. R.T.A. IV n. 118. p. 131; besonders l. 6 ff.

(worauf zurückzukommen sein wird) für ihren Herrn und König sofortigen Einlaſs in die Stadt begehrten, Bedenkzeit bis zum 8. September[1]). An diesem Tage nun faſsten die in Mainz versammelten Städte die Punkte, die ihnen für ihre Haltung gegenüber dem alten und neuen König[2]) besonders in Betracht zu kommen schienen, in drei Artikeln zusammen und erbaten sich über diese ein Gutachten von etzlichen wisen gelerten groſsen phaffen in dem rechten[3]). Die drei Artikel lauteten[4]):

(1) zum ersten umb daz stucke als die kurfursten uf dem Rine den steten geschriben hant, daz sie den hochgeborn fursten hern Wentzelaw konig zu Beheim umb kuntliche bresten der heilgen kirchen der gemeinen christenheid und dez heilgen Romschen richs von dem riche gesetzt haben und den allirdurchluchtigisten fursten und herren hern Ruprecht etc. zu eime Romschen konige uud eime zukunftigen keiser erwelt haben, und gesinnet darumb an die stete und ermanent sie bi den eiden die sie dem heilgen riche getan haben, daz sie den hochgeborn hern Wenczlauw konig zu Beheim vorgenant nit me vor einen Romschen konig halden und den allerdurchluchtigisten hern Rupreht vor einen rechten gewaren Romschen konig und zukunftigen keiser mit in halten und gehorsam sin etc.; und obe derselbe erwelte konig (Ruprecht) den steden schriben wurde, darzu sie ime in iren briefen antwurten wurden, wie sie ime dan auch schriben mogen.

(2.) item obe er, in ziden als er den leger vor Franckenfurd meinet zu tun und ee er zu Aiche gekronet worde, an dheine stad dienst odir gehorsam ime zu tun fordern werde;

(3.) item obe der hochgeborn furste her Wenczlauw etc. die stete in dissen leuften umb dienst und hulfe beschriben und ire eide ermanen wurde ime zu helfen und bizusteen etc. —

---

[1]) R.T.A. IV n. 136 p. 151.
[2]) R.T.A. IV n. 120 p. 132 (1400 c. Sept. 8 Mainz).
[3]) R.T.A. IV p. 132. 35 ff.
[4]) R.T.A. IV n. 120. I. 1. 2. 3. p. 132, 18 ff.

Item umb disse vorgeschriben stucke und artikele sint,
wie es in der Aufzeichnung weiter heifst[1]), etzliche wise
gelerte grofse phaffeu in dem rechten, die den steten woil
gutz gonnen, bi der stede frunde gewest, und hant in in
grofser fruntschaft ire meinunge gesagit wie sich die stete
ane straffunge ire eide selen und eren in dem rechten da-
rinne halten mogen, als sie meinent, daz sie daz clerlichen
wisen wullen in bebestlichem und keiserlichem rechte, wo
man daz beschriben finde. —

Wer sind die etzliche wise gelerte grofse phaffen in dem
rechten? Doch wohl aller Wahrscheinlichkeit nach kurmainzische
Juristen, die als solche unter dem Einflusse Johanns von Mainz
standen, der in erster Linie die Absetzung Wenzels und die Wahl
Ruprechts betrieben hatte. Dafür spricht, dafs diese Pfaffen, wie
sie in ihrer Antwort auf den ersten Artikel des näheren ausführten,
die gegen Wenzel von den Kurfürsten vorgebrachten Anklagepunkte
für begründet hielten: artikil .. die man auch gemeinlich vor wair
heldet[2]), dafs ihnen Wenzel für abgesetzt, dagegen Ruprecht für
der rechtmäfsig erkorne König galt. Denn die Kurfürsten haben
in dem rechten wol macht gehabt, einen andern zu dem riche zu
kiesen[3]).

Die Städte wandten sich also mit ihrer Bitte um Erteilung
eines Weistums (die phaffen wullen daz clerlichen wisen) an eine
Seite, die von vornherein schon den Standpunkt der Partei von
Oberlahnstein[4]) vertreten und verteidigen mufste! — Es verstand
sich eigentlich von selbst, wenn im ersten Artikel an die Pfaffen
die Frage gerichtet wurde: obe derselbe erwelte konig den steden
schriben wurde, darzu sie ime in iren briefen antwurten wurden,
wie sie ime dan auch schriben mogen[5]), dafs sie dann nur antworten konnten: so sollen und mogent sie ime schriben als eime
Romschen konige[6]). War doch der paffen meinunge[7]):

---

[1]) R.T.A. IV, p. 132, 35 ff.
[2]) R.T.A. IV, p. 133. 3.
[3]) R.T.A. IV, p. 133, 11 und 12. cf. überhaupt R.T A. IV, n. 120. II.
1, p. 133, 1 ff.
[4]) cf. R.T.A. IV. p. 125, l. 21 ff.
[5]) R.T.A. IV, p. 132. n. 120 I, 1, l. 27 f.
[6]) R.T.A. IV, p. 133, n. 120 II, 1, l. 23 ff.
[7]) ib. l. 15 ff.

als balde als der hochgeborn her Rupreht vorgenant von
den kurfursten also zu eime Romschen konige gekoren
wurde, daz da zu stunt alle fursten graven herren stete
lande und lude ire eide gein dem alden konige, die sie
ime von des richs wegen getan hatten in dem rechten
genzlich ledig und lois gewest sin und ime vurbaſs von
des richs wegen numme virbuntlich sin sullen; und sollen
und mogen ime auch alle fursten graven herren stede etc.
und allirmenlich, die ime von des richs wegen virbunden
gewest sint, ane alle straffunge irer consciencien eide und
eren in dem rechten wol abesteen und sollen dissen er-
welten konig vor einen rechten gewaren Romschen konig
halden.

Was den zweiten Artikel betrifft, so legte man in diesem
Ruprecht von neuem die Absicht bei, sich 6 Wochen und 3 Tage
vor Frankfurt zu lagern (in ziden als er den leger vor Franckenfurd meinet zu tun). Erbat man sich aber in erster Linie Ver-
haltungsmaſsregeln für den Fall, daſs derselbe bereits in einem
Zeitpunkt, wo er diesen Entschluſs noch nicht bewahrheitet habe
— das hieſs natürlich: schon in dem gegenwärtigen Moment —
Dienst oder Gehorsam von irgend einer Stadt verlangen würde, so
war aus den Worten: und ee er (Ruprecht) zu Aiche gekronet
worde, deutlich genug herauszulesen, welcher Ansicht man in betreff einer sofortigen Dienstleistung zuneigte. Offenbar waren die
Städte der Meinung, daſs, da Ruprecht für den Augenblick keinesfalls auf aktives Entgegenkommen von ihrer Seite rechnen könne,
nur in Erwägung zu ziehen sei, ob dies überhaupt schon vor der
Aachener Krönung gestattet sei.

Sollte der damit offenbar angedeutete Wunsch, erst nach der
Aachener Krönung dem neuen König gegenüber zu Gehorsam verpflichtet zu sein, durch die Erinnerung daran veranlaſst sein, daſs
die Aachener a. 1346 die Auffassung verfochten hatten, wie ein
neu gewählter König erst nach einem sechswöchentlichen Lager
vor ihrer Stadt als rechtmäſsiger König betrachtet und zur Krönung zugelassen werden könne? Konnte sich doch aus einer
solchen Rechtsanschauung bei den Städten die Vorstellung leicht
entwickeln, daſs man von ihnen nicht vor geschehener coronatio
Dienste fordern dürfe. Die Antwort der Pfaffen auf den zweiten

Artikel, die durch ihre den Städten gemachten Zugeständnisse überrascht, würde dieser Vermutung nicht widersprechen[1]):

> Item were abir sache, daz derselbe erwelte konig dinstez oder ime gehorsam zu tun in ziden, ee er den legir vor Franckenfurd volendet hette odir zu Aiche gekronet wurde, an dheine stad gesonre dovon ist derselben paffen meinunge, daz igliche stad, der dez noit geschee, darzu antwurten mochte, daz die stete in solichen sachen allewegen herkommen weren: wanne ein Romschir konig sinen leger von Franckenfurd getan hette und zu Aiche gekronet worden were, und dan der stad ire friheiden alde herkommen und gewonheid versiegilte und bestedigete, so wulde ime die stad auch dann dun, waz sie ime, nach dem als sie bi dem riche herkommen weren, billich tun solten und hofften daz sie ime keinen dinst odir gehorsam ee plichtig sin zu tun; und mag igliche stad sich des also gelimplich virantworten und auch dugentlich bieden daz man sie des daruf gnedeclich erlassen wulle.

Freilich könnte man gegen die Annahme, daſs die Pfaffen hiermit aus der von Aachen a. 1346 und von Frankfurt a. 1349 und im gegenwärtigen Jahre vorgetragenen Rechtsanschauung die äuſsersten Konsequenzen im Interesse der Städte gezogen und auf die Weise den Aufschub der Huldigung bis nach der Aachener Krönung gerechtfertigt hätten, nicht ohne Grund geltend machen, daſs die Pfaffen, die so sehr den Städten nach dem Munde redeten, ja des legirs vor Aiche gar keine Erwähnung thäten. Indessen war das so sicher, daſs diese Stadt von Ruprecht die Beobachtung der Anleitefrist verlangen würde? — Wohl keinesfalls, da die Interessen der Krönungsstadt, der eine Einladung zum Mainzer Tage[2]) dem Anschein nach allzu spät zugegangen war, als daſs sie ihr noch hätte Folge leisten können[3]), in Mainz offenbar gar nicht vertreten waren.

Warum aber nur eine Möglichkeit in das Gutachten auf-

---

[1]) R.T.A. IV, p. 133, 26 ff., n. 120, II 2.

[2]) Am 28. August fragte Aachen bei Frankfurt an: wie ur meynunge da ynne is of ir yn (Ruprecht) ynlaissen wilt of wie ir ure sachen untgain eme meyndt anzestellen (R.T.A. IV, n. 116, p. 130). Frankfurt antwortete mit einer Einladung zum Mainzer Städtetag. ib. n. 117.

[3]) cf. R.T.A. IV, p. 131. Anm. 5, l. 48 a.

nehmen, die, wenn sie eintrat, dasselbe in keiner Weise aufheben
konnte, ja von der die Städte behaupten mochten, dafs sie stillschweigend in demselben enthalten sei?!

Treten wir den Äufserungen der Pfaffen näher, so fällt auf,
dafs sie den Wortlaut des ihnen von städtischer Seite unterbreiteten
zweiten Artikels verändert hatten. Hiefs es doch in demselben:
obe Ruprecht in ziden als er den leger vor Franckenfurd meinet
zu tun und ee er zu Aiche gekronet · worde an dheine stad
dienst etc. fordern worde, aber nicht: in ziden ee er den legir vor
Franckenfurd volendet hette odir zu Aiche gekronet wurde etc.

In dieser Abänderung, so unbedeutend sie uns erscheinen mag,
und so wenig sie den eigentlichen Sinn der Anfrage trifft, war
doch immerhin wohl ausgesprochen, dafs den Städten eine that-
kräftige Unterstützung des neuen Königs vor seinem Eintreffen auf
dem Frankfurter Felde, eine Eventualität, die man auf städtischer
Seite mit den Worten: in ziden als er meinet etc. noch berührt
hatte, auf keinen Fall zugemutet werden könne. Freilich stand ja
Ruprechts Erscheinen vor Frankfurt schon unmittelbar bevor, so
dafs es thatsächlich wenig ausmachte, ob die Pfaffen dem Satze:
in ziden als er meinet etc. die Wendung gaben: in ziden ee er
volendet hette etc. Aber man erwäge, ob sie nicht bereits dadurch das Gebahren der Städte bis zum 8. September, die sich bis
dahin von Ruprecht fern gehalten hatten, als tadellos erklärten und
andeuteten, in welchem Tone ihre folgenden Ausführungen gehalten
sein würden?

Wie sich jedoch Männer, welche dem Parteistandpunkt von
Oberlahnstein ergeben waren, zu der Erklärung herbeilassen konnten,
dafs ein römischer König dem Herkommen gemäfs erst dann bei
einer Stadt Gehorsam finden könne, wenn er 6 Wochen und
3 Tage vor Frankfurt gelegen habe (sinen leger), in Aachen gekrönt sei und darnach der in Frage kommenden Stadt ihre Privilegien etc. bestätigt habe, wird in etwas verständlich, wenn man
sich den Unterschied klar macht, der im Grunde genommen zwischen
der Rechtsauffassung der Pfaffen und derjenigen der Städte, besonders Frankfurts, vorhanden war.

Es wird zuzugeben sein, dafs die Frankfurter von Ruprecht
eigentlich doch nur wegen seines Gegenkönigtums die Lagerfrist
zu fordern gedachten, und weiter, dafs sie offenbar ihre Wenzel
geleisteten Eide vor Ablauf der mora nicht als gelöst betrachten
wollten. Die Pfaffen aber gingen darauf aus, zu zeigen, wie man

von der Stunde an, in der Ruprecht erkoren sei, Wenzel gegenüber jeder Verpflichtung enthoben sei und in jenem den rechten
römischen König erblicken müsse [1]).

Aller Wahrscheinlichkeit nach war nun der Zweck, den die
Pfaffen bei der Erteilung des Weistums verfolgten, kein anderer,
als der, die Städte, die bisher noch Wenzel die Treue gewahrt
hatten, und darin auch für die nächste Zeit beharren zu wollen
schienen, wenn auch nicht zu einer energischen Förderung von
Ruprechts Sache, so doch wenigstens zu einer vollkommenen Passi-
vität gegen Wenzel, ja, man möchte fast sagen, zu einer vorläufigen
Neutralität zwischen beiden Königen zu bewegen. Zu dem Ende
nahm man die Frankfurter und ihre Genossen, nach deren Äufserungen es den Anschein gewann, als ob ein jeder König nach
seiner Wahl vor Frankfurt lagern müsse, beim Wort und gab
ihnen zu, dafs allerdings ein Romschir konig und demnach auch
Ruprecht nach seiner Wahl ein Lager vor Frankfurt zu beziehen
habe.

Zum Dank für dieses Zugeständnis, dem man in Erinnerung
vermutlich an die auch ganz allgemein gehaltene Aachener Forderung des Jahres 1346 das weitere Zugeständnis anreihte, dafs
Ruprecht die Städte erst nach der Aachener Krönung um Dienst-
leistungen angehen könne, begehrte man dann, dafs man auf städtischer Seite Wenzels Absetzung als rechtsgiltig ansehe und so auch
sich jeder Gemeinschaft mit demselben enthalte.

In der Entgegnung auf den dritten Artikel bemerkte man
demnach [2]):

> Item umb den dritten artikil, obe der alde konig die
> stete umb hulfe und dinst beschribe und sie ire eide er-
> manete ime in dissen sachen bistendig und beholfen zu
> sin und dovon eine antworte hiesche, dovon ist derselben
> paffen meinunge: daz man die briefe nemen und entphaen
> sulle und die boden dogentlich mit worten von in wissen
> sollen und ime doch dovon keine antworte schriben sulle
> und in den sachen nit anders achten sulle gein dem heil-
> gen Romschen riche want in glichir wifs als obe er doit
> were. —

---

[1]) cf. R.T.A. IV, p. 133, 15 ff.
[2]) R.T.A. IV, p. 133, 37 ff.

Es ist einzuräumen, wenn die Pfaffen nur auf die angegebene
Weise eine Möglichkeit sahen, die Städte von Wenzel abzuziehen,
dafs es dann mit Ruprechts Sache recht schlecht stand, und dafs
die eventuelle Anerkennung der Thronrevolution seitens der Städte
so recht teuer erkauft war. Und der Vorwurf kann den Pfaffen
nicht erspart werden, dafs sie ein recht gefährliches Spiel trieben.
Wer bürgte ihnen denn dafür, dafs die Städte das Gutachten nicht
blofs soweit acceptierten, als es ihren Zwecken pafste, und nicht
etwa auf dasselbe gestützt sich Ruprecht erst nach der Aachener
Krönung als gehorsam erwiesen, ohne doch bis dahin von ihrer
Ergebenheit gegen Wenzel abzulassen? —

Freilich war kaum abzusehen, auf welche Weise, wenn nicht
andere Städte, so doch Frankfurt es vermeiden sollte, Ruprecht vor
der Krönung dinst odir gehorsam zu tun, da derselbe doch unfraglich den Wunsch hegen mufste, sich in der Bartholomäuskirche
auf den Altar setzen zu lassen.

Für den Augenblick scheinen die städtischen Vertreter über
die Brauchbarkeit des Gutachtens nicht völlig schlüssig geworden,
vielmehr der Meinung gewesen zu sein, dafs man zuvor von Haus
Instruktionen einholen und auf einer andern Tagsatzung von neuem
über die Lage beraten müsse. Dies bewog vielleicht schon beim
Abschied Mainz[1]), die städtischen Abgeordneten zu einem Mainzer
Tage auf den 29. September einzuladen. Und wohl deshalb hütete
man sich auch, sich Ruprecht gegenüber, der, wie es scheint, auf
den 8. September Vertreter nach Mainz gesandt hatte[2]) und durch
sie zweifellos um sofortige Huldigung nachsuchen liefs, zu binden.
Man vertröstete ihn vermutlich auf später.

---

[1]) cf. R.T.A. IV, n. 129, p. 140: Köln an Mainz 1400. Sept. 21. Köln.
l. 31 ff.: as ir waile wist, dat wir nu nelingen unse vrunde bi uch zo Maencze
[Sept. 8] ind andere des richs stede vrunde geschikht hadden, mit uch ind
den anderen zo undersprechen ind zo raitslagen umb eine antwerde ein-
drechtlige den fursten ind herren zo geven, so haint uns unse vrunde under
anderen worden laissen verstain, wie ure meinonge waile were, dat jecklige
stat ire vrunde zu desem neisten zocoemende seute Michaels daghe [Sept. 29]
bi uch zo Maencze schicken weulden (p. 141, 1 ff.).

[2]) Vertreter Ruprechts waren am 8. Septbr. in Mainz, cf. R.T.A. IV,
n. 129, p. 141, 5 ff.: want hudistages (21. Sept.) des nuwen coenings vrunde ..
bi uns (in Köln) geweist sint ind einre antwerten gesonnen haint suelger
sachen as sine vrunde den unsen lestmails bi uch zo Maencz (8. Sept.) vur-
gelaicht haint. Die vrunde werden schwerlich mit den das Weistum erteilenden Pfaffen identisch sein (cf. R.T.A. IV, p. 125, 27 f.).

Inzwischen hatten, wie bereits (cf. o. p. 51 Anm. 1) flüchtig
berührt, schon am 30. August Gesandte Ruprechts für ihn und die
Fürsten von dem Frankfurter Rat sofortigen Einlaſs verlangt. Ihr
darauf gerichtetes Begehren hatte gelautet [1]):

> daz man in (Ruprecht) und die fursten mit den iren wulle
> zu Franckenfurd zu stund inlassen und da inne ligen umb
> grosses schaden und zugriffens willen uzwendig der stad
> zu vermiden, und wulle ansehen daz er einmudeclich von
> den korfursten erkorn si und darumb solich spann nit si
> als obe die kurfursten ein teil einen konig gekorn hetten
> und die andern einen andern etc. . . .

Da wir wohl unbedenklich annehmen dürfen, daſs denen, die so
sprachen, das Vorhaben Frankfurts, von Ruprecht die Auslagerung
der Anleitefrist zu verlangen, nicht unbekannt gewesen sein wird,
so ist es selbstverständlich, daſs wir die mitgeteilten Worte unter
diesem Gesichtspunkte zu betrachten haben.

Die Abgeordneten des neuen Königs schienen nun keineswegs
dafür zu halten, daſs gegen das Verfahren der Frankfurter, mit
der Aufnahme eines neu Gewählten zu zögern und einen solchen
zu einem Lager von 6 Wochen und 3 Tagen zu zwingen, in jedem
Falle Bedenken erhoben werden könnten. Nur däuchte ihnen die
Wahl des Jahres 1400 wegen der angeblichen Einmütigkeit derselben nicht geeignet dazu, um mit einer derartigen Forderung
Ruprecht gegenüber hervorzutreten, während sie anscheinend bei
einer Doppelwahl, wenn die Kurfürsten ein teil einen konig gekorn hätten und die andern einen andern, auch ihrerseits für die
Anleitefrist sich erklärt haben würden. Dies scheint unserer Annahme, daſs die fürstliche Partei im Jahre 1349 dem Anleiteverfahren nur nach der Wahl eines Königs, der gegen einen bis dahin
allgemein anerkannten Herrscher erhoben worden sei, hatten Berechtigung zugestehen wollen, direkt zuwiderzulaufen und unsere
dahin gehörenden Ausführungen zu widerlegen. Aber man be-
denke, daſs die Ruprecht ergebenen Fürsten, die es nicht für ratsam halten mochten, das Vorgehen ihrer Vorgänger vom Jahre
1349 völlig zu desavouieren und dem Anleiteverfahren jede Berechtigung abzusprechen, sich wohl hüten muſsten, die Lagerfrist
unter den von fürstlicher Seite a. 1349 betonten Voraussetzungen
gelten zu lassen.

---

[1]) R.T.A, IV, n. 136, p. 151, 30 ff.

War doch Ruprecht, der selbstverständlich für sie durch die
Absetzung Wenzels und durch seine Wahl ein rechtmäfsiger König
und kein Gegenkönig war, den Frankfurtern und vielen anderen
nur ein Gegenkönig und Usurpator des Wenzel zustehenden Königs-
titels.

Wollte man sich daher nicht der Gefahr aussetzen, zu erfahren, dafs thatsächlich alle Vorbedingungen für das Anleiteverfahren im gegenwärtigen Jahre vorhanden seien, so war das, da
man sich offenbar infolge der fürstlichen Politik des Jahres 1349
nicht ein für alle Mal die Übertragung des Anleiteverfahrens auf
die deutsche Königswahl verbitten konnte, nur möglich, wenn man
eine Doppelwahl als diejenige Eventualität bezeichnete, unter der
allein die Innehaltung der Anleitefrist von den Frankfurtern gewünscht werden könne. Von einer solchen konnte ja aber a. 1400
gar nicht die Rede sein.

Übrigens hatte es von Ruprechts Standpunkt aus seinen guten
Grund, wenn man von seiner Wahl als einer einmütigen sprach.
Zwar hätte man von ihm, der seine Kurstimme dem Mainzer Erzbischof übertragen hatte, auch behaupten können, dafs er die Majorität der kurfürstlichen Stimmen, bestehend aus den drei geistlichen und seiner eigenen[1]) auf sich vereinigt habe und auch darum
als ein legitimer Herrscher in die Stadt aufzunehmen sei. Hätte
man aber, wie a. 1349, in welchem Jahre Günther von seinen Anhängern als der von der Majorität Erhobene hingestellt wurde,
auch jetzt auf das Majoritätsprinzip rekurriert, so hätte man dadurch zum Überflufs die Frankfurter daran erinnert, dafs es mit
der Einmütigkeit der Wahl nicht weit her sei, da der andere Teil
der Kurfürsten sich von Ruprecht fern- und offenbar an dem alten
König festhalte.

Die Gefahr, von Seiten Frankfurts hören zu müssen, dafs,
wenn überhaupt, so nach Ruprechts Wahl das Lager von 6 Wochen
und 3 Tagen einzutreten habe, wäre dadurch nur noch vermehrt
worden.

Aus den Bemerkungen von Ruprechts Bevollmächtigten ging
zur Genüge hervor, dafs dieser durchaus nicht die Absicht hatte,
sinen legir vor Frankfurt abzuhalten. Trotzdem schoben ihm die
Städte, wie wir sahen, noch am 8. September in Mainz, wo man

---

[1]) cf. Höfler, Ruprecht von der Pfalz. p. 173 unten, p. 174. 4 ff.

auf die Ausführungen der Fürsten vom 30. August so gut wie gar keine Rücksicht genommen zu haben scheint, dieselbe unter.

Es war zunächst die Frage, ob die Frankfurter in ihrer Antwort, die sie auf Ruprechts Veranlassung nicht, wie man ihnen anfänglich am 30. August zugestanden hatte, am 8., sondern erst am 11. September erteilen sollten [1]), sich mehr auf den Standpunkt der Pfaffen oder mehr auf denjenigen der Fürsten stellen würden.

An dem festgesetzten Tage (11. September) — Tags zuvor war der neue König in Person vor Frankfurt auf dem Galgenfeld im Lager erschienen [2]) — machte der Frankfurter Rat den frunden des nuwen gekorn koniges und der andern fursten mit Beziehung auf die Bitte um sofortigen Einlaß in die Stadt, folgende Mitteilung [3]):

> sie haben horen sagen, daz von aldir gewest si, wann daz riche ledig stee, daz dann der legir vor Franckenfurd sin solle sefs wochen und dri tage; und wan nu die ob-

---

[1]) cf. R. T. A. IV, p. 153, 11 ff., n. 137: Ruprecht ließ am 6. September verkünden, daß er, da er am 10. September vor Frankfurt anlangen werde, erst am 11. September sine frunde bi dem rade haben werde. Frankfurt hatte am 30. August Bedenkzeit bis zum 8. September erhalten (R. T. A. IV, p. 151, 20 und cf. o. p. 51 Anm. 1).

[2]) Auf die Frage, wo das Lager stattfand, ist zu antworten: auf dem Galgenfelde, in der Gegend also, wo jetzt der neue Centralbahnhof seiner Vollendung entgegengeht. Dies folgt ohne Weiteres aus den Worten des Frankf. Rechenbuches (R. T. A. IV, p. 200, 1 ff. Kriegk. Frankf. Bürgerzwiste und Zustände im Mittelalter 1862, p. 249 unt. cf.): Sabb. post Egidii [Sept. 4]: 3 lb. dem zuchtiger mit knechten und umb gezug den galgen zu fegen und die doden zu begraben als die fursten sich vur die stat legen wolden. Auf dem Galgenfeld war das Hochgericht (Kriegk l. c. p. 248). — Aller Wahrscheinlichkeit nach lagerte auch Günther hier. Wenn Kriegk (l. c. p. 248) aus den Worten des Frankf. Rechenbuches von 1349: item 20 lb. den von Sassinhusen zu buwene und zu hudene du der kunig uf velde laick und gekorn ward (f. 30b oben) herauslesen will, daß Karl IV. — müßte wenigstens heißen: Günther — bei Sachsenhausen gelagert habe, so ist das ganz unberechtigt. Wenn irgend etwas, so ist nur das daraus zu entnehmen, daß die Befestigungswerke Sachsenhausens zu der Zeit, als Günther lagerte, sehr baufällig waren. — Kriegk sagt über das Galgenfeld: dort mußte der [in Zwiespalt] Gewählte 6 Wochen und 3 Tage lagern, um seinen Gegner zu einem etwaigen Kampfe zu erwarten. (l. c. p. 248).

[3]) R. T. A. IV, n. 138. p. 153, 32 ff.

gnante zit des legers ufskomme, waz in dann gebore zu
tun, daz wolden sie tun als verre sie eide und eren bewaren mogen.

In diesen Worten wird man wohl kaum eine Bezugnahme
auf die proclamatio eines Königs[1]) vermissen. War sie doch hier
vollkommen irrelevant für die Dauer des königlichen Lagers, das
den Frankfurtern natürlich mit der Ankunft Ruprechts vor Frankfurt seinen Anfang nahm. Zum besseren Verständnis der Antwort
erinnere man sich nunmehr an Folgendes. Augenscheinlich hatten
die Frankfurter in den dem Mainzer Tage vom 8. September vorhergehenden Wochen ihre beabsichtigte Forderung der Anleitefrist
rechtlich dahin formuliert: ein jeder neu Gewählter, der durch
seine Wahl nur ein vorläufiges Anrecht auf die römische Königswürde erlangt habe und gleichsam nur ein künftiger König sei,
müsse sich vor Frankfurt 6 Wochen und 3 Tage lagern; denn
erst dann, wenn er sich solange im Besitz des vor der Stadt liegenden Grund und Bodens habe erhalten können, werde aus dem
electus ein rechter gewarer Romscher konig. Ganz gewiß konnten
die Frankfurter hieraus die Folgerung ableiten, daß für sie das
Reich noch solange eines Herrschers entbehrte oder ledig stand,
als der neue Gewählte nicht volle 6 Wochen und 3 Tage vor der
Wahlstadt gelagert habe.

An dieser Formulierung hielt man offenbar im ganzen und
großen in Frankfurt am 11. September den Gesandten Ruprechts
und der Fürsten gegenüber fest. Denn anderes können die Worte:
wann daz riche ledig stee, die in diesem Zusammenhang jedenfalls
eine bereits geschehene Wahl voraussetzen, nicht besagen wollen.
Man gab also den Fürsten, die dem sechswöchentlichen Lager nur
bei einer Doppelwahl Giltigkeit zuerkennen wollten, zu verstehen,
daß, da die Vakanz des Reiches mit der Wahl noch nicht ihr
Ende erreiche, von alters her ein electus stets nach seiner Wahl

---

[1]) Da die Wahl und ebenso die unfeierliche proclamatio derselben nicht
vor Frankfurt, sondern in Rense vor sich gegangen waren. so ist es klar,
daß im gegenwärtigen Jahre die Lagerfrist nicht, wie vielleicht a. 1349,
von der unfeierlichen proclamatio, oder von der Wahl bis zur feierlichen publicatio derselben in Frankfurt (wenn man das tempus proclamationis a. 1349
so auffassen will: cf. o. p. 33 Anm. 2) gerechnet werden konnte. — Außerdem wußte man wohl noch nicht, ob man Ruprecht nach 6 Wochen und
3 Tagen aufnehmen werde, so daß auch darum schon eine Erwähnung etwa
der feierlichen publicatio an dieser Stelle ausgeschlossen war.

als ein künftiger König vor Frankfurt 6 Wochen und 3 Tage zu liegen pflege. Anstatt aber klar und deutlich zu sagen, daſs man nach Verlauf der Frist die Vakanz des Reiches als beendigt ansehen und demgemäſs Ruprecht aufnehmen werde, erging man sich in allgemeinen Worten, unter denen man sich alles oder nichts denken konnte und versicherte, daſs man nach Ablauf der 45 Tage thun würde, waz in dann gebore zu tun. Unfraglich äuſserte man sich aber deshalb so unbestimmt, weil die Städte anscheinend erst am 29. September in Mainz zu dem Gutachten der Mainzer Pfaffen, demzufolge eine Stadt erst nach der Aachener Krönung einem römischen König Gehorsam zu leisten hatte, definitiv Stellung nehmen wollten. Warum aber sich zu irgend etwas verpflichten, bevor man absehen konnte, ob es geraten sein würde, Ruprecht nach verflossener Frist in die Stadt zu lassen, und nicht vielleicht ratsamer, den Termin der Anerkennung bis nach der Krönung zu verschieben?

Auf beide Eventualitäten waren schlieſslich die Worte: wan nu die . . zit des legers ufskomme, waz in dann gebore zu tun, daz wolden sie tun als verre sie eide und eren bewaren mogen, anwendbar. Schlug man so einerseits der Rechtsauffassung der Fürsten in jeder Beziehung ins Gesicht, so hielt man sich andererseits die Möglichkeit offen, wenn nötig, im wesentlichen den Inhalt des Gutachtens vom 8. September sich zur Richtschnur des Handelns zu machen. Doch verstieſs man von vornherein darin gegen den Inhalt des Weistums, demzufolge Ruprecht durch seine Wahl schon ein rechter gewarer Romscher konig und als ein solcher von den Städten anzureden war, daſs man noch während der Lagerzeit das Reich als verwaist ansah. Somit muſste man naturgemäſs Ruprecht, falls er sich zu dem Lager bequemte, während dieses Zeitraums noch den königlichen Titel voreuthalten.

War aber dies schon für Ruprecht mit ziemlicher Gewiſsheit vorauszusehen, nachdem man sich ihm gegenüber der Anleitefrist zu bedienen suchte, so nicht minder sicher die Thatsache, daſs, wenn auch nicht anderen Städten, so doch jedenfalls der Wahlstadt vor Beendigung des Lagers keinesfalls die Wenzel geleisteten Eide als null und nichtig erscheinen würden. Wir werden sehen, daſs die Frankfurter in der That die Verbindungen mit Wenzel noch nicht abbrachen, in ihm noch immer ihren rechten Herrn sahen und somit auch darin dem Gutachten der Pfaffen geradezu entgegenhandelten.

Offenbar betrachteten die Frankfurter das etwaige sechswöchentliche Lager Ruprechts vor ihrer Stadt in allem und jedem
unter demselben Gesichtspunkt, unter welchem a. 1346 die Aachener
ein etwaiges Lager. Karls IV., des gegen Ludwig den Baiern Erhobenen, gesehen hatten. Karl wäre diesen während der Lagerzeit
nur ein Gegenkönig gewesen und hätte eben darum noch nicht
des Prädikats König teilhaftig werden können. Demnach wollten
unfraglich die Frankfurter, die übrigens auch a. 1349 von der
Voraussetzung ausgegangen sein werden, daſs sie Günther während
der Lagerfrist noch nicht König zu nennen brauchten[1]), vor Ablauf
der Anleitefrist in Ruprecht nur den Gegenkönig, dagegen in
Wenzel noch den rechtmäſsigen Herrscher sehen.

Wenn die Pfaffen wirklich gehofft hatten, daſs man doch
wenigstens Wenzel den Gehorsam aufkünden und Ruprecht schon
vor Beendigung des Lagers als König bezeichnen werde, so hatten
sie sich gründlich getäuscht. — Wie erbärmlich war aber eigentlich
die Art und Weise, in der man von Frankfurt aus die Lagerfrist
zu rechtfertigen suchte! Obwohl es so klar vor aller Augen lag,
daſs man Ruprecht wegen seines Gegenkönigtums unter Berücksichtigung der älteren Rechte Wenzels aufzunehmen zögerte, behauptete man trotzdem, daſs dem nicht so sei, und acceptierte aus
dem Grunde die bereits a. 1346 von den Aachenern im Anschluſs
an die Bulle Urbans benutzte Fassung. Warum sprach man aber
nicht entschieden aus, was man im Grunde seiner Seele dachte,
zumal doch die fürstliche Partei aller Wahrscheinlichkeit nach
a. 1349 das Anleiteverfahren unter Verhältnissen wie sie a. 1400
lagen, wo ein alter bis dahin allgemein anerkannter Herrscher und
ein Gegenkönig vorhanden waren, hatte gelten lassen wollen?!
Anstatt dessen diese Heuchelei und eine in den Worten wann daz
riche ledig stee enthaltene scheinbare Anerkennung der Absetzung
Wenzels. War aber die Behauptung, die von den Kurfürsten vollzogene Wahl pflege dem Interregnum noch kein Ende zu bereiten,
etwa für die Ruprecht ergebenen Fürsten weniger verletzend, als

---

[1]) Dem widerspricht nicht, daſs es im Frankf. Rechenbuch des Jahres
1349 auf f. 3b heiſst: item 100 lb. den schutzen die gap man uz der rechenunge
du der kuneg uf dem felde lag; und auf f. 30b oben: item 20 lb. den von
Sassinhusen zu buwene und zu hudene du der kunig uf velde laick und gekorn ward. Die beiden Posten sind nach Günthers Einzug in Frankfurt
offenbar eingetragen, zu einer Zeit also wo man keinen Grund mehr hatte,
Günther den königl. Titel vorzuenthalten.

die, dafs man sich auf städtischer Seite vor Ablauf der 6 Wochen
und 3 Tage nicht von den Wenzel geschworenen Eiden entbunden
fühlen könne? Das Eine wie das Andere im Verein mit der Bemerkung, dafs sie, die Frankfurter, nach Vollendung des Lagers
das ihnen Gebührende thun würden als verre sie eide und eren
bewaren mogen, war sehr geeignet, die Entrüstung der Fürsten
hervorzurufen, die sich gerade durch die letzten Worte für besonders verletzt halten mufsten.

Die Gesandten Ruprechts und der Fürsten hoben denn auch
in ihrer Entgegnung hervor[1]): die fursten sin glieder des richs und
dem riche mit eide als verre und verrer virbunden dann die von
Franckenfurd und wulden als ungerne und noidir (= ungerne, gezwungen[2])) ubil tun als die von Franckenfurd. Knüpften sie aber
auch zweifellos daran von neuem die Bemerkung[3]), dafs Ruprecht
als einmütig Erwählter sofort einzulassen sei, da das Anleiteverfahren nur bei einer Doppelwahl in Kraft zu treten habe, so
vermochten sie doch nicht die Frankfurter zur Aufnahme des Neugewählten zu bewegen.[4]) Immerhin hatte aber das Auftreten der
fürstlichen Gesandten solchen Eindruck auf den Frankfurter Rat
gemacht, dafs dieser aus seiner noch am nämlichen Tage denselben
übermittelten Antwort alles Verletzende möglichst fern zu halten
und ihr eine möglichst unschuldige, aber eben damit auch eine
höchst allgemeine Färbung zu geben suchte.[5]) Darin ging man
so weit, dafs man nicht einmal der Lagerfrist Erwähnung that,
wenn man es auch andererseits vermied, Ruprecht den Königstitel
zu erteilen.[6])

In Betreff des sofortigen Einlasses, den man vorläufig ablehnte,
hiefs es[7]):

> nach dem als die sache gestalt sin und wir mit eiden und
> truwen vor virhaft sin, darumbe uns not ist unser ere und

---

[1]) R.T.A. IV n. 138 p. 153, 35 ff.; p. 154. 1.
[2]) cf. über noidir Lexer Mittelh. Wörterb. II, 103.
[3]) R.T.A. IV p. 154, 1: und begerten abir als vor etc.
[4]) R.T.A. IV p. 154, 1 ff.: darzu die von Franckenfurd abir entworten
als vor.
[5]) cf. ib. p. 154, 2 ff. und n. 139 p. 154. 11 ff. über das Verhältnis von
n. 138 und n. 139 cf. R.T.A. IV p. 145, 32 ff.
[6]) Ruprecht wird genannt: unser herre (p. 154. 19), unser gnediger herre
(l. 23 f.).
[7]) R.T.A. IV p. 154. 15 ff.

gelimph in den sach zu verwaren, wer' iz daz wir vurwerter nach rade unser herren und frunde it zu rade
worden oder solich leufe und sache irfuren darumbe uns
beduchte daz wir unser eide und ere inne bewaren mochten,
wer' iz danne daz des obgenannten unsers herren gnade
odir sin frunde von des inlassens wegen vurwerter gesonnen,
da hofften wir dan aber als erberclich und bescheidinlich
zu zu antwurten als wir dan billich solden und auch in sinen
gnaden hofften zu bliben.

Jedenfalls konnte Ruprecht, dem die Frankfurter es zugleich an-
heimstellten, einen freien Markt ausrufen zu lassen[1]), aus diesen
freilich höchst unbestimmt gehaltenen Zusicherungen, aus denen
etwas fest Greifbares schwer herauszuschälen war, die Hoffnung
schöpfen, daß die Wahlstadt ihm in nicht allzu langer Zeit die
Thore öffnen werde. —

Währenddem hatte Wenzel, den Frankfurt ja schon vor der
Neuwahl, am 20. Juli, von dem aller Voraussicht nach bevor-
stehenden Lager des etwa Gewählten benachrichtigt und aufgefordert hatte, sie gnediclich in den sachen zu virsorgen[2]), nicht
eine ansehnliche Schar zusammenbringen können, um mit ihrer
Hilfe vor Frankfurt zu ziehen und durch einen entscheidenden Sieg
über den seit dem 10. September dort lagernden Ruprecht die
Wahlstadt und das Reich für sich zu retten.

Doch schrieb Wenzel, nachdem ihm Frankfurt am 2. September[3]) die ca. für den 10. September vor der Stadt zu erwartende
Ankunft Ruprechts angezeigt und auch zu verstehen gegeben hatte,
wie man grofslich bekomert und in forchten sei[4]), am 10. September an die Wahlstadt[5]): man möge fest bleiben, da er mit aller
Macht heranziehen wolle, um dem an ihm geschehenden Frevel zu
widerstehen. Einige Tage später erfuhren die Frankfurter von
einem Botschafter Wenzels[6]), daß dieser mechticlich darzu tun

---

[1]) R.T.A. IV n. 139, 22 ff. Ruprecht hatte am 30. Aug. darum bitten
lassen (cf. R.T.A. IV p. 151, 34 f.).

[2]) R.T.A. III n. 162 p. 207. l. 16 f.

[3]) R.T.A. IV n. 146 p. 163.

[4]) R.T.A. IV p. 163, 22 f.

[5]) R.T.A. III n. 235 p. 292.

[6]) R.T.A. III n. 244 p. 300, 16 ff. — cf. Forts. des Künighofen ed.
Mone Quellensammlung d. bad. Landesgesch. I. 259 a. Wenzel an Sigmund etc.:
sie möchten helfen, so wolt er fur Frankfurt faren ziehen und den Ruprecht

wulle und den nuwen konig von Franckenfurd triben und die von Franckenfurd enschudden. Trotzdem war von einem baldigen Kommen Wenzels nichts zu bemerken. Wenn die Kolmarer am 5. und wiederum am 14. September [1]) bei Frankfurt anfragten, ob Wenzel etwas zu den Sachen thun oder sich wider den künftigen König setzen oder bewerben (= Krieger anwerben [2])) wolle, so konnte man am 20. September nur erwidern [3]), dafs Wenzel grosse samenunge tun wulle von fursten graven herren rittern und knechten, aber wie sich die sache vorwerter mache, des konnten sie noch nit wissin. —

Doch versäumte man es von Frankfurt aus nicht, Wenzel, den man, wie bereits angedeutet, ungeachtet des Weistums vom 8. September noch nicht fallen liefs, zu energischerem Handeln als bisher anzutreiben. In der Absicht schrieb man ihm am 12. September [4]), am vorhergehenden Tage hatten sich die Verhandlungen zwischen dem Frankfurter Rat und den fürstlichen Gesandten abgespielt, des Längeren und Breiteren, wie sich seit dem 2. September, wo man ihm zuletzt Bericht erstattet hatte, die Verhältnisse vor Frankfurt auf dem Felde gestaltet hätten:

So sin auch die erzbischofe von Mencze von Colne und von Triere und herzoge Ruprecht von Beiern uf fritag nest waz und uf gestern samstag (10. u. 11. Sept.) vor Franckenfurd mit graven herren rittern knechten und andern den iren gezogin, und han sich davour gelegert; so zuhet der egenanten kurfursten folg noch je me vur Franckenfurd. Und difs verschribin wir uwern kuniglichen gnadin in schuldiger underteniger dinstberkeid, uf daz uwer gnade sich darnach wisse zu richten. Und wann nu die vorgenanten fursten und die iren von iren wegin tegelichs muntlich an uns gesinnen und hefteclich erfordern und ermanen den vorgenanten herzog Ruprecht als einen Romischen kunig und sie mit ime inzulassen, davon wir grofslich und

---

von dem veld slahen und wider zu dem reich komen und sich an den kurfursten rechen, dy ir aid und eren hetten an im gebrochen, also kam im nyemant zu hilff, wann all heren westen woll, daz er so kargk und so ungetrew wär, daz er sein gelub nit hielt noch yemant nichtzit gab.

[1]) cf. R.T.A. IV p. 186 Anm. 2 l. 42 b ff. p. 188 Anm. 1 l. 35 a.
[2]) cf. Lexer Mhd. Handwörterb. I p. 255.
[3]) R.T.A. IV n. 164 p. 188, 15 ff.
[4]) R.T.A. IV n. 149 p. 165, 17 ff.

swerlich erschrockin und beladen sin als daz billich ist,
und wir zu den und andern grofsen sachin und noiden uns
swerlich anligende nimands anders nest gode dan uwer
kunigliche gnade anzuruffen wissen, so flehin und anruffen
wir uwer angeborn kunigliche mechtige gewalt, daz ir
gnediclich darvur sin wullet und uns solicher grossen not
und anmudunge entreden und entschuden und herzu also
tun als wir des zu uwern kuniglichen gnadin und gewalt
ein ganz getruwin han, uf das wir bi uwern kuniglichen
gnadin und wirden blibin mogin. dann wo des nit ge-
schee, so besorgin wir, wo si dan ire ungnedege gewalt
und heftecliche noidegunge an uns legen wulden, daz wir
dan davour nit wol behaldin mochten. —

Hatten wir schon aus der Art und Weise, in der am 11. September schliefslich den frunden Ruprechts und der Fürsten geantwortet war, auf die Wirkung schliefsen können, die deren Darlegungen bei den Frankfurtern hinterlassen hatten, so wird ein
solcher Schlufs ohne Frage auch aus dem vorliegenden Schreiben
gezogen werden können. Denn die so eindringlich gehaltene Bitte
um Entsatz und die wohl etwas übertreibenden Behauptungen,
dafs man in grofser Not und Bedrängnis schwebe und tegelichs
von den Kurfürsten und Herzog Ruprecht wegen Aufnahme in die
Stadt angegangen werde, alles dies zeigt, dafs die fürstlichen Gesandten am 11. September auf nicht völlig taube Ohren gestofsen
waren und den Frankfurtern das Bedenkliche ihrer Situation recht
zu Gemüte geführt hatten. Und eben damit hängt es wohl zusammen, dafs Frankfurt es am 12. September, ebenso wie Tags
zuvor in der zweiten definitiven Antwort umging, die Lagerfrist,
um die sich doch am 11. die Verhandlungen gedreht hatten, Wenzel
gegenüber namhaft zu machen.

Offenbar hatte der Frankfurter Rat, der auch in dem an
Wenzel gerichteten Schreiben vom 2. September nicht die 6 Wochen
und 3 Tage erwähnt hatte, und damals wohl deshalb nicht, weil
er vor dem Mainzer Tage sich nicht mehr über dieselbe äufsern
wollte[1]), infolge der ihm am 11. von fürstlicher Seite gemachten

---

[1]) Man könnte auch sagen: da Wenzel schon früher durch Frankfurt
von dem angeblichen Plane Ruprechts, sich 6 Wochen und 3 Tage zu lagern,
gehört habe, so habe Wenzel aus den Worten vom 2. September: herzoge
Ruprecht . . wulle vur Franckenfurd ziehen und legern (R. T. A. IV, n. 146,
p. 163, 16 ff.) schon genug entnehmen können.

Eröffnungen auch die Eventualität in Erwägung gezogen, daſs man
Ruprecht bereits vor Verlauf der Frist in die Stadt lasse. Vermutlich war dies der Grund, warum man Wenzel gegenüber die
6 Wochen und 3 Tage mit Stillschweigen überging. Indem aber
Frankfurt auf die Weise Wenzel gar keinen bestimmten Termin
setzte, bis zu dem es ausharren wolle, überhob es sich zugleich
der Beantwortung der etwaigen schwierigen Frage, wie man sich,
falls man doch auf der Auslagerung der Frist bestehen würde,
nach Beendigung des Lagers verhalten würde. — Hatte nun auch
augenscheinlich am 12. September eine baldige Aufnahme Ruprechts
in die Wahlstadt nicht auſser dem Bereiche jeder Möglichkeit gelegen, so scheint man doch in Frankfurt bald davon wieder abgekommen zu sein. Die nächsten vierzehn Tage vergingen, ohne
daſs die Beziehungen zwischen den Frankfurtern und Ruprecht, der
ihnen nur der herzoge von Baiern und ein Gegenkönig war, andere
geworden wären.

So nahte der 29. September heran, an dem, wie früher bemerkt, ein neuer Städtetag in Mainz vor sich gehen sollte. Mit
ihm beginnt eine für Ruprecht günstigere Wendung der Dinge.
Über das Ergebnis des Tages, auf welchem Gesandte Ruprechts
und der Fürsten von den Vertretern der Städte Mainz, Köln,
Worms, Speier, Frankfurt und Friedberg (Straſsburg hatte keine
geschickt) eyner guter antworten begehrten[1]), giebt Folgendes
Auskunft:

Am 4. Oktober[2]) sin der von Colne Mencze Wormſs
und von Spire frunde zu herzogen Ruprecht von Beiern
dem nuwen gekorn kunige in daz felt vor Franckenfurd
kommen, ime zu antworten uf die mudunge als er und
die kurfursten an sie und auch an die von Franckenfurd
und von Frideberg als auch die dabi zu Mencze gewest
waren, hatten tun muden und fordern in zu enphahen und
ime zu hulden als eime Romischen kunige etc. des han
der obgenanten vier stede frunde einmudeclich geentwurt:
sie wullen in enphahen und zulassen und ime huldunge
tun als eim Romischen kunige, also daz er in auch ire

[1]) cf. R.T.A. IV, n. 130, p. 141. 17 ff., l. 20 f. — Die Städte, die vur
by enander geweyst syn (also am 8. Sept.) waren auſser Straſsburg am 29.
in Mainz.

[2]) R.T.A. IV. n. 157, p. 172. 23 ff.

gnade und friheid confirmere etc. und er auch mit den
fursten in verschribe, obe sie darumb gekrieget ange-
langet oder beschediget wurden etc., daz sie in dan be-
hulflichen sin sullen und sich von in nit scheiden etc.

Wie rasch und leicht verstand man es, sich über das Gutachten vom 8. September hinwegzusetzen! Und diese Städte
scheuten sich offenbar nicht, ohne Frankfurt, dem nur Friedberg
sich anschlofs, ihre Schwenkung zu vollziehen! Dafs Ruprecht
und die Kurfürsten einen Schutzbrief auszustellen versprachen, und
dafs Ruprecht sich bereit erklärte, die städtischen Privilegien zu
bestätigen, versteht sich von selbst[1]). Am bereitwilligsten war
jetzt Köln. Auf des Königs Frage[2]), wann daz sie (die 4 Städte)
ime die zulassonge und huldunge tun wulden, antworteten die von
Colne[3]): daz wulden sie vil lieber noch tun, dann sie lenger beiden
wulden, demnach je eher, je lieber. Mainz schien zu empfinden,
dafs es Frankfurt eine gewisse Rücksicht schuldig sei, wenn es
bemerkte: der leger vor Franckenfurd enwerete doch nit lange
bis er uzqweme; wanne er dann von Franckenfurd zuge und zu
in heim gein Mencze qweme, so wulden sie ez tun[4]).

Konnte aber Mainz von dem Lager, das wenigstens bis zum
Ablauf der 6 Wochen und 3 Tage noch volle drei Wochen dauern
mufste, mit einem gewissen Rechte behaupten, dafs es nicht mehr
lange dauern werde? Der Umstand, dafs sich Frankfurt im Verein
mit der Stadt Friedberg am 4. Oktober vom Lager Ruprechts fern
hielt, und schon dadurch zeigte, wie am 29. oder 30. September
in Mainz kein einmütiger Beschlufs zu stande gekommen war,
möchte eher dafür sprechen, dafs Frankfurt am 4. Oktober fest
entschlossen war, auf der Auslagerung der Frist zu bestehen.

Auch andere Gründe veranlassen uns zu einer schon an und
für sich so wahrscheinlichen Annahme. Wir holen deswegen etwas
weiter aus und werfen einen Blick auf die Haltung der Burg
Friedberg[5]). —

----

[1]) R. T. A. IV, p. 172, 33 f.
[2]) R. T. A. IV, p. 172, 34 f.
[3]) R. T. A. IV, p. 172, 35 f.
[4]) R. T. A. IV, p. 172, 36 ff.
[5]) cf. R. T. A. IV, n. 161, p. 177 ff.: Aufzeichnung über den Übertritt
der Burg Friedberg von Wenzel zu Ruprecht (1400' nach Oktob. 29. Burg
Friedberg).

Nachdem Ruprecht am 10. September im Lager vor Frankfurt angelangt war, hatte er am gleichen Tage den Burggrafen
und die Baumeister zu Friedberg auffordern lassen, sich am 12. September mit einigen Burgmannen bei ihm im Lager einzufinden, wann
wir mit uch von uwer aller der burgmann wegen ernstlich zu
reden han[1]). Diese Unterredung verlief erfolglos, da man auf das
Begehren der Kurfürsten, mit der burge demselben konig Ruprechten
zu hulden und vur einen Romischen konig zu haben, ausweichend
antwortete und mangelhafte Instruktionen vorschützte[2]). Da es
geboten schien, mit der Gesamtheit der Burgmannen zu dem kurfürstlichen Verlangen Stellung zu nehmen, berief man am 15. September auf den 29. dieselben nach Burg Friedberg[3]). Der Zufall[4]) fügte es, dafs am selben Tage, an dem sich in Mainz die
Städte, und unter ihnen Stadt Friedberg, zusammenfanden, auf
Burg Friedberg die Versammlung stattfand. Hatten die Burgmannen bis dahin gemeint, dafs die Bürger von Friedberg dem
Übereinkommen[5]) gemäfs in der gegenwärtigen Lage mit ihnen
zusammen antworten würden, so erfuhren sie jetzt, anscheinend zu
ihrer höchsten Überraschung, von einem Burgmannen, der auch in
der fursten rade was: als ferre als he es wiste, so berieden sich
die von Friedeberg mit den andern steden und antwerten auch
mit den und drugen ire sache ufs[6]). Diese Nachricht veraulafste
wohl am folgenden Tage (30. September) die Anfrage bei den
Bürgern von Friedberg, ob si bi ihnen (den Burgmannen) bliben
wolden als vor mit eine zu tun und zu antwerten[7]). Als sie dies
bejaht und auch versichert hatten, dafs sie Ruprecht noch nicht
geantwortet hätten, forderten die Vertreter der Burgmannen, dafs
sie (die Bürger) ihnen dann rieden uf bede siten (Wenzel, Ruprecht)

---

[1]) R.T.A. IV, n. 135, p. 151, 11 ff.
[2]) R.T.A. IV, p. 180 (6), (6a), (6b), besonders l. 36 ff.
[3]) R.T.A. IV. p. 181, 33. Das Einladungsschreiben cf. R. T. A. IV.
p. 181, 24 ff.. l. 29.
[4]) Es war Zufall, denn Burg Friedberg hatte offenbar (cf. Text) keine
Kunde von der auf den 29. in Mainz angesetzten Versammlung. Am 8. September war eben eine Frist von 3 Wochen, am 15. eine von 14 Tagen
gewährt.
[5]) cf. R.T.A. IV, p. 181 (7a), l. 35: wie wir uns vereiniget hetten mit
den von Fritdeberg.
[6]) R.T.A. IV, p. 181, 36 ff.
[7]) R.T.A. IV, p. 182, 11 ff.

zu einer antwerte[1]). Wie dieser Rat gelautet haben mufs, wird
gleich zu betrachten sein.

Begehrten aber die Bürger auch ihrerseits eines rades, so kam
es nicht dazu, weil sie sich nicht verpflichten wollten, diesen für
sich zu behalten. Verstimmt brach man die Verhandlungen ab[2]).
Das Ergebnis des 29. September war übrigens gewesen, dafs
13 Burgmannen die Vollmacht erhielten, rede und antwerte dem
konige und den fursten zu geben und dem konige zu hulden und
wie sie daz in dem besten konden und mochten virsorgen, doch
mit virzoge so sie lengste mochten[3]). —

Die Antwort erfolgte am 3. Oktober, nachdem die Dreizehn
schon am 2. gen Frankfurt gekommen und noch geratschlagt
hatten, umbe ein antwerte zu tunde dem herzogen[4]). Diesen baden
sie am 3. Oktober (sie hetten die burgmann bi eine verbodet, die
doch nit alle weren kommen) daz he in ein friste wolde geben
bifs he zu Franckenfurd innequeme und gecronet wurde und die
fursten ire vanen-lehen enphingen; dazuschen wolden sie sich
bafs virbotden und sinen gnaden dann antwerten und tun als sie
billich teden, want sie je bi dem riche wolden bliben und auch
sin fro weren[5]). Sie wollten sich somit erst nach der Aachener
Krönung endgiltig entscheiden, und handelten genau nach ihrem
Auftrage, die Huldigung hinauszuschieben mit virzoge so sie lengste
mochten. —

Man vergleiche einmal mit diesem Verlangen den Inhalt des
Weistums vom 8. September: wanne ein Romschir konig sinen
leger vor Franckenfurd getan hette und zu Aiche gekronet worden
were und dan der stad ire friheiden etc. versiegilte und bestedigate,
so solle ihm jede Stadt dun waz sie ime .. billich tun solten, und
hofften daz sie ime keinen dinst odir gehorsam ee plichtig sin zu
tun[6]). Es mufs einleuchten, dafs der Äufserung der Burgmannen
dieses Weistum zu Grunde liegt. Dafs die letzte Bestimmung:
und dan der stad ire friheiden etc. .. bestedigate, im Munde der
Burgmannen sich anders als in dem der städtischen Gesandten aus-

[1]) R.T.A. IV, p. 182. 14.
[2]) cf. das Nähere R.T.A. IV, p. 182 (8) u. (8a), l. 10 ff.
[3]) R.T.A. IV. p. 181, 38 ff., p. 182, 1 (7b).
[4]) R.T.A. IV, p. 182 (9), l. 41 ff.
[5]) R.T.A. IV, p. 182, 43 ff., p. 183, 1 f. (9).
[6]) R.T.A. IV, p. 133, 30 ff.

nehmen und verändert werden mußte, ist klar. Sie hieß jetzt: biß die fursten ire vanen-lehen enphingen. —

Wie verfielen die Burgmannen auf das Gutachten vom 8. September? Wir erinnern uns, daß sie am 30. September die von Fritdeberg baten, ihnen uf bede siten zu einer antwerte zu raten. Offenbar griffen die Vertreter der Stadt, die recht gut wußten, daß am gleichen Tage (30. September) in Mainz aller Berechnung nach ein wohl definitiver und vom Weistum abweichender Beschluß gefaßt werden würde, in ihrer Verlegenheit, um die Burgmannen zufriedenzustellen, auf dieses zurück. Und man legte ihnen so einen auf das Weistum sich stützenden Entwurf einer Antwort vor, der für uns freilich, soweit er Wenzel betrifft, nicht mehr nachweisbar ist, aber wohl schwerlich sich über diesen im Sinne des Gutachtens als über einen toten und nicht mehr existierenden Herrscher geäußert haben wird. Hatte Friedberg vielleicht bis dahin, und mit ihm die andern Städte, das in Mainz erhaltene Weistum sorgfältig geheimgehalten[1]), so setzte es jetzt diese Vorsicht beiseite. Ist diese Ausführung richtig, so zeigt sie, von welchem Einfluß bis zum 29. September doch immer das Gutachten der Mainzer Pfaffen, das auch Frankfurt in seinen Verhandlungen mit Ruprecht am 11. September nicht völlig außer acht gelassen hatte, auf die Haltung der Städte dem neuen König gegenüber gewesen ist.

Allem Anschein nach hatten aber die Burgmannen gar keine Ahnung von dem Sinn und der Bedeutung ihrer Forderung. Sie werden schwerlich gewußt haben, daß sie sich einem den Städten in Mainz erteilten Weistum zufolge auf ein „altherkömmliches Recht und eine alte Gewohnheit" berufen konnten[2]), wenn sie eine Frist erbaten, bis Ruprecht gecronet wurde und die fursten ire vanen-lehen enphingen. Denn nicht Recht und Gewohnheit führten sie für sich ins Feld, sondern — sie hetten die burgmann bi eine virbodet die doch nit alle weren kommen[3]). Als ob ein so langer Zeitraum erforderlich gewesen wäre, um sich baß zu virbotden![4])

---

[1]) cf. R.T.A. IV, n. 130 (Okt. 1. Mainz) p. 141. 24 f.: ind .. willent alle sachgen in vaster hailen (Heimlichkeit) halten alz ir wyst datz noyt is. Auch am 8. September wird alles geheimgehalten sein.

[2]) cf. R.T.A. IV, n. 120, p. 133, l. 30: die stete weren allewege herkommen.

[3]) R.T.A. IV, p. 182, 43 f.

[4]) R.T.A. IV, p. 182, l. 46.

Man hätte demnach meinen sollen, dafs Ruprecht aufgebraust
wäre und zornig entgegnet hätte. Nichts von alledem. Er sagte nur:
die korfursten quemen bi in, mit den wolde he sich besprechen[1]).
Am Abend des 3. Oktober, es war ein Sonntag, liefs er ihnen
melden: he bede sie und begerte, wann he zu Franckenfurd inne
queme, daz sie in auch wolden innelafsen, des wolde he in danken,
und wolde in auch ire privilegia confirmiren[2]). Hierüber beriet
man bis zum Montag, dem 4. Oktober[3]). Es war der Tag, an dem
Köln, Mainz, Worms und Speier mit Ruprecht ein Abkommen
schlossen und sich zu seiner Aufnahme und zur Huldigung bereit
erklärten.

Wenn wir vermuten, dafs dieser Vertrag im Laufe des Vor-
mittags fertig wurde, so wird es verständlich, warum die Erzbischöfe von Mainz, Köln und Trier, zu denen die Burgmannen
morgens fruwe[4]) mit der Bitte kamen, ihnen in den Sachen zu
raten. sie auf den Nachmittag vertrösteten: sie wolden nach essen
alle bi eine kommen in des bischofes here von Triere, so wolden
sie in iren rad gerne mitdeteilen[5]). Man mufste wohl vorher wissen,
wie sich Mainz, Köln, Worms und Speier zum König stellen würden. Doch das war immer vorauszusehen, dafs die drei Kurfürsten
von den 13 Burgmannen energisch die sofortige Anerkennung des
Herzogs Ruprecht als eines römischen Königs verlangen würden.
Und auch mit Vorwürfen hielten sie wohl nachmittags[6]), als sie
die Burgmannen für Ruprecht zu gewinnen suchten, nicht zurück.
Trotzdem war die am selben Tage in Gegenwart Ruprechts abgegebene Antwort der Burgmannen gerade nicht sehr entgegen-
kommend:

so he (Ruprecht) sin zit vor Franckenfurd ufsgelege, liefsen
in dann die von Franckenfurd inne, so wolden sie in auch
innelassen, also daz he in ire privilegia confirmiret, und
in auch mit den drin korfursten ire brive gebe mit iren
allen anhangenden ingesigeln daz si in bi wolden sten[7]).

---

[1]) R.T.A. IV, p. 183, 2 f.
[2]) R.T.A. IV, p. 183, 3 ff.
[3]) R.T.A. IV, p. 183 (9), l. 5 f.
[4]) R.T.A. IV, p. 183 (9a), 6 ff.
[5]) R.T.A. IV, p. 183, 8 ff.
[6]) cf. das Nähere R.T.A. IV, p. 183, 11 ff.
[7]) R.T.A. IV, p. 183, 19 ff.

Während sie noch am 3. Oktober um Frist bis zur Krönung in Aachen gebeten hatten, sprachen sie jetzt am 4. ihre Bereitwilligkeit zur Aufnahme Ruprechts aus, so he sin zit vor Franckenfurd ufsgelegen und die Frankfurter ihn eingelassen hätten. Sie nahmen an, daſs das Lager 6 Wochen und 3 Tage (sin zit) dauern werde[1]), und dies in einem Zeitpunkt, wo der König und die Fürsten, durch den Übertritt der rheinischen Städte mit frischer Hoffnung erfüllt, auf baldige Aufnahme in Frankfurt ohne Frage rechneten. Diese werden die Burgmannen nicht auf eine solche Antwort, wie sie sie gaben, hingewiesen haben. Ebenso unwahrscheinlich scheint es uns, daſs den Burgmannen von selbst die Eingebung gekommen sei. Da bleibt nur die Annahme übrig, daſs die Frankfurter, zumal diese mit den Bürgern von Friedberg in einem so engen Bundesverhältnis standen, den Burgmannen so zu entgegnen, wie sie gethan, geraten haben werden. Am 3. und 4. Oktober war dazu genug Gelegenheit gewesen.

Auch daraus würde dann folgen, daſs die Stadt Frankfurt an dem Tage, an welchem Mainz äuſserte: der leger vor Franckenfurd enwerete doch nit lange, biz er uzqwerete, gar nicht daran dachte, von der Lagerfrist abzulassen. — Übrigens wollten die Burgmannen Ruprecht nur dann in die Burg lassen, wenn ihn vorher nach Beendigung des Lagers die von Franckenfurd aufgenommen hätten. Hatte Ruprecht aber bis jetzt dafür Bürgschaft, daſs die Stadt nach Ablauf der Frist zugänglicher sein würde? Nein. Wenn es freilich richtig wäre, daſs Frankfurt am 3. oder 4. Oktober den Burgmannen ratend zur Seite stand und sie in dem angeführten Sinn entgegnen hieſs, so läge vielleicht schon in den Worten: lieſsen in dann die von Franckenfurd inne, die Andeutung, daſs der Rat nach Vollendung des Lagers sich nachgiebig zeigen werde.

Indem Ruprecht und die drei Erzbischöfe sich mit der Aus-

---

[1]) R.T.A. IV p. 183 Anm. 1. — Wenn Mader sichere Nachrichten von der kayserl. und des heiligen Reichs Burg Friedberg 1766 Lauterbach, 1. 233 bemerkt, daſs also damals auch die Burgmannen von Friedberg von der Tradition eingenommen gewesen, als sei ein neuer Römischer König die 6 Wochen und 3 Tage schuldig, so übersieht er, daſs die Burgmannen erst am 4. Oktober, früher nicht, mit dieser Ansicht deutlich hervortraten. — Wenn sie am 3. um eine Frist bitten, biſs he zu Franckenfurd inneqweme etc., so haben sie vielleicht gar nicht an die 6 Wochen und 3 Tage gedacht.

sage der Burgmannen zu begnügen hatten[1]), konnten sie denselben doch auch kaum einen Vorwurf machen. Ruprecht selbst hatte ja am Abend des 3. Oktober begehrt: daz sie in auch wolden innelaſsen, wann he zu Franckenfurd innequeme. Es war ein äuſserst feiner und diplomatischer Zug, wenn die Friedberger, vielleicht auf Veranlassung Frankfurts, die Frist von 6 Wochen und 3 Tagen in ihre Entgegnung aufnahmen. —

Für Ruprecht war es jetzt von höchster Wichtigkeit, ob Frankfurt seinen Widerstand aufgeben würde oder nicht. Zur Vermittelung eigneten sich seit dem 4. Oktober Köln, Mainz, Worms und Speier. Abgesandte dieser vier Städte kamen am 7. Oktober vur den rad zu Franckenfurd zu den Wiſsenbrudern und forderten für Ruprecht von neuem Einlaſs. Der Rat erklärte: sie wulden sich besprechen und entsinnen und sinen gnaden selber ein antworte tun zuschen der zid und dem nesten mantage [Oktober 11] odir dinstage [Oktober 12] darnach ungeverlich[2]). — Noch am 7. Oktober[3]) berief der Rat die Gemeinde, um im Verein mit ihr in dieser Angelegenheit zu beschlieſsen. Wenn der Rat, wie wir glaublich zu machen suchten, schon am 4. Oktober entschlossen war, nicht von dem sechswöchentlichen Lager abzugehen, so uberqwam jetzt auch die gemeinde einmudeclich:

> daz der rad feste hilde und den leger nit kurzten, daz folge lege ie dri tage und sehs wochen ganz vor der stat, uf daz der rad, und stad gemeinlich eide und ere von des richs wegin deste baſs besorgin und daz der rad ernstlich und getruwelich vorter in den sachin tedin und erbeidten, als sie in auch genzlich getruweten, und biſsher auch getan hettin; dann waz der rad auch in den sachin tede, daz wulden sie und die gemeinde mit dem rade getan han und lip und gut bi den rad stellen.[4])

Nicht genug, daſs, wie in diesem schönen Zeugnis von Einigkeit zwischen Rat und Bürgerschaft erkennbar ist, letztere die Auslagerung der 6 Wochen und 3 Tage verlangt, sie geht noch weiter

---

[1]) R.T.A. IV p. 183, 22 (Ruprecht und die Fürsten sagten) daz herzoge Ruprecht und die fursten da redten, sie wolden's tun (die Privilegien konfirmieren).
[2]) R.T.A. IV n. 141 p. 155 besonders l. 20 ff.
[3]) uf dieselben zid, doch wohl der 7. Okt. l. 23 f.
[4]) R.T.A. IV p. 155, 31 ff.

und betont, dafs der Rat den leger nit kurzten, daz folge lege ie
dri tage und sehs wochen ganz vor der stat. Damit sprach sich
die Gemeinde offenkundig für die von dem Rate der Forderung
gegebene Formulierung aus, dafs nämlich ein Lager stets nach
einer Königswahl vor sich gehen müsse, daz dann[1]) wann daz riche
ledig stee, daz dann der legir vor Franckenfurd sin sulle sehs
wochen und dri tage.

Und noch am nämlichen Tage, ohne vorher die Fürsten von
dem gefafsten Bcschlufs in Kenntnis gesetzt zu haben, sandte man,
aller inneren Wahrscheinlichkeit nach wohl nach der gemeinsamen
Beratung, an Wenzel ein Schreiben, in dem man wieder wie am
12. September die bedrängte Lage schilderte und dringend um
Hilfe bat.[2]) Schon in diesem Teil des Briefes spiegelt sich die
veränderte Situation wieder, in welche die Stadt allmählich zu
König Wenzel geraten war. Zwar betrachtet man ihn noch als
König und nennt ihn demgemäfs uwer konigliche gnaden[3]). Während aber Ruprecht in dem Schreiben vom 2. und 12. September
einfach der Herzog von Baiern war, der sich mit den Fürsten vor
Frankfurt lagern werde und dann sich gelagert habe[4]), heifst es
jetzt von ihm: daz herzog Ruprecht palzgrave bi Rine und herzog
in Beyern, den die korfursten uf dem Rine zu Romschen konige
gekorn han, mit den kurfursten vur Franckenfurd gezogin ist, und
sich da gelegirt hat als ein Romschir konig.[5]) Man begann demnach offenbar, mit den vollendeten Thatsachen zu rechnen, wenn
man Ruprecht auch noch nicht direkt als König anerkannte und
dem Sinn der Anleitefrist entsprechend, vor Ablauf derselben jedenfalls in ihm nur erst den künftigen König, das heifst noch den
Gegenkönig sah.

Man meldete dann Wenzel, wie sich fursten und auch mechtige
grosse stede am Rine und dabi gelegen[6]) Ruprecht zugewandt
hätten, und wie uf hude datum dissis briefs (7. Okt.) eczlichir der
Rinschen stede frunde, die sich an herzog Ruprechten vorgnant
als an einen Romschen konig gelassen und gemacht han, zu ihnen

---

[1]) R.T.A. IV p. 153, 32 f.
[2]) R.T.A. IV n. 150 p. 166.
[3]) R.T.A. IV p. 166, 22.
[4]) R.T.A. IV p. 163, 16 ff. p. 165, 17 ff. l. 15 herzoge Ruprecht von
Beiern.
[5]) R.T.A. IV p. 166, 24 ff.
[6]) ibidem l. 32 ff.

komen wären und um Einlaſs für Ruprecht gebeten hätten. [1]) Man fordert sodann Entsatz, wand sie ane seine (Wenzels) hulfe trost und mechtige entschudunge vor in (den Lagernden) und irer gewalt nit truwen zu behalden [2]).

dann wo ir, so wendet man sich schlieſslich peremptorisch an den alten König [3]), in den drin tagen und sehs wochen, als sie iczunt eins teils vor Franckenfurd gelegen han und noch vollen ligen werden, als wir besorgen, uns nit vor in entledigen und entschuden wurdet, so sagen wir uch iczunt geinworticlichen uf mit dissem briefe soliche eide und virbuntniſs damide wir uwir personen als von des heilgen richs wegen virbunden sin gewest odir in welchir maſse odir wie wir uch virbunden gewest sin, und wollen dann uwir personen deshalben nit me virbunden sin, doch mit beheltniſs solicher eide und virbuntniſs damide wir dem heilgen riche virbunden sin, da inne wir bliben wollen.

Hier zuerst spricht es Frankfurt offen aus, daſs es nach Ablauf der Frist, falls Wenzel nicht bis dahin Hilfe gesandt habe, seine Partei verlassen werde. [4])

Die Besorgnis, die man hierbei gegen Wenzel äuſserte, daſs die Fürsten die 3 Tage und 6 Wochen vollen ligen werden, war wohl nur zu begründet. Denn es war kaum glaublich, daſs Ruprecht, der so lange schon lagerte, mit seinem Anhange vor Ablauf der Frist unverrichteter Sache wieder abziehen würde. — Doch wie sicher Frankfurt seiner Sache war, zeigt wohl nichts

---

[1]) R.T.A. IV p. 166, 36 ff. p. 167. 1 f.

[2]) ib. p. 167. 7 f.

[3]) ib. p. 167. 8 ff.

[4]) In dieser an Wenzel erlassenen peremptorischen Aufforderung sieht — um das hier nachzutragen — Usener (im Archiv für Frankfurts Gesch. u. Kunst Neue Folge Bd. 1 (1860) p. 86 ff.: Frankfurt als Wahlstadt d. deu. Könige u. d. Barthol.-Kirche) eine Bestätigung seiner Ansicht, daſs das Lager, über dessen Entstehung er nichts mitzuteilen weiſs, der Ausfluſs eines gesetzlichen Zustandes, und nicht, wie Römer-Büchner (Die Wahl- u. Krönungs-Kirche d. deu. Kaiser zu St. Bartholomäi in Frankf. a. M. Frankf. 1857 p. 26) meine, eine einfach polizeiliche Vorsichtsmaſsregel sei. Römer-Büchner hält das, was die Schriftsteller von unserem Lager berichten, für einen Irrtum. Usener verweist auf das kleine Kaysserrecht (II c. 109) und bemerkt im Anschluſs an diese Stelle: ehe diese Zeit (6 Wochen 3 Tage) verstrichen war, hatte sonach der im Zwiespalt gewählte König keinen Besitz des Reichs und kein Recht, den Eintritt in Frankfurt zu verlangen (l. c. p. 89).

mehr als die Thatsache, dafs der Rat dem Neugewählten, der auf
sofortigen Einlafs rechnete, nicht vorher von seinem Entschlufs,
Wenzel nach Vollendung der 6 Wochen und 3 Tage fallen zu
lassen [1]), Kunde zukommen liefs. Er war sich eben darüber klar,
dafs Ruprecht und seine Wähler ihn nicht anderen Sinnes machen
könnten und mit diesem Beschlufs zufrieden sein müfsten.

Man hätte meinen sollen, dafs sich für den Frankfurter
Rat, nachdem er sich einmal entschlossen hatte, die Lagerfrist
nicht abzukürzen und die Wenzel geleisteten Eide im Falle seines
Nichterscheinens nach Beendigung der Frist als gelöst zu betrachten, von selbst die Notwendigkeit ergeben hätte, dann auch
Ruprecht nach Beendigung des Lagers in die Stadt zu lassen.
Statt dessen hielt man es für geboten, am 9. Oktober — erst für
den 11. oder 12. Oktober hatte man eine Antwort auf den Vermittelungsversuch der rheinischen Städte verheifsen — die Bürgermeister von Frankfurt und eine grofse Anzahl Frankfurter Ratsherren in das kurfürstliche Lager[2]) mit folgender Anfrage zu
senden:

> nach dem als sich die sache nu und auch vormals gemacht
> habin bifsher und als die von Franckenfurd dem riche
> bewant sin und mit eide und truwen behaft, ob ez sache
> also mechte daz der nuwe gekorne kunig und auch sie
> hie vor Franckenfurd bliben vollen uzligen die dri dage
> und sefs wochin waz dan die von Franckenfurd durch
> recht tun sollin und mogen, nach dem als sie dem riche
> gewant und virbunden sin daz sie eide und ere bewaren
> mogen etc.?[3])

Man bittet also um Verhaltungsmafsregeln, denen man nach der
etwaigen Auslagerung der 6 Wochen und 3 Tage von Rechts wegen
Folge zu leisten habe.

Auf den ersten Blick erscheint eine solche Bitte recht überflüssig, da sich ja Frankfurt selbst sagen konnte, dafs man dann

---

[1]) cf. über den raschen Gebrauch, den Frankfurt von dem Absage-
formular machte R.T.A. IV p. 148, 49 f. p. 149, 1 ff. Geteilt war die Stimmung
in der Stadt wohl nicht, sondern einmütiger als je.

[2]) cf. R.T.A. IV n. 142 p. 159 besonders l. 23 ff.: da (am 9. Okt.) had
der rad zu Franckenfurd die burgermeistere und andere ires rads frunde
volleclich geschicht hinuz in daz here zu den kurfursten . .

[3]) R.T.A. IV p. 159, 26 ff.

wohl nicht länger mit der Aufnahme Ruprechts warten dürfe.
Bedenkt man aber, daſs die Fürsten bis dahin ein sechswöchentliches Lager Ruprechts unfraglich als völlig unnötig betrachtet
und in dem Versuche Frankfurts, ihn dazu zu zwingen, nur eine
unerhörte Anmaſsung der Wahlstadt gesehen hatten, so wird einem
der Zweck der vorliegenden Anfrage erst recht klar. Man wollte
offenbar von Frankfurt aus die Kurfürsten, die Ruprecht gewählt
hatten und durch die rheinischen Städte von neuem um dessen sofortige Aufnahme hatten nachsuchen lassen, zu der Erklärung veranlassen, daſs da die Anleitefrist im gegenwärtigen Jahre mit gutem
Recht von Frankfurt gefordert sei, Ruprecht die 6 Wochen und
3 Tage voll auszuliegen habe. Wenigstens war auf die Anfrage,
so wie sie gestellt war, nur dann zu entgegnen, wenn man auf
fürstlicher Seite von der Auslagerung der Frist als etwas Selbst-
verständlichem ausging. Wünschte doch Frankfurt nicht darüber
Auskunft, ob das Lager dem Herkommen entspreche, sondern was
nach Verlauf der Anleitefrist, immer vorausgesetzt, daſs Ruprecht
und die Fürsten solange aushielten, von der Stadt zu thun sei.

Besagten doch auch die Worte der Frage: nach dem als sich
die sache nu und auch vormals gemacht habin biſsher etc., jedenfalls so viel, daſs die Frankfurter von vornherein ihr bisheriges
Verhalten nicht als ein ungewohntes, sondern als in der Vergangenheit fuſsendes und daher herkömmliches aufgefaſst wissen
wollten. Und eben nur unter dieser Voraussetzung wollte man
von den Kurfürsten ein Weistum in Empfang nehmen. — War
aber das mit annähernder Sicherheit vorauszusehen, daſs die Kurfürsten sich bereit zeigen würden, auf dieser Basis ein Gutachten
abzugeben? Würden sie nicht vielmehr von neuem sofortige Aufnahme Ruprechts verlangen und es ablehnen, sich auf diese Prä-
misse hin mit den Frankfurtern einzulassen? Man erwäge die
Situation, in der die Fürsten sich befanden. Wenn sie, wie anfänglich, dem Lager für das Jahr 1400 jede Berechtigung ab-
sprachen, so war so gut wie sicher, daſs die Frankfurter sich hüten
würden, nach Ablauf der Frist die Thore zu öffnen, denn man
konnte sich doch unmöglich in der Stadt zur Aufnahme Ruprechts
und seiner Anhänger verstehen, bevor man ihnen eine andere Auffassung von Frankfurts Verfahren dem neu Gewählten gegenüber
beigebracht hatte. Angenommen aber, die Frankfurter weigerten
sich, Ruprecht am 46. Tage (6 Wochen und 3 Tage = 45 Tage)
in die Stadt zu lassen, so war zu befürchten, daſs sie dem Weis-

tum vom 8. September folgend erklären würden, einem römischen
Könige erst nach der Aachener Krönung Dienste leisten zu müssen.
Und daſs sie es mit einer solchen Erklärung trotz des bereits an
Wenzel abgesandten Absagebriefes für vereinbar halten würden,
Wenzel auch ferner die Treue zu wahren, das war nach ihrem
bisherigen Verhalten zu urteilen, gar nicht so unwahrscheinlich.
Nichts konnte aber die Stellung Ruprechts für den Augenblick
mehr erschüttern, und ihn mehr in Diskredit bringen, als wenn er
ohne die Stadt betreten zu haben, sein Lager abbrechen muſste
oder es vielleicht gar aus Ärger über die hartnäckige Stadt bereits jetzt vor Ablauf der Lagerfrist abbrach. Hatten doch augenscheinlich viele die Anerkennung des neuen Königs und die ihm
zu leistende Huldigung von seinem Einzuge in Frankfurt abhängig
gemacht, so am 23. September der Bischof Albrecht von Bamberg[1]),
so am 4. Oktober, wie wir schon berührten, die Burgmannen von
Friedberg[2]).

Nach dem allen muſste es recht bedenklich erscheinen, den
Frankfurtern gegenüber wieder, wie am 11. September zu betonen,
daſs das Anleiteverfahren auf Ruprecht keine Anwendung finden
könne. Unfraglich wäre es aber von Seiten der Frankfurter Ratsherren sehr unvorsichtig gewesen, in Gegenwart der Kurfürsten
das Lager des Neugewählten vor Frankfurt als das eines Gegenkönigs, das es für die Frankfurter ja faktisch war, zu bezeichnen.
Man hätte die Wähler Ruprechts ja dadurch in einem Moment
erbittert, wo man doch eine gnädige Antwort von ihnen zu erhalten wünschte. Um dies zu vermeiden, wird man zweifellos wie
früher, und die nachfolgenden Ereignisse widersprechen einer solchen Vermutung nicht, das Verlangen der Lagerfrist vor den Kurfürsten dahin formuliert haben: ein jeder römische König, der
durch seine Wahl erst ein vorläufiges Anrecht auf die römische
Königswürde zu erlangen pflege, müsse nach seiner Wahl 6 Wochen
und 3 Tage vor Frankfurt lagern, um abzuwarten, ob sich ihm
irgend jemand während dieses Zeitraumes widersetzen wolle.

Offenbar war aber dann, wenn die Kurfürsten sich dazu verstanden, diese Fassung zu adoptieren und eine andere konnten sie

---

[1]) R.T.A. IV, n. 156, p. 171. 30 ff.

[2]) Am 13. Oktober schrieben sie in der That an Wenzel: lassen in
(Ruprecht) nu die von Franckenfurd inne und virsiecht uwir gnade daz nit.
so sagen wir Euch auf etc. (R.T.A. IV, n. 151, p. 167. 30 ff.).

unmöglich im Interesse Ruprechts annehmen, die Aufnahme Ruprechts in Frankfurt mit Sicherheit zu erwarten. War doch in der Anfrage wohl angedeutet, daſs man sich Ruprecht, den man jetzt kurzweg den nuwen gekorn konig nannte, am 26. Oktober (am 25. lief die Frist ab) zuzuwenden gedenke, wenn nur die Kurfürsten das Lager Ruprechts als das eines gewählten römischen Königs für notwendig erklärt und damit dann freilich dem Lager eines jeden erwählten römischen Königs staatsrechtliche Sanktion erteilt haben würden.

Es stand somit jetzt thatsächlich bei den Kurfürsten, ob die Frankfurter, die sich bis dahin ihnen gegenüber über das, was sie nach Beendigung des Lagers thun würden, so gut wie gar nicht ausgelassen hatten, ihre Ruprecht ungünstige Politik definitiv in nächster Zeit aufgeben würden oder nicht.

Und zum gut Teil eben die Erwägung, daſs eine längere Widerspenstigkeit Frankfurts nur durch ein Zugeständnis ihrerseits zu verhindern sei, wird die Kurfürsten bei dem Weistum, das sie den Frankfurter Ratsherren erteilten, geleitet haben. Denn auf deren Anfrage

> han die . . dri kurfursten mit faste herren rittern und knechten iren reten den von Franckenfurd geentwort und sie gewiset: nach dem als die sache sich vor und auch alsdan ergangin habin und ergeen, daz dan die von Franckenfurd herzogen Ruprechten den nuwen gekorn kunig durch recht inlassen mogen und sullen von eids und eren wegin und in euphahin und ime huldunge tun als eim Romischen kunige irme rechten herren von des richs wegin [1]).

Wenn sie ihr Gutachten dahin abgaben, daſs Ruprecht nach Beendigung der Lagerfrist von Rechts wegen die Aufnahme zu gewähren sei, so räumten sie damit natürlich ein, daſs an der Berechtigung des Lagers selbst gar nicht zu zweifeln sei.

Wenn sie äuſserten, nach dem als die sache sich vor und auch alsdan ergangin habin und ergeen etc.; so sollte dies wohl heiſsen, daſs, da das Vorgehen der Frankfurter, welches bis zum gegenwärtigen Augenblick unanfechtbar sei, in früheren Zeiten seine Analogieen finde, auch die Aufnahme des neuen Königs in Ansehung früherer Zeiten nach Ablauf der 6 Wochen und 3 Tage

---

[1]) R.T.A. IV, n. 142, p. 159, 31 ff.

nicht länger hinausgeschoben werden könne. Und kein Zweifel
wohl, daß die Kurfürsten sich die das Lager betreffende Formulierung der Frankfurter bei ihrem Ausspruch zu eigen machten
und so von dem Lager eines erwählten römischen Königs ohne
irgendwelche Einschränkung auf zwistige Wahlen sprachen. Konnten
doch die Kurfürsten, denen das Zugeständnis, Ruprecht sei durch
seine Wahl noch kein allgemein anzuerkennender Herrscher geworden, schwer genug fallen mußte, auf die Weise wenigstens
mit einem gewissen Anstand das Lager Ruprechts als berechtigt
anerkennen.

Freilich nahm es sich wunderbar genug aus, wenn die Kurfürsten nun plötzlich unter Anlehnung an die von den Frankfurtern
stets festgehaltene Formulierung dem Lager von 6 Wochen und
3 Tagen nach einer jeden Wahl Berechtigung zuerkannten. Hatten
doch ihre Vorgänger a. 1349 das Anleiteverfahren wohl nur bei
der Existenz eines alten und neuen, d. h. Gegenkönigs, gelten
lassen wollen, und hatten sie selbst für ihre Person doch der Anleitefrist nur bei einer Doppelwahl anfänglich Giltigkeit zugestanden.

Doch hier konnte man sagen, der Zweck heilige die Mittel.
Gelang es ohne zu große Demütigung für Ruprecht und seine Anhänger, der Wahlstadt Herr zu werden, so war die Art und Weise,
wie man es erreichte, ziemlich gleichgiltig. Frankfurt aber durfte
sich rühmen, unter Verhältnissen, auf die das Anleiteverfahren mit
gutem Fug übertragen werden mochte, d. h. nach der Wahl eines
Gegenkönigs, der gegen einen bis dahin allgemein anerkannten
Herrscher erhoben worden war, die Innehaltung der Anleitefrist
durchgesetzt zu haben.

Nachdem aber einmal die Kurfürsten das Verhalten der Stadt
als ein gesetzmäßiges bezeichnet und den Einlaß des Königs erst
nach Ablauf der Frist als erforderlich hingestellt hatten, war es
selbstverständlich, daß die sofortige Aufnahme Ruprechts, für die
am 7. Oktober die vier rheinischen Städte eingetreten waren, ab-
schläglich beschieden werden würde.

Am 11. oder 12. Oktober teilte denn auch Herr Friedrich von
Sachsenhausen dem Könige Ruprecht im Namen Frankfurts mit,
daz ime der rad nit bedorfte entwurten von des inlassens wegin
alse die . . vier stede geworbin hatten, und daz er ime liefse be-
gnugen an der entworte alse der rad ime und den fursten vor

(am 11. September) gegebin und geentwurt hattin[1]). Das hiefs,
anders ausgedrückt: wan nu die .. zit des legers ufskomme, waz
in dann gebore zu tun, das wolden sie tun, als verre sie eide und
eren bewaren mogen[2]). Von eids und eren wegin waren sie dann,
wie ihnen die Kurfürsten gewiesen, verpflichtet, Ruprecht zu en-
phahin. Der Empfang Ruprechts nach Beendigung des Lagers
war nunmehr beschlossene Sache. Dafs aber der König, von den
Kurfürsten in stich gelassen, an dem Vorhaben Frankfurts etwas
ändern werde, war nicht zu vermuten. In der That hören dann
vom 11. oder 12. Oktober an alle Verhandlnngen, die eine Ab-
kürzung des Lagers im Auge hatten, auf. Am 26. Oktober 1400,
an einem Dienstag, nachdem der von Wenzel erhoffte Entsatz ausgeblieben war[3]), betraten König Ruprecht und Königin Elisabeth
die Stadt, und zwar, wie die Aufzeichnung sagt, als uf gestern
mantag umb complede zit die drie dage und sefs wochin des legers
vor Franckinfurd uzwaren[4]).

Es wird nicht unangebracht sein, die zuletzt geschilderten
Vorgänge mit denen des Jahres 1349 zu vergleichen. Wenn 1349
die Frankfurter es nicht für ratsam gehalten hatten, auf die vermutlich erneuerte Forderung Günthers und der Kurfürsten, sie
einzulassen, wiederum wie kurz vorher zu entgegnen: tempus proclamationis regis videlicet sex hebdomadas et tres dies non expirasse, so hatten sie sich wohl infolgedessen Bedenkzeit erbeten
und erhalten.

Innerhalb derselben wandte sich der Frankfurter Rat an die
Kurfürsten mit der Frage jedenfalls, ob er Günther vor Ablauf der
6 Wochen und 3 Tage aufnehmen dürfe. — Nicht viel anders
war es a. 1400. Wenn die rheinischen Städte im Namen Ruprechts
am 7. Oktober für diesen Aufnahme verlangten, so boten, um mit
König Günther zu reden, die Frankfurter eyner zit zu beraten und
irfarn sich[5]).

Innerhalb dieser ihnen vergönnten Frist erschienen am 9. Oktober Frankfurter Ratsherren im kurfürstlichen Lager.

---

[1]) R.T.A. IV, p. 155, 38 ff.

[2]) R.T.A. IV, n. 138. p. 153, 34 f. Die Antwort an Ruprecht steht
R.T.A. IV, n. 139, p. 154.

[3]) cf. R.T.A. IV, n. 155. p. 170. 27 ff. (Frankfurt an Hagenau).

[4]) R.T.A. IV, n. 145. p. 161. 11 f.

[5]) Janson, Günther. p. 134, n. IX, l. 15 von unten.

Wie 1349, so ließ sich auch 1400 Frankfurt ein Weistum erteilen, bevor es eine definitive unwiderrufliche Antwort abgab.
Während man aber a. 1349 wohl zu wissen wünschte, ob Günther
vor Vollendung der Lagerfrist Gehorsam und den Einzug in die
Stadt begehren dürfe, holte sich a. 1400 Frankfurt, das die Auslagerung der 6 Wochen und 3 Tage als selbstverständlich betrachtete, darüber Auskunft, was der Stadt nach den 6 Wochen
und 3 Tagen zu thun obliege.

A. 1349 und a. 1400 wandte man sich an die Wähler des
neuen Königs, an die Kurfürsten. Waren es in jenem Jahre die
Kurfürsten und andirs vil grafin heren ritter und vil gute luten
phaffin und leygen dye geinwerdig waren [1]), von denen die Frankfurter mit orteiln underwiset wurden, so haben in diesem die drei
Kurfürsten mit faste herren rittern und knechten iren reten den
von Franckenfurd geentwort und sie gewiset [2]). In beiden Jahren
beteiligten sich offenbar an dem Weistum alle Schichten der Anwesenden, Hoch und Niedrig. Und auch die Form des Weistums,
und nicht minder der Inhalt, erinnert im Jahre 1400 an dasjenige
des Jahres 1349.

A. 1400 erfuhren die von Franckenfurd am 9. Oktober [3]):

nach dem als die sache sich vor und auch alsdan ergangin
habin und ergeen, daz dan die von Franckenfurd herzogen
Ruprechten den nuwen gekorn kunig durch recht inlassen
mogen und sullen von eids und eren wegin und in en-
phahin und ime huldunge tun als eim Romischen kunige
irme rechten herren von des richs wegin [4]).

---

[1]) Janson, p. 134, n. IX, l. 13, 12. 11 von unten. cf. n. XII, p. 140:
und wyseten sie wir und die andirn unse myddekurfursten und herren ritter
und knechte (cf. a. 1400 mit faste herren rittern und knechten) uff den eyd
.. l. 19 f.

[2]) R.T.A. IV, p. 159, 32 f.

[3]) R.T.A. IV, p. 159, l. 33 ff.

[4]) R.T.A. IV. n. 155. (Erklärung der Stadt Frankfurt zunächst an
Hagenau wegen ihres Übertritts von Wenzel zu Ruprecht, 1400 nach Okt. 30
Frankfurt), wo die Antwort der Kurfürsten in etwas anderer Form erscheint:
als uns nu unser herren die kurfursten .. ermant han, daz wir unsern herren
hern Ruprecht Romischen kunig vorgnant billich und durch recht von eids
und eren wegin als wir dem heilgen riche virbunden sin inlassen sullen und
mogin und ime huldunge tun als eim Romschen kunige unserm rechten herren
von des richs wegin .. (p. 170, 32 f., p. 171. 1 ff.).

Dem halte man die kurfürstliche Antwort des Jahres 1349 zur Seite: Sie wurden mit orteiln underwiset, daz sie uns (Günther) billiche und von rechte hulden und gehorsam sin solten als eym Romischen kunge[1]). Oder, wie Heinrich von Mainz sagt: und wyseten sie wir: .. uff den eyd, das sie in billiche und von rechte in sulden lazsen und gehorsamen und tun alse irre rechten herren[2]). In beiden Jahren schliefslich wirkte die Antwort der Kurfürsten bestimmend auf das Verhalten des Frankfurter Rats ein. A. 1349 verstand man sich zur augenblicklichen Aufnahme des neuen Königs, a. 1400 liefs man Ruprecht nach Beendigung der Lagerfrist in die Stadt. Die Vorgänge beider Jahre spiegeln sich gleichsam ineinander wieder. Wie Frankfurt wohl jedesmal seine Forderung damit begründete, dafs ein neuer römischer König ein Lager vor Frankfurt abhalten müsse, so tritt uns auch in beiden Jahren die Thatsache entgegen, dafs die Stadt sich einerseits a. 1349 für das Verlangen der Lagerfrist, andererseits a. 1400 für ihre Hartnäckigkeit auf der Auslagerung derselben zu bestehen, von den Kurfürsten in Form eines Weistums Indemnität erteilen liefs. —

Wir verliefsen Ruprecht beim Einzuge in Frankfurt.

Um zu ermessen, eine wie andere Stellung im Reiche Ruprecht durch seine Aufnahme daselbst erlangte, braucht man nur die Worte, die Frankfurt nach dem 30. Oktober der Stadt Hagenau schrieb[3]), zu lesen: So han wir .. nach uzgange der drier dage und sefs wochin den .. kunig Ruprecht ingelassen .. und ime huldunge getan .., als er .. auch nu sit der zit von des richs und andern steden auch zugelassen und als ein Romscher kunig enphangen ist worden. So begreift man, dafs das Selbstbewufstsein Ruprechts stieg. Auch in seinen Briefen und Urkunden zeigt sich dies. Am letzten Tage der Lagerfrist (25. Oktober) und von da an regelmäfsig fügt er dem Datum die Wendung hinzu: regni vero nostri anno primo. Hatte er bis zum 25. Oktober noch nicht seine Regierungszeit offiziell gezählt, vielleicht, weil ihm noch alles unsicher schien, und er sich selbst gleichsam nur wie ein künftiger

---

[1]) Janson, p. 134, n. IX, l. 10 von unten.
[2]) Janson, p. 140, n. XII, l. 21 f.
[3]) R.T.A. IV. n. 155. p. 171. 6 ff.

König vorkam. thut er es, sobald er sein Lager vor Frankfurt so
gut wie beendet hatte[1]).

Auch dies ein Zeichen, für wie wichtig er den Übertritt Frankfurts hielt.

Unsere Vermutung nun, daſs die Kurfürsten sich am 9. Oktober 1400 zu der Erklärung verstanden, ein jeder römische König
müsse dem Herkommen gemäſs nach seiner Wahl vor Frankfurt
6 Wochen und 3 Tage liegen, wird, wenn nicht schon durch die
Auſserungen Ruprechts, so doch ganz zweifellos durch diejenigen
zeitgenössischer Historiker zur Gewiſsheit erhoben werden. Um
mit jenen Ruprechts zu beginnen, so spricht er in den Urkunden.
in denen er den Städten Schlettstadt und Mühlhausen ihre Privilegien bestätigt, von dem Lager als von etwas nichts Auſsergewöhn-
lichem, er erzählt einfach, daſs er nach seiner Wahl in Rense fur
Franckenfurd zu felde sechs wochen und dry tage gancze ussgelegen
habe[2]). Ebenso schrieb er in dem Privileg für Kolmar, in dem
für Obernehenheim und dem für Rosheim[3]). Etwas anders ver-
fährt er, wenn er auſserdeutschen Mächten seine Wahl und die
ihr folgenden Begebenheiten anzeigt. So vor allem Papst Bonifaz IX.
gegenüber, dem er seine (Ruprechts scil.) ganze Lage in einem
möglichst günstigen Lichte vor Augen rücken möchte, und in dieser
Absicht am 9. November 1400 von Heidelberg aus seinen Einzug
in Frankfurt mitteilt. Er schreibt[4]):

  et cum firmiter teneamus pro constanti, sanctitatem vestram
  paterna benignitate nostris felicibus congaudere successibus.

---

[1]) cf. R.T.A. III, n. 211. p. 271. regni vero etc. fehlt ebenfalls R.T.A.
III, n. 222, p. 282, dagegen steht es da in R.T.A. III. n. 223, p. 283. Es
fehlt: R.T.A. IV, n. 113 p. 129, n. 135 p. 151, n. 176 p. 207. Es ist da: R.T.A.
IV, n. 1 p. 18, 6, n. 8 p. 27, 10, n. 9 p. 28, 6 etc., n. 159 p. 176, 31, n. 160
p. 177, 34 f., ebenso R.T.A. IV, n. 179 p. 209. cf. noch R.T.A. IV, n. 158
p. 173: Schutzbriefe für verschiedene Städte, in denen regni vero nostri etc.
vor dem 25. Oktober fehlt. — Der Schutzbrief für Frankfurt vom 26. Oktober
hat die Worte (p. 173, 37). In dem für Straſsburg vom 31. Oktober fehlen
sie, doch auch der Ort der Ausstellung fehlt.
[2]) Für Schlettstadt cf. Chmel, reg. Rup. n. 31 p. 2. Dec. 1 1400 Mainz.
Für Mühlhausen cf. Moſsmann, cartulaire de Mulhouse. tome premier p. 426
n. 441, l. 16 ff. 1401 21. Apr. Sulzbach (Chmel, n. 358 p. 18).
[3]) cf. Weizsäckers Angabe R.T.A. IV, p. 144, 9. Für Kolmar (nach
Weizsäcker) cf. Karlsr. G.L.A. Pfälz. Copialb. 4, 80a. für Obernehenheim
ibid. 4, 7a, für Rosheim ibid. 4, 7a (cf. Chmel n. 359, n. 30, n. 29). An
Kolmar 1401 Apr. 2. an Obernehenheim 1400 Dec. 1.
[4]) R.T.A. III, n. 223, p. 283, 1 ff.

eidem confidencius uti presentibus intimamus, quod altissimi
adjutorio fulciti obsidionem et campum cum strenua nobilis miliciae assistencia per sex septimanarum et trium
dierum spacium ante opidum Franckefordense, ut moris
est, peregimus, regaliter tenuimus, idemque opidum absque
more produccione videlicet 26. octobris celebriter intra-
vimus, ubi primo ac deinde in aliis civitatibus ac opidis
pura obediencia liberrime fuimus admissi et consuetis sol-
lempnitatibus honorati ...

Während er in den Privilegienbestätigungen nur das Faktum,
daſs das Lager stattgefunden, berichtet, kann er es sich hier nicht
versagen, die Thatsachen etwas auszuschmücken. Hat er dem Herkommen gemäſs (ut moris est) vor der Stadt gelegen, so ist es
doch nach ihm nicht nur ein Lager, sondern in erster Linie eine
Belagerung (obsidio) gewesen, die er unter energischem Beistand
(cum strenua nobilis miliciae assistencia) einer erlesenen Schar zu
Ende geführt hat. Und es nahm sich dann fast wie eine Groſs-
that aus, wenn er, nachdem er die ganze Zeit über das Feld als
ein König behauptet hatte (regaliter tenuimus), nach 6 Wochen
und 3 Tagen absque more produccione Frankfurt hatte betreten
können.

Um dem Papste mit seinem kriegerischen Erfolge zu impo-
nieren, machte Ruprecht aus dem Lager eine obsidio. Erwähnte
er hier, wenn auch an zweiter Stelle, mit den Worten: campum
.. ante opidum Franckefordense .. tenuimus, noch das eigentliche
legir. so hielt er das am 23. November in einem Schreiben an
Venedig nicht mehr für nötig. An diesem Tage meldete er den
Venetianern seine Wahl, seinen Einzug in Frankfurt und seine
weiteren Fortschritte. Über das Lager äuſsert er sich[1]):

(eleccioni .. nostrum adhibuimus consensum) dileccionem
vestram cupientes non latere, quod inclitorum predecessorum
nostrorum divorum Romanorum regum solito more, insigne opidum Franckefurdense prope Mogenum diocesis
Maguntinensis sex septimanis et tribus diebus numerosa
principum magnatum et procerum sacri imperii nobis assis-
tente milicia firma obsidione vallavimus. Qua feliciter

---

[1]) R.T.A. IV n. 187 p. 216. 24 ff. Nov. 23 1400 Straſsburg.

peracta in prefato opido et in aliis adjacentibus fortaliciis
ad Romanum imperium spectantibus et deinde in civitatibus opidis et provinciis flumini Rheni adjacentibus fuimus
gloriose suscepti.

Welche Verdrehung des wirklichen Sachverhalts, die uns in
diesem Schreiben entgegentritt! Mufsten doch die Venetianer,
denen Ruprecht seinen legir vor Frankfurt nicht blofs als eine
obsidio, sondern sogar als eine firma obsidio darstellte, durch seinen
Bericht den Eindruck erhalten, als ob alle Städte, besonders auch
die civitates opida . . flumini Reni adjacentia sich erst infolge der
von Glück gekrönten Belagerung (qua feliciter peracta . . fuimus
gloriose suscepti) mit dem Könige näher eingelassen hätten. Wie
wenig richtig das ist, bedarf keines Beweises. Thatsache war und
blieb es ja freilich, dafs Ruprecht nach seinem Einzuge in Frankfurt von vielen Städten aufgenommen und als König anerkannt
war. Wenn Ruprecht aber Fremden, die nicht im Reiche lebten
und wenig in der Lage waren, die Angaben des Königs auf ihre
Richtigkeit hin zu prüfen, so schrieb, wie er schrieb, so erhielten
sie ein völlig falsches Bild von den Ereignissen, die sich vor Frankfurt und nach Beendigung der Lagerfrist abgespielt hatten.

Auf die Weise brachte man es aber fertig, aus den doch
immerhin für Ruprecht demütigenden Verhandlungen mit Frankfurt
und aus dem Lager vor Frankfurt ein ruhmvolles Ereignis für den
neuen König, das ihn den Venetianern in seiner ganzen Stärke
offenbaren mufste, zu machen.

Wenn aber Ruprecht erklärte, in Gemäfsheit eines solitus mos
inclitorum predecessorum divorum Romanorum regum sich zur Belagerung der Wahlstadt aufgemacht zu haben, so wollte er damit
wohl nur sagen, dafs es für einen neu gewählten römischen König
Pflicht sei, 6 Wochen und 3 Tage lang Frankfurt zu belagern.
Und eben diese Auffassung scheint er auch in dem an König Martin
von Arragonien gerichteten Schreiben vom 7. März 1401 zu vertreten, das übrigens auch sonst an das für Venedig bestimmte
erinnert:

et mox (nach der Wahl) praedecessorum nostrorum more
insigne oppidum nostrum Franckfurt in principum procerum nobilium militum et armatorum regni multitudine
numerosa firma obsidione vallantes sex hebdomadis et

tribus diebus continuato exercitu, dictum oppidum et alia
adjacentis provinciae fortalitia subintravimus . . [1])

Ist es im Schreiben an den Papst nur eine nobilis milicia, der er
seine Fortschritte bei der obsidio verdankt haben will, so ist es
in dem an Venedig schon. eine numerosa principum magnatum et
procerum sacri imperii milicia, hier sogar eine principum procerum
nobilium militum et armatorum regni multitudo numerosa. Je mehr
Ruprecht sich von den Ereignissen entfernt, in desto gröfseren
Übertreibungen ergeht er sich.

Dagegen heifst es in der Anweisung an Albrecht von Thanheim, die dieser zur Werbung an die lombardischen Herren und
Städte erhielt, den Thatsachen entsprechend, wie . . der Romische
konig dri tage und sehs wochen sin zit ganz ufs fur Franckfurd
gelegen hat und nu daselbes und in ander des heiligen riches stete
ingeritten ist. [2])

Gleichlautend hiermit ist die Instruktion für Diether von
Veningen und Volmar von Wickersheim[3]), die den Auftrag erhielten, die Schweizer zur Anerkennung Ruprechts zu bewegen.

Beachtenswert ist in den eben angeführten Worten, die
natürlich offiziellen Charakter haben, die Wendung „sin zit ganz
ufs . . gelegen". Ganz entschieden betont Ruprecht damit wohl
das Herkömmliche des Lagers. Dafs er aber von seinem Standpunkt aus ganz gewifs nicht behauptet haben wird, es als ein
Gegenkönig abgehalten zu haben, sondern vielmehr, weil es so
einem römischen Könige zukomme, wird eigentlich kaum zu be-
zweifeln sein. Und für unsere Annahme, dafs sich Ruprecht bei
einer solchen Äufserung geradezu auf ein kurfürstliches Gutachten,
eben dasjenige vom 9. Oktober, stützen konnte, spricht, dafs diejenigen von den zeitgenössischen Geschichtsschreibern, die Gelegenheit nahmen, auf Ruprechts Lager näher einzugehen, ein derartiges
Lager augenscheinlich nach einer jeden Wahl für notwendig zu
halten schienen.

So erzählt die Fortsetzung des Königshofen bei Schilter[4]):
difs (Ruprechts Wahl scil.) geschach vor herbst umb Allerheiligen

---

[1]) R.T.A. IV n. 265. 1401 März 7. Nürnb. p. 314, 38 ff.
[2]) R.T.A. IV n. 188 (1400 Dec.—Jan. 1401 o. O.) p. 219, S. Artikel 9.
[3]) R.T.A. IV n. 202 p. 346 cf. Art. 9 p. 219. 1401 c. Mai in Nürnberg.
[4]) chronicon Universale et Alsaticum Jacobi de Koenigshoven ed. Jo.
Schilterus 1698. Argentor.

tag, da lag er vor Franckenfurd mit grosser heerschaft, wie dan ein könig von rechte thun soll, 6 wochen und 3 tag, darnach zog er über berg zu Lamparten ¹). Ganz ähnlich berichten die Fortsetzungen desselben Chronisten bei Mone ²): diser konig Rupreht lag umb aller heiligen tag des gemelten jors (1400) vor Franckfort mit grosser herschaft driie tage und sehs wochen, als dann ein konig von reht tun sol, und zog darnach über berg in Lamparthen. ³) Läfst sich so die eine Fortsetzung vernehmen, so folgendermafsen eine zweite: darnach am freytag nach unser frawen tag der junger (10. Sept.) zoch er mit den kurfursten dy in erwelt hetten, und mit seinen freunden und ander grofs herren fur Franckfurt und hetten CC und XXX gezelt, und lag do VI wochen und drey tag, als ein newer erwelter kunig thon sol. ⁴) Hier hören wir auch von den Bemühungen Wenzels, dafs er wolt fur Frankfurt faren ziehen und den Ruprecht von dem feld slahen und wider zu dem reich komen; wie ferner, dafs kunig Ruprecht ungefochten plaib vor Frankfurt. ⁵)

Wir erwähnen das nur, um zu zeigen, dafs der Chronist trotz seiner guten Nachrichten über Wenzel das Lager nicht etwa deshalb, weil Ruprecht ein Gegenkönig war, vor sich gehen liefs, sondern weil dazu ein newer erwelter kunig verpflichtet sei. Und es ist um so beachtenswerter, dafs wir auch bei diesem Fortsetzer dieselbe Anschauung über das Lager eines römischen Königs finden, weil er überhaupt an dieser Stelle vortrefflich unterrichtet ist. —

Kürzer äufsert sich eine dritte Fortsetzung ⁶): Und in dem jor fur er fur Franckenfurt uff sanct Michels tag (29. Sept.) und lag do VI wochen und IV (sic!) tag ⁷), on menlichs widersprechen, noch gottes geburt 1400 jor. Erinnern uns die Worte „on menlichs widersprechen" unwillkürlich daran, dafs der auf die Bulle Urbans zurückgehenden Fassung gemäfs der Zweck des Lagers für den electus sein sollte, abzuwarten, wer wider in sin wolle, so

¹) b. Schilter p. 143 c.
²) Mone Quellensamml. der badisch. Landesgeschichte. Bd. 1. Karlsruhe 1848. Bd. 3 Karlsr. 1863.
³) I p. 254 b.
⁴) I p. 259 a. (unter 1) l. 5.
⁵) ibidem.
⁶) Mone Bd. 3 p. 498 a. l. 6.
⁷) Es mufs natürlich heifsen: III tag.

wird man vielleicht auch diese Stelle dafür anführen dürfen, daſs
nach der damals verbreiteten Rechtsanschauung Ruprecht das Lager
nur deshalb abgehalten hatte, weil es so einem jeden erwählten
römischen Könige zukomme. Und eben in diesem Sinne läſst sich
auch Gobelinus Persona[1]) vernehmen:

> Rupertus electus in regem, post electionem suam in mense
> Septembri juxta opidum Franckford, tentoriis fixis in campo,
> una cum principibus per septimanas (die Zahl fehlt) et dies,
> prout electis ad regnum moris est, sub dio moram traxit,
> et postea idem opidum festivis gaudiis intrat.

Mag er auf die Dauer des Lagers vielleicht kein Gewicht gelegt
haben, oder über sie im Unklaren gewesen sein, darüber ist er sich
einig, daſs die mora von jedem neu gewählten römischen König
zu beobachten sei.

Und kaum anderer Ansicht wird der Verfasser des chronicon
Moguntinum gewesen sein, wenn er nur das Herkömmliche des
Lagers oder, wie er sagt, der Belagerung hervorhebt und so von
einer patrie consuetudo redet[2]):

> item expost anno eodem (1400) decima die mensis Sep-
> tembris rex Romanorum dux Rupertus cum principibus
> electorum .. secundum patrie consuetudinem per sex ebe-
> domadas et tres dies Franckfordiam potenter obsedit, quibus
> finitis cives ibidem omnem sibi obedientiam ut Romanorum
> regi fecerunt.

Aus dem Angeführten geht zur Genüge hervor, daſs man der
Anleitefrist in der That nach jeder Wahl Gültigkeit zuerkannte.
Und diese Auffassung[3]) übertrug sich, nachdem, um von Heinrich

---

[1]) bei Meibomius Scriptores rer. Germanic. tom. I Helmstadii 1688.
aet. VI c. 70 p. 288, 15 ff.

[2]) Städtechroniken Bd. XVIII (Mainz Bd. 2) p. 230, 14 ff.

[3]) Es kann nicht unsere Aufgabe sein, alle zeitgenössischen oder dem
Jahre 1400 nicht zu fernliegenden Berichte, die einfach das Faktum, daſs
Ruprecht 6 Wochen und 3 Tage vor Frankfurt gelegen habe, erwähnen,
einen bestimmten rechtlichen Standpunkt aber nicht vertreten, ausführlich
wiederzugeben. Wir begnügen uns deshalb mit dem Hinweis auf die Haupt-
stellen: cf. Bericht über Wahl und Krönung Ruprechts in Städtechron.
Bd. XII (Köln Bd. 1) p. 333, 30 ff. p. 334, 1 ff. — Kölner Jahrbücher des
14. und 15. Jahrh. in Städtechron. Bd. XIII (Köln Bd. 2) Recension C.
der Jahrb. p. 89, 5 ff. — Ulman Stromer in Städtechron. Bd. I. p. 52. 25.
Chronik aus Kaiser Sigmunds Zeit (—1434. mit Forts. —1441) in Städtechr.

von Hervord hier zu schweigen, der zeitgenössische Matthias von
Neuenburg[1]) zur Verbreitung der irrigen Annahme, dafs Günther
6 Wochen vor Frankfurt gelegen habe, beigetragen hatte, dann
auf die Ereignisse des Jahres 1349. So berichtet Königshofen[2]),
der wohl Matthias benutzte: dirre Günther lag noch der wale zu
velde vor Frankefurt 6 wuchen (auch Matthias läfst die 3 Tage
fort) mit grosser maht, also ein erweleter künig sol tun: do en-
phingent in die von Frankefurt und die andern stette des riches
also einen künig.

In gleicher Weise erzählt Gobelinus Persona[3]):

fuit contra hunc (scil.: Carolum IV.) electus in discordia
Guntherus de Swartzeburg comes, qui cum sibi videretur
in electione praevalere castra metatus est in campis opidi
Franckenfort prout moris est, per electos de novo in reges
Romanorum fieri.

Die Ansicht, die Königshofen und Gobelinus mit Bezug auf Ruprecht
später vortrugen, vertraten sie demnach schon zum Jahre 1349.[4])

Bd. I. p. 364, 8 und deutsche Weltchronik (zw. 1450 u. 1480 etwa verfafst
cf. p. 250, 24) in Städtechr. Bd. III p. 300, 18. — cf. noch Magdeburg.
Schöppenchron. in Städtechr. Bd. VII p. 297. 29 u. p. 298, 1 ff.

[1]) Er sagt von Günther: cumque per sex ebdomadas potenter jacuisset
in campis, in Franckenfurt more regio est receptus. (Böhm.-Huber fontes IV
p. 268, 12 ff.) Auf Matthias geht zurück in der deutsch. Weltchronik [Städte-
chronik. Bd. III] die Stelle: Gunther, welcher sechs wochen .. lage etc.
(p. 278, 5 ff.).

[2]) Städtechron. Bd. VIII (Strafsb. Bd. 1) p. 478, 28 p. 479, 1 ff. —
Aus Königshofen stammt in der Koelhoffschen Chronik 1499 die Stelle über
Günther: konink Gunther nam dat an (die Wahl) ind zoich vur Frankfort
ind lach dae zo velde dri dage ind 6 wechen .. (Städtechron. Bd. XIV
(Köln Bd. 3) p. 682, 30 f.

[3]) bei Meibom SS. rer. Germ. Bd. 1. aet. VI c. 69 p. 284.

[4]) Es verdient bemerkt zu werden, dafs zu den Wenigen, die erkannten,
wie Königshofen und andere von dem Lager eines erwählten römischen Königs
ohne Einschränkung auf zwiespältige Wahlen sprachen, offenbar Nauclerus
gehörte (cf. generatio 46 der christl. Zeit fol. 255 des chronicon. Tubingae
1516): cumque .. Guntherus cum exercitu ut moris est per sex septimanas
castra tenuisset apud Francofordiam ut rex electus nulloque contradictore
comparente in urbem intromissus est et pro rege receptus. Ob dem von ihm
abhängigen Mutius (cf. Chronik des Mutius von J. Müller, Prenzlau 1882
p. 15/16) das angebliche sechswöchentliche Lager Günthers nur wegen der
zwistigen Wahl eintrat, ist aus seinen Worten nicht recht erkennbar (cf. H.
Mutius de Germanor. prima origine etc. 1539 f. lib. 25 p. 278 l. 10 ff.).

Und man beachte vor allem, daſs nach Gobelinus, der die Dauer
des Lagers hier zeitlich ganz unbestimmt läſst, wie er sich ja auch
zum Jahre 1400 über dieselbe unbestimmt ausdrückt, Günther sich
entschieden nicht wegen seiner zwiespältigen Wahl gelagert haben
soll, sondern weil es für einen neu gewählten römischen König so
Brauch sei, jedenfalls ein Beweis, wie sehr Gobelinus und auch
Königshofen unter dem Einflusse der Vorfälle von a. 1400 standen.
Nur zu dem Jahre konnte man sich über das Lager so äuſsern,
wie sie thaten, keinesfalls aber zum Jahre 1349. Hatten doch in
letzterem Jahre die Kurfürsten das Lager augenscheinlich nur nach
der Wahl eines Gegenkönigs, der gegen einen bis dahin überall
anerkannten König erkoren sei, gelten lassen wollen.

An die von Gobelinus und Königshofen zum Jahre 1349 vorgetragene Rechtsauffassung erinnert uns übrigens eine Stelle der
Limburger Chronik, wo es über Günther heiſst: Und in der neuwen
reise als man solte vor Frankfurt liegen, nach gewonheit des heiligen reichs, da wurd könig Günthern vergeben daſs er starb [1]).
Denn den Worten: nach gewonheit des heiligen reichs, die uns
unwillkürlich die im chronicon Moguntinum zum Jahre 1400 namhaft gemachte patrie consuetudo ins Gedächtnis rufen, wird doch
wohl zu entnehmen sein, daſs auch der Verfasser der Chronik, der
a. 1402 mit der Redaktion des Werkes [2]) begann, die nach Ruprechts
Lager über dasselbe herrschende Ansicht für das Jahr 1349
acceptierte [3]).

---

[1]) Limburger Chronik ed. K. Rossel (in den Annalen des Vereins für
nassau. Geschichtskunde. 6. Bd. p. 421, 2 ff.).

[2]) cf. Lorenz, Gesch. Quellen 1 p. 119, 6 f.

[3]) Hier ist vielleicht der Ort, darauf hinzuweisen, daſs J. D. von Olenschlager, der, wie in der Einleitung berührt (cf. p. 7. Anm. 2), im Anschluſs
an Hecht in der neuen Erläuterung der goldenen Bulle von den Lagern der
in Zwiespalt Gewählten vor der Wahlstadt redet und von dem Standpunkt
aus die Lagerfrist von 6 Wochen und 3 Tagen beurteilt, sich anfänglich
anders äuſserte. In der Vorrede nämlich zum Krönungsdiarium Karls VII.
— das ganze Werk betitelt sich: Wahl- und Krönungsdiarium Keyser Karl VII
Frankf. a. M. 1742. 1743. Verlegt von Joh. Dav. Jung. Der erste a. 1742
erschienene Teil enthält das Wahl-Diarium, der zweite a. 1743 erschienene
das Krönungsdiarium nebst einer Vorrede von den Vorrechten der Wahl und
Crönungs-Städte Frankfurt und Aachen vor der Guld. Bulle, und der Treue
ihrer Bürger vor ihre Kayser. von e. Freund des Verlegers Jung. Daſs dieser
Freund Olenschlager ist, sieht man in dessen Neue Erl. d. gold. Bulle
(Frankf. u. Leipz. 1766). p. 410 Anm. 1 beruft er sich auf diese Vorrede.

VI. Die Haltung Aachens gegenüber dem gewählten röm. Könige Ruprecht.

Die Thatsache, die nach dem Gesagten wohl keiner mehr bestreiten wird, dafs Ruprecht sich zu einer rechtlichen Anerkennung der sechswöchentlichen Lagerfrist vor Frankfurt ohne jedwede Einschränkung auf eine Doppelwahl oder die Wahl eines Gegenkönigs verstanden hatte, mufste in Aachen aufregend wirken.

---

p. 24 Anm. 8 sagt er: was wir hiervon bereits in der dem Krönungs-Diario von Kayser Carln VII vorgesetzten Abhandlung „von den Vorrechten etc." umständlich bemerket haben — in der erwähnten Vorrede also nennt Olenschlager „die in den mittleren Zeiten so berufene Gewohnheit von den in den Frankfurter Feldern vor der Stadt zu haltenden Lager eines neuen Königs, der auf seinen Gegner daselbst 6 Wochen und 3 Tage zu warten hatte". Diese Ceremonie war nach ihm vor Abfassung der gold. Bulle (1356) in der er die Erwähnung dieses Herkommens vermifst, nach der Wahl eines jeden Königs erforderlich. Und kein König vor 1356 konnte sich nach ihm dieser Gewohnheit ohne Einwilligung aller Kurfürsten entziehen. - Offenbar erkannte Olenschlager, und das macht seinem kritischen Scharfblick Ehre, bei Betrachtung der Jahre 1376, 1400 und 1410/11 (worüber später), dafs den Worten der Frankfurter a. 1400 nach zu urteilen, das Lager nach einer jeden Wahl vor sich zu gehen habe. (Er verweist auf Wencker apparatus archiv. p. 220 [= R.T.A. I n. 54 p. 82. 5] und auf Stellen wie Lersner I l c. 7 p. 86 [= R.T.A. IV n. 120]). Von den genannten Jahren ausgehend, erlaubte er sich dann ohne weitere Prüfung, indem er den Frankfurtern aufs Wort glaubte, einen Rückschlufs auf die Vergangenheit. Diese Vertrauensseligkeit verliefs ihn, als ihm die Verhandlungen zwischen den Kurfürsten und Frankfurt aus dem Jahre 1349, von denen er zur Zeit, als er die Vorrede schrieb, noch keine Kenntnis gehabt zu haben scheint, bekannt wurden. Indem er diese in seiner Staatsgesch. des röm. Kaiserth. (in der ersten Hälfte des 14. Jahrh. § 182 p. 402 l. 8 ff. Frankf. 1755) berührte und die Antwort der Fürsten mitteilte, dafs keiner von den vorhergehenden Königen die Frist von 6 Wochen und 3 Tagen habe auslagern müssen, konnte er sich der Äuserung nicht enthalten: „Nichtsdestoweniger bedachten sich die Frankfurter Bürger noch 7 Tage, bis sie sich das Märgen von der auf so viele Wochen erforderlichen Belagerung ausreden liefsen." Auf diesem schroffen Standpunkt blieb Olenschlager aber nicht stehen. Wenn er auch von seiner in der „Vorrede" vertretenen Meinung abkam, so trug er in der N. Erl. d. g. B. doch kein Bedenken, Hecht zu folgen und in dem Lager ein uraltes Herkommen, das bei zwistigen Wahlen zur Anwendung komme, zu erblicken. Freilich konnte er ja die 6 Wochen und 3 Tage vor 1349 nicht entdecken. — Übrigens wird schon jetzt einleuchten, dafs der Ausdruck „Lager bei zwistigen Wahlen" das Lager von 6 Wochen und 3 Tagen durchaus nicht zutreffend charakterisiert. Darüber später mehr.

Doch war man hier vermutlich schon längst entschlossen, wie vormals Karl IV., so jetzt dem Gegenkönige Ruprecht gegenüber mit der Anleitefrist hervorzutreten.

Welch' üble Folgen hätte aber für Ruprecht das den Städten am 8. September in Mainz erteilte Weistum, dem das in ihm unerwähnt gelassene legir vor Aiche mit Leichtigkeit einzufügen gewesen wäre, haben können, wenn die Städte sich mit Aachen rechtzeitig in Verbindung gesetzt oder es wenigstens von dem Verlaufe des Mainzer Tages benachrichtigt[1) und dann mit der Stadt ein sie gegenseitig bindendes Abkommen geschlossen hätten. Denn mochte das Gutachten auch Wenzel einen nicht mehr existierenden Herrscher nennen — woran sich, wie wir sahen, Frankfurt nicht gekehrt hatte — so hätte sich dann doch vielleicht in Anlehnung an dasselbe im Interesse Wenzels ein gegen Ruprecht gerichteter Städtebund gebildet, der letzterem geradewegs erklärt haben würde, daß er vor Beendigung des Frankfurter, sowie des Aachener Lagers und vor seiner Aachener Krönung keiner Stadt zumuten dürfe, den alten König aufzugeben. Bei dem Mangel jeglichen Zusammenhalts aber, infolgedessen Mainz, Köln, Worms und Speier am 4. Oktober bereits zu Ruprecht übergingen, während Frankfurt erst am 26. Oktober nach Ablauf der Lagerfrist folgte und so auch seinerseits jede Rücksicht auf das Weistum vom 8. September und eben damit auf Aachen fahren ließ, gehörte die Eventualität eines solchen Bündnisses schon bald zu den Unmöglichkeiten.

Bei dem Vorhandensein einer solchen Koalition, die Ruprecht in ihren leisen Anfängen gesprengt zu haben sich rühmen durfte, hätte aber wohl auch Aachen mit viel mehr Aussicht auf Erfolg die Auslagerung der Anleitefrist vor seinen Mauern verlangen können, selbst wenn der neue König sich dem auch schon vor Frankfurt, doch ohne darnach von dieser Stadt anerkannt zu sein, unterzogen hätte. Wie aber die Sachen jetzt standen, mußte das etwaige Verlangen nach einem Lager von seiten Aachens Ruprecht

---

[1]) cf. R.T.A. IV, n. 128, p. 140. Köln schreibt am 20. September an Aachen, es könne von der Mainzer Städteversammlung vom 8. Sept. nichts · Entscheidendes mitteilen. cf. R.T.A. IV. p. 131, Anm. 5, am 17. Sept. fragte Aachen bei Köln an. — Auch über den Mainzer Städtetag vom 29. Sept. ließ man Aachen im Unklaren. cf. R.T.A. IV, n. 131, p. 141. — Am 13. Okt. meldet Köln Aachen seinen Übertritt zu Ruprecht (n. 153, p. 169). Offenbar enthielt Köln absichtlich Aachen die Beschlüsse vor. (cf. R.T.A. IV, p. 126, 42 f., p. 127, 1 ff.).

höchst unangebracht, ja widersinnig erscheinen. Denn hatte er
sich schon nach seiner Wahl jeden Zweifel an der Rechtmäßigkeit derselben verbitten müssen, so konnte er das nach seiner
Altarsetzung in Frankfurt noch in verstärkterem Maße thun. Daß
Ruprecht sich demnach gleichsam noch als ein künftiger König
vor Aachen lagern würde, daran war garnicht zu denken. Die
Krönungsstadt dagegen war anderer Ansicht. Auf den Herzog von
Geldern gestützt [1]), getraute sie sich den Zorn des neu Gewählten
auf sich zu laden und ihm gegenüber eine Haltung anzunehmen,
die sie allein auf sich gestellt, sich nicht hätte gestatten dürfen.
Ruprecht entschloß sich daher ohne Frage schon bald nach seinem
Einzuge in Frankfurt [2]), nachdem er die in Aachen herrschende
Stimmung aus den uns anscheinend nicht mehr enthaltenen Auf-
trägen, mit denen Aachener Gesandte vielleicht gerade damals zu
ihm gekommen waren [3]), wohl nur zu deutlich erkannt hatte, auf
die Vornahme der Krönung daselbst Verzicht zu leisten. Denn
auch abgesehen davon, daß er seiner Würde durch ein der Krönung vorhergehendes Lager vor Aachen allzuviel vergeben hätte,
so mußte ihn schon der durch die nochmalige Auslagerung der
Frist entstehende Zeitverlust abschrecken, ein zweites Lager nach
seinem vor Frankfurt abgehaltenen — welches letztere weite Kreise
in diesen Tagen in Erwartung des Aachener Lagers geradezu „das
erste" genannt zu haben scheinen [4]) — aufzuschlagen.

---

[1]) cf. Hermanni de Lerbeke: chronicon comitum Schauvenburgensium
ed. Henr. Meibom, tome I, p. 520, 17 ff. . . ad . . rebellionem dux Geldriae
eos (Aquenses) dicitur animasse et instigasse. — cf. Koelhoffsche Chronik
1499 (Städtechron. Bd. XIV, Cöln Bd. 3), p. 730, 24, p. 740, 22 ff. — Ulm.
Stromer p. 53, 16 (Städtechron. Bd. I). Deutsche Weltchron. (Städtechr.
Bd. III), p. 300, 32. R.T.A. IV, p. 215, 1 ff.

[2]) schon am 9. November (am 26. Oktober hatte er Frankfurt betreten)
hatte er wohl als Krönungsort Köln ins Auge gefaßt (cf. p. 97 Anm. 2).

[3]) Am 24. Dezember schreibt Aachen an Ruprecht, es werde ihn etwa
einlassen etc., so er nur das thue, was er Aachen schuldig sei zu dun, as
wir dit auch fur ziden mit unsen frunden uwere gnade han lassen wissen.
(R.T.A. IV n. 204, p. 239, 16 f.). Sollte die hier erwähnte Gesandtschaft etwa
Anfang Nov. 1400 fallen?

[4]) So schreibt Jacopo Fantinelly, Gesandter des Paul Guinigi Herrn
von Lucca, an diesen aus Rom 1400 Dec. 29: .. e dicesi che tutta Lamagna
e ingarbugliata, e come penso aviate sentito lo novello imperadore tenne il
primo campo a Francholforte, e obtenne la gornata uzata. e quelli li feciero
omaggio. (R.T.A. IV, p. 238 Anm. 2, l. 44 b ff., p. 239, l. 40 a ff.). — Aus

So wurde zur Genugthuung der Kölner, die eifrig dafür gewirkt hatten[1]), Anfang Dezember 1400 in Mainz, und wohl endgiltig, beschlossen, die Krönung, die man vermutlich schon am
25. November in Köln hatte vornehmen wollen[2]), dann aber aus
hier nicht weiter zu betrachtenden Gründen hinausgeschoben hatte,
nun thatsächlich in Köln am 6. Januar des kommenden Jahres
(1401) zu vollziehen[3]). Doch versuchte Ruprecht noch einmal am
5. Dezember von Mainz aus[4]), aber wohl mehr der Form wegen[5]),
als in Hoffnung auf Erfolg, das widerspenstige Aachen für sich zu
gewinnen. Der in dem Schreiben angeschlagene Ton ist ein sehr
entschiedener und fester. An Drohungen ließ Ruprecht es nicht
fehlen:

> wer' ez abir daz ir des (Einlaß Ruprechts scil.) nit dun
> und uns solichen wiederstand bewisen woltent, daz wir
> uch doch noch nit getruwen, so wissent, daz wir meinen
> solich inlaßen und cronunge zu Achen zu enphaen, nit me

dieser Stelle geht auch hervor, daß die Nachricht, Aachen werde von Ruprecht
ein Lager fordern, schon lange vor dem 24. Dezember 1400, an welchem Tage
Aachen damit Ruprecht gegenüber herausrückte (R.T.A. IV, n. 204, p. 239),
verbreitet war. In Rom konnte man doch noch nicht am 29. Dezember Kunde
haben von dem, was Aachen am 24. Ruprecht erklärt'hatte.

[1]) cf. R.T.A. IV, n. 168, p. 193, 7 ff. u. R.T.A. IV, n. 177, p. 208, 11 ff.
R.T.A. IV, n. 178, p. 208.

[2]) cf. das an Bonifaz IX. gerichtete Schreiben Ruprechts vom 9. Nov.
1400: intendentes auctore deo die 25. Novembris de proximo ventura previa
regali corona ut moris est in dei laudem insigniri. (R.T.A. III. n. 223, p. 283,
6 ff.) Aller Wahrscheinlichkeit nach hat Ruprecht mit der previa corona
diejenige gemeint, die er in Köln empfangen würde. Jedenfalls kann die
Aachener Krönung kaum darunter verstanden werden. cf. darüber Exkurs V.
Am 29. Dezember schreibt der schon genannte Jacopo Fantinelly aus Rom:
lo novello imperadore, che dovea andare a choronarsi a Colongna la mattina
di santa Chaterina (Nov. 25), lui non v'e andato, per cagione che il vecchio
imperadore con molta gente d'arme ae chavalcato lo paese del nuovo, et per
tanto e convenuto tornare a drieto. (R.T.A. IV, p. 238, 38 b ff.)

[3]) cf. R.T.A. IV. n. 202 p. 237, 27 ff., n. 185 p. 215. 1. 6 ff., n. 179 p. 209,
29 ff. — cf. R.T.A. IV, p. 204, 38. p. 205, 1 ff. — Ruprecht war am 1. Dezember in Mainz, auch noch am 5. Dezember: R.T.A. IV, p. 204, 32 f.

[4]) R.T.A. IV, n. 179 p. 209. 1400 Dec. 5 Mainz.

[5]) cf. R.T.A. IV, p. 205. 5 f. Bereits am 7. Dez., als von Aachen aus
noch keine Antwort eingetroffen sein konnte, ergingen Einladungen an die
schwäb. Städte, sich am 6. Januar zur Krönung in Köln einzufinden: R.T.A.
IV. n. 202 p. 237 f.

— 98 —

an uch zu fordern und sin mit unsern kurfursten zu rade
worden, daz wir die vorgenant unser cronunge zu Collen
.. (am 6. Januar 1401) .. enphaen wollen ...[1]) ... Und[2])
wir sin auch mit unsern kurfursten zu rade worden und
ubirkomen, dann zu machen und zu seczen, daz nummer
eincher Romischer konig furbaz nie me zu Achen gekronet
solle werden[3]), und daz ir derselben wirdekeit ewiglich
beraubet sin sollent, und uch auch aller ander gnaden friheiden eren und wirdikeit, die ir von dem heiligen riche
habent, genzlichen zu berauben und zu entsetzen und auch
zu gedenken furt me darzu zu dun als sich heischet und
uns und unsern kurfursten notdurftig si umb sulche unge-
horsamekeit und wiederstant die ir an uns unsern kurfursten und dem heiligen riche als gar frevelichen begangen
hettent ...

Doch weder diese Drohungen, noch die Bemühungen der Städte
Mainz, Worms, Speier und Frankfurt, die, wohl gegen Mitte Dezember, den Auftrag erhalten hatten, daz sie die von Aachen under-
wisen Ruprecht gehorsam zu werden[4]), vermochten dem Aachener
Rate am 24. Dezember 1400 eine andere Antwort zu entlocken,
als folgende[5]):

wir begern uwer hoheit zu wifsen, dat wir hulde und eide
fur ziden gedan han dem durchluchtigen fursten unserm
gnedigen herren Wentzeslao dem Romischen konige und
eme dat auch verbrieft und besigelt han; weder die hulde
eide und briefe uns nit enstet zu dun noch uwer hocheit
inzulafsen, ir enhet zu erste sehs wochen und dri tage vor
der stad von Ache gelegen. ind as wir dann mit rechte

---

[1]) cf. R.T.A. IV, n. 179 p. 209, 26 ff. Wir nehmen aus dem Briefe nur
das uns direkt Angehende auf, übergehen also auch die Erwähnung der kurköln. Privilegien (l. 31 ff.) cf. darüber Exkurs V.

[2]) R.T.A. IV. p. 209. 34 ff.

[3]) cf. R.T.A. IV, p. 215, 12 ff. und chronicon Moguntin. (Städtechr.
Bd. XVIII (Mainz, Bd. 2) p. 239. 30. p. 240, l. 1 ff. et possit verisimile fore
quod omnes reges Romanorum deinceps non in civitate Aquensi sed Coloniensi coronarentur.

[4]) cf. R.T.A. IV. n. 185 p. 215 (Dec. 14). 15 ff. cf. n. 201 p. 233. 5 ff.
Art. 3 u. 4. R.T.A. IV, p. 235, 8 ff. cf.

[5]) R.T.A. IV. n. 204 p. 239. 8 ff.

underwiset wurden von den die billich und von rechte
daruber zu wisen hant, dat wir uch von rechte schuldig
weren inzulafsen, so wollen wir uwer hocheit alsdann in-
lafsen und dun daz wir uwern gnaden schuldig sin zu dun,
als verre uwer hocheit uns dann wiederumbe dut, das sie
uns schuldig is zu dun, as wir dit auch fur ziden mit
unsen frunden uwere gnade han lafsen wissen; und getruwen darumb uwer hocheit eigen ungnade an uns lafsen
zu keren. got unse herre beware uch allzit [1]).

Die Aachener begründeten somit ohne Umschweife und zwar
in einer dem Sinne der Anleitefrist entsprechenden Weise ihre
Forderung mit dem Hinweis auf Wenzel und auf Ruprechts Gegenkönigtum. Aus dieser Offenheit, die sie das Ding beim rechten
Namen nennen und sie erklären liefs, dafs sie vor Ablauf der Anleitefrist ihre Wenzel geleisteten Eide nicht als gelöst betrachten
und demnach auch Ruprecht noch nicht den Titel König[2]) erteilen
könnten, ergab sich von selbst eine gewisse Rücksichtslosigkeit,
die Ruprecht mit Erbitterung erfüllen mufste. Während die Frankfurter sorgsam an der ihnen gerade von den Aachenern überlieferten
Formulierung festgehalten und unter Betonung des Herkömmlichen
Ruprecht nicht als Gegenkönig, sondern weil es nach jeder Wahl
so Sitte sei, zur Auslagerung der Frist zu veranlassen gesucht
hatten, setzten die Aachener jede derartige schonende Behandlung

---

[1]) Im Hinblick auf diese Äufserung Aachens augenscheinlich sagt
Olenschlager in der genannten Vorrede zum Krönungsdiarium Caroli VII.:
„Merkwürdig ist es, dafs auch die Aachener wegen der in ihrer Stadt vorzu-
nehmenden feyerl. Krönung das Exempel der Frankfurter zu verschiedenen
Mahlen sich zur Regel gesetzt und noch insonderheit von König Ruperto als
solcher daselbst die Crönung zu empfangen im Anzug war, ein gleichförmiges
Lager vor ihrer Stadt zu halten. von ihm verlangt haben." — Es bedarf keines
Beweises mehr, dafs die Aachener a. 1400 nicht das Beispiel der Frankfurter
befolgten, sondern vielmehr das von ihrer Stadt a. 1346 Karl IV. gegenüber
angewandte Verfahren dem Gegenkönige Ruprecht gegenüber zu erneuern
suchten. — Übrigens hätte Ol., wenn er von „verschiedenen Mahlen" spricht.
aufser dem Jahre 1400 wohl schwerlich ein anderes Jahr nennen können, in
dem die Aachener sich „das Exempel der Frankfurter zur Regel gesetzt"
hätten. — Hecht in seiner Schrift. de obsidione etc. (p. 16) nimmt auch an,
dafs die Aachener a. 1400 wohl den Frankfurtern nachgeahmt hätten. (cf.
den Inhalt von Hechts Schrift im Nachtrag.)

[2]) Man nennt Ruprecht nur uwer hocheit. uwer gnaden. den durchluchtigen fursten. In der Adresse heifst es: Ruprecht herzog zu Beyern gekorn
zu eime Romischen konige . . (R.T.A. IV. p. 239. 20 ff.).

beiseite. Und doch wie leicht hätten eben sie auf die in der
Bulle Urbans enthaltene Fassung zurückgreifen und hervorheben
können, daſs ein neu Gewählter sich vor Aachen 6 Wochen und
3 Tage zu lagern pflege, um innerhalb dieser Frist etwaigen Oppo-
nenten noch Gelegenheit zum Protest zu geben! — Daſs sie aber
auf derartige, wenn man so will, unwahre Redensarten verzichteten
und statt dessen mit der nackten Wahrheit gegen Ruprecht herausrückten, beweist schon allein, wie wenig man Ruprechts Zorn
scheute, und daſs man von dem Vorhaben, dem Gegenkönig den
Einlaſs zu verweigern, gutwillig nicht abzulassen gedachte. — Ob
man aber Ruprecht nach Verfluſs der 6 Wochen und 3 Tage aufnehmen werde, — was, wie man hätte denken sollen, sich bei Benutzung der Anleitefrist seitens der Aachener für diese von selbst
hätte verstehen müssen — darüber machte man durchaus nicht
feste Zusicherungen. Wenigstens erklärte man: weder die hulde etc.
uns nit entstet zu dun noch uwer hocheit inzulaſsen ir enhet zu
erste sehs wochen und dri tage vor der stad von Ache gelegen.
Freilich war man bereit, Ruprecht dann einzulassen, aber doch
nur, as sie dann mit rechte underwiset wurden von den, die billich
und von rechte daruber zu wisen hant, dat sie (die Aachener) ihn
(Ruprecht) von rechte schuldig weren inzulaſsen [1]). Dachten die
Aachener etwa daran, daſs der Frankfurter Rat am 9. Oktober sich
mit der Bitte um Erteilung eines Weistums an die Kurfürsten gewandt hatte, um darüber Aufschluſs zu erhalten, waz nach Ablauf
der Frist die von Franckenfurd durch recht tun sollin und mogin [2])?
Wollte der Aachener Rat etwa nach Auslagerung der Frist eine
ähnliche Frage den Kurfürsten vorlegen, um den gegen die Stadt
erregten Groll der Wähler Ruprechts dadurch zu entwaffnen, daſs
man sie zwang, das Lager Ruprechts, da sich diesem sonst nimmer
die Thore Aachens öffnen würden, noch nachträglich als ein gesetz-
mäſsiges zu bezeichnen? Oder, wer sind die, die billig und von
rechte darüber zu wisen hant? Etwa einige rechtsgelehrte Pfaffen?
Werden aber diese nach verflossener Frist so unbedingt zugeben,
daſs die Aachener Ruprecht von rechte schuldig weren inzulassen?
Man beachte das dreimalige gewiſs absichtliche Hervorheben des
„von rechte".

Nicht genug damit aber, daſs man die Aufnahme Ruprechts

---

[1]) R.T.A. 1V, p. 239, 13 ff.
[2]) R.T.A. IV, p. 159 l. 26 ff.

von einem Weistum abhängig machen wollte, man gab auch
Ruprecht zu verstehen und spielte damit offenbar auf die ihm von
der schon genannten Gesandtschaft, für uns aber, soweit zu erkennen, nicht mehr vorhandenen Vorschläge an, daſs ihm nur
dann die Stadt zu Willen sein könne, wenn er ihr wiederumbe
dun werde, was er ihr schuldig sei zu dun[1]), sich also wohl
vor Allem zur Bestätigung der städtischen Privilegien bequemen
werde.

So häufte man Bedingungen auf Bedingungen und deutete
auch dadurch an, daſs man die Verhandlungen zu keinem Ruprecht
günstigen Ergebnis kommen lassen wollte. Denn nur dann darf
der Gegenkönig auf Anerkennung und Aufnahme in Aachen rechnen,
wenn ein Gutachten, und zwar von kompetenter Seite, den Einlaſs
als unumgänglich notwendig bezeichnet, und er, der neu Gewählte,
der Stadt Aachen gegenüber so zu handeln versprochen haben wird,
wie es seine Schuldigkeit ist.

Daſs Ruprecht, dem man zumutete, als Gegenkönig sich zu
lagern, hiernach nicht mehr mit der Krönungsstadt verhandeln
konnte, ist selbstverständlich. Und er konnte es um so weniger,
da die Antwort der Aachener auf den Vermittelungsversuch der
Städte Mainz, Worms, Speier und Frankfurt, die erst am 4. Januar 1401 in die Hände der Mainzer gelangte[2]), schwerlich viel
anders, als die im Schreiben an Ruprecht enthaltene, gelautet
haben wird.

Seine Krönung fand nunmehr, wie Anfang Dezember beschlossen, am heiligen Dreikönigstage (6. Januar) des Jahres 1401[3])
ohne irgendwelche Verzögerung[4]) in Köln statt. Auf diese, so-

---

[1]) as sie (die Aachener) dit auch fur ziden mit ihren frunden dem
durchluchtigen fursten (der Anrede entnommen: cf. R.T.A. IV, n. 204 p. 238,
34) han laſsen wissen: R.T.A. IV p. 239, 16. — Vermutlich ist damit eine
Gesandtschaft gemeint, die in den Anfang November 1400 fiel. cf. p. 96
Anm. 3.

[2]) cf. R.T.A. IV p. 235, 17. cf. l. 8 ff.

[3]) cf. unter anderem R.T.A. IV p. 241. 35 f. Höfler, Ruprecht von
der Pfalz, p. 182 ff. p. 180 unten sagt er: „die Königstadt Aachen rettete
ihre Ehre .. Sie verlangte. Ruprecht müsse 6 Wochen und 3 Tage vor ihr
liegen" etc.

[4]) Fast könnte man glauben, daſs Jacopo Fantinelly, der das Frankfurter Lager il primo nennt und nach Erwähnung desselben fortfährt: poi
ando ad Aquisgranis come usanza, quelli nollo acciettarono, e per detto

wie auf die Prohibitivmaßregeln Ruprechts gegen Aachen und auf
das schließliche Nachgeben der Stadt im Jahre 1407 einzugehen,
liegt unserm Thema fern, da die Lagerfrist vor Aachen in den
späteren Jahren Ruprechts weder von diesem noch von den
Aachenern wieder berührt wird.

Charakterisieren wir, bevor wir das für unsere Untersuchung
so wichtige Jahr 1400 verlassen, noch einmal mit wenigen Worten
das Ergebnis, zu dem die Städte Frankfurt und Aachen a. 1400
dem neu Gewählten gegenüber bei Benutzung der Anleitefrist gelangt waren. Beide Städte hatten sich in der Überzeugung, daß
die Übertragung des Anleiteverfahrens auf die römische Königswahl durch Ruprechts Gegenkönigtum gerechtfertigt sei, von ihrer
auf das sechswöchentliche Lager gehenden Forderung nicht ab-
bringen lassen. Somit konnten sowohl Frankfurt als auch Aachen
im Hinblick auf das Jahr 1400 sagen, daß ein Gegenkönig, der
die älteren Rechte eines bis dahin allgemein anerkannten Herrschers anzutasten suche, nur dann auf Einlaß in Frankfurt resp.
Aachen rechnen könne, wenn er sich vorher vor der Wahl- resp.
Krönungsstadt 6 Wochen und 3 Tage gelagert habe, daß dagegen
die Aufnahme völlig ausgeschlossen sei, so derselbe sich nicht so
lange vor Frankfurt bezüglich Aachen habe behaupten können oder
überhaupt sich weigere, die Anleitefrist auszulagern. Doch eigentlich positiver Resultate konnten sich nur die Frankfurter rühmen,
die sich stets wohlweislich gehütet hatten, Ruprecht direkt als
Gegenkönig zu bezeichnen. Um davon ganz abzusehen, daß sie
diesen zur Innehaltung der Anleitefrist bewogen hatten, so war das
demselben schließlich entschlüpfte Zugeständnis, ein jeder König
müsse sich nach seiner Wahl lagern, bedeutsam genug, um sich
dadurch für alles durch das Lager entstandene Ungemach für voll-
auf entschädigt zu halten. War man doch infolge eines derartigen
Ausspruches in den Stand gesetzt, einen viel umfassenderen Gebrauch von der Anleitefrist zu machen, als wenn man sich bei Benutzung derselben nur auf ein fürstliches Gutachten des Jahres
1349 und vom 30. August des Jahres 1400 hätte berufen können,
von denen jenes das Anleiteverfahren offenbar nur bei der Existenz

ragione dovea andare a Cologna, ein zweites Lager, wenn auch nicht vor
Aachen, so doch vor Köln, für nicht ausgeschlossen gehalten zu haben
scheint.

eines alten und neuen, d. h. Gegen-Königs, dieses dasselbe allein
nach einer Doppelwahl hatte gelten lassen wollen. — Standen aber
die Sachen so, daſs das Lager eines erwählten römischen Königs
vor Frankfurt ohne Einschränkung auf zwistige Wahlen für den
Augenblick wenigstens staatsrechtlich anerkannt war, so erhebt
sich von selbst die Frage, wie lange diese dem deutschen Staatsrecht von den Wählern Ruprechts inserierte Bestimmung in Kraft
geblieben sein mag. Zur Beantwortung dieser Frage wenden wir
unsere Aufmerksamkeit den Jahren 1410 und 1411 zu.

VII. Die Doppelwahl (Sigmund-Jost) des Jahres 1410 und Sigmunds zweite Wahl a. 1411.

König Ruprecht war am 18. Mai 1410 gestorben[1]). Die Verhältnisse im Reiche lagen nach seinem Tode nicht so, daſs auf eine
einmütige Wahl zu hoffen war. Dies zeigte sich, als am 20. September 1410 Sigmund, König von Ungarn, ein Bruder des 1400
abgesetzten Wenzel, zum römischen Könige in Frankfurt erwählt
wurde[2]).

Von den ihm feindlich gesinnten unter den Kurfürsten wurde
am 1. Oktober desselben Jahres Markgraf Jost von Mähren ebenfalls in Frankfurt erhoben[3]), so daſs nun, da Wenzel auch nach
der Wahl seines Vetters Jost fortfuhr, den Titel eines römischen
Königs zu führen[4]), faktisch drei römische Könige vorhanden waren.
— Über die Beziehungen zwischen Sigmund und Jost ist nur all-
zuwenig bekannt. Aus einem an Nürnberg gerichteten Schreiben
des Burggrafen Friedrich VI. von Nürnberg vom 14. Dezember
1400 erfahren wir: wol ist war, das der marggrave zu Mereren
(Jost) an in (Sigmund) begeret hat von der sache (scil. wohl der
Herrschaft) wegen zu tag gen Ofen zu im zu komen, als er (Sigmund) im den beschiden hat virzehen tage nach dem heiligen

---

[1]) cf. Höfler. Ruprecht, p. 466 Mitte.
[2]) R.T.A. VII p. 7 l. 27 cf. — Aschbach, Kaiser Sigismund I p. 290 f.
— cf. auch L. Quidde, König Sigmund und das Deutsche Reich von 1410
bis 1419 (1. die Wahl Sigmunds) Göttingen 1881 und Ad. Kaufmann. Die
Wahl K. Sigmunds von Ungarn zum römischen Könige. Prag 1879. 8° (auch
in Mitt. d. V. f. G. d. Deutschen in Böhmen XVII).
[3]) cf. R.T.A. VII p. 11. 26 ff. Aschbach I p. 293.
[4]) cf. R.T.A. VII p. 12. l. 40.

cristtag (8. Januar 1411); aber nach allem unserem verstentnufse
so werden sie sich, ob got wil, gutleichen einen, also das je der
vorgenant unser herre bei dem reiche beleibe [1]). Doch erschien
Jost am 8. Januar in Ofen nicht, vermutlich, weil ihn die Krankheit, die ihn am 18. Januar in Brünn dahinraffte [2]), zurückhielt.
Ob vor seinem Tode zwischen ihm und seinem Rivalen eine Verständigung, derzufolge Jost auf die königliche Würde verzichtete,
erzielt wurde?

Da die Beantwortung dieser Frage, wie sich ergeben wird,
für unsere Untersuchung nicht ohne Interesse ist, so sei es gestattet, hier einen Augenblick zu verweilen. Aus dem Briefe
Friedrichs an Nürnberg erhält man den Eindruck, als ob dieser
ganz zuversichtlich auf einen friedlichen Ausgleich zwischen Sigismund und Jost gerechnet habe. Und gerade darum möchte vielleicht eine meines Wissens bisher übersehene Stelle etwas Beachtung verdienen.

In · dem sogenannten Appendix eines Unbekannten zu der
Kaisergeschichte des dem 15. Jahrhundert angehörenden Nikolaus
Burgmann [3]) lesen wir [4]): tandem tamen (Jodocus) electioni suae
renuntiavit et electioni Sigismundi gratificatur et approbavit. Sollte
Jost, durch seinen körperlichen Zustand veranlafst, etwa am 8. Januar Sigismund seinen Verzicht eingesandt, und sollte dieser, der
sich am 12. Januar Werner von Trier gegenüber, und zwar zum
erstenmale urkundlich, zur Annahme der auf ihn gefallenen Wahl
bereit erklärte, nur auf das Eintreffen des Verzichts gewartet haben,
um sofort, nachdem er von demselben Kenntnis genommen, die
Wahl auch urkundlich anzunehmen?

Könnte unsere Ausführung auf Wahrscheinlichkeit Anspruch
erheben, so müfste aus ihr folgen, dafs Sigismund in den vom

---

[1]) R.T.A. VII n. 36 p. 52, 27 ff.

[2]) R.T.A. VII p. 8 l. 32 ff.

[3]) cf. über ihn Lorenz, Deutschlands Geschichtsquellen, 2. Aufl. I,
p. 113 Anm. 6. Burgmann führte die historia imperatorum et regum Romanorum bis 1377.

[4]) bei Öfele scriptor. rer. Boic. I, p. 607^b l. 31 ff. Der Titel heifst:
Appendix anonymi ad historiam Nicolai Burgmanni ad Sigismundum Caesarem
Augustum deducta. Kerler, R.T.A. VII p. 8, 28 sagt: es ist dies (nämlich
der oben angeführte Bericht Friedrichs von Nürnb. an Nürnberg) unseres
Wissens die einzige Nachricht, welche auf das Verhältnis der beiden Vettern
zueinander nach ihrer Wahl ein freilich sehr spärliches Licht wirft.

21. Januar datierten Briefen — denn der bereits a. 1400 abgesetzte Wenzel wird doch schwerlich von ihm berücksichtigt sein — sich mit gutem Recht für den einzigen vorhandenen Herrscher halten konnte, mochte er nun bereits die Nachricht vom Tode Josts († 18. Januar) erfahren haben oder noch nicht[1]). An eben diesem Tage aber (21. Januar) kündet Sigismund einem ungenannten Fürsten, vermutlich wohl dem Herzog Heinrich von Braunschweig und Lüneburg[2]), sein baldiges Kommen nach Deutschland an: wanne wir uns dorzu fugen und schicken, so wir allirirste mogen, ob god wil, hinusin zu zin, unsir kunigliches leger vor Frangkfurd zu tund, unser cronig zu emphohen und die vorgenanten (scil. die Zustände in Kirche und Reich) dinge und anligende notdrofte undir hande zu nemen als wir beste mogen[3]). Er befiehlt am gleichen Datum Frankfurt, die 1410 November 11 fällig gewordene Steuer erst auszubezahlen, nachdem er in Deutschland eingetroffen sei und ihnen darüber Weisung gegeben habe: ir sollet uns damit warten, bis das wir selber hinufs kommen, darzu wir uns auch schicken, das wir, ob got wil, kurzlich hinufs ziehen und unser kunglich leger vor Frankfurt tun wollen[4]). Und auch in dem Beglaubigungsschreiben für die Gesandten Ludwigs von der Pfalz (vom 21. Januar) bei Frankfurt schreibt Sigismund in gleichem Sinne[5]): wann wir uns darczu schiken und fugen, das wir mit gotes hilfe unser kunglich leger vor Frankfurt tun etc.

Es ist charakteristisch, dafs er das Lager stets ein königliches nennt. Die Art und Weise, in der er hier von demselben spricht, läfst keinen Zweifel, dafs er entschlossen war, sich vor Frankfurt zu lagern, weil es so einem römischen Könige nach seiner Wahl zukomme. Dieser Entschlufs, den er unter Berücksichtigung der Thatsache, dafs die Kurfürsten a. 1400 schliefslich die Auslagerung der Anleitefrist vor Frankfurt nach einer jeden Wahl als unumgäng-

---

[1]) L. Quidde, in der erwähnten Schrift (cf. o. p. 103 Anm. 2) nimmt an, dafs die vom 12. u. 21. Januar datierten Briefe wobl erst später (am 27. Jan.) abgesandt und wohl erst nach Eintreffen der Todesnachricht ausgefertigt seien. (cf. p. 43 44 und p. 12.) Auch er nimmt also an, dafs Sigmund in den vom 21. Januar datierten Schreiben keinen Gegenkönig im Auge hatte.

[2]) cf. R.T.A. VII p. 57 Anm. 1. 1. 50 a, l. 43 b.

[3]) cf. R.T.A. VII n. 39 p. 57, 32 ff.

[4]) R.T.A. VII n. 41 p. 59. l. 28 ff.

[5]) R.T.A. VII n. 42 p. 60, 9 f.

lich notwendig hingestellt hatten, gefaíst haben wird, wird uns in keiner Weise wunderbar berühren. Denn hätte er etwa das damals abgegebene kurfürstliche Gutachten ignorieren wollen, so hätte ihn, zumal er gar nicht einmütig erwählt war, zweifellos die Wahlstadt in einer für ihn doch immerhin beschämenden Weise daran erinnert, daís sie einen römischen König erst dann, wenn er das Feld 6 Wochen und 3 Tage habe behaupten können, aufnehmen dürfe. Aus seiner Bereitwilligkeit aber, sich zu lagern, hätte er sich die Folgerung ableiten müssen, daís er vor Ablauf der Lagerfrist für Frankfurt noch kein rechter, sondern gleichsam erst ein künftiger König sei und demnach auch von den Frankfurtern noch nicht den königlichen Titel und überhaupt von ihrer Seite noch kein aktives Entgegenkommen erwarten dürfe. Diese Konsequenzen, die er von seinem Standpunkte aus auch wohl kaum ziehen konnte, hat er nicht gezogen. Wenigstens hätte er sonst wohl nicht bereits am 21. Januar, wie berührt, der Wahlstadt in betreff der fällig gewordenen Steuer Befehle erteilt. Freilich wird ihm dies bei den Frankfurtern, die sich in diesen unruhigen Tagen möglichst vorsichtig verhielten, für den Augenblick wenig genützt haben. Doch über die Frankfurter nachher. Fürs erste ist festzuhalten, daís sich Sigismund nicht wegen seiner zwistigen Wahl, sondern weil es für einen electus Romanorum rex so Brauch sei, lagern wollte [1]. Es ist selbstverständlich, daís ihn in diesem Vorhaben die Thatsache seiner zwistigen Wahl nur bestärkt haben wird. Wollte man aber behaupten, daís ihn allein die Rücksicht auf diese und auf das Vorhandensein eines Gegenkönigs hierbei geleitet habe, so läíst sich das, selbst zugegeben, Sigismund hätte sich in den Briefen vom 21. Januar noch nicht als alleiniger Herrscher fühlen können, und er hätte an dem Tage, noch ohne Kunde von dem am 18. Januar erfolgten Tode des Markgrafen, in diesem

---

[1] cf. R.T.A. VII p. 9 l. 8 f. Kerler bemerkt: Sigismund versprach, so rasch als möglich das Lager vor Frankfurt in üblicher Weise zu beziehen etc. Falsch sagt Ad. Kaufmann in der auf p. 103 Anm. 2 angeführten Schrift (im Separatabdr. 1879 p. 37 unten): Sigmund gab .. zu erkennen, daís er .. das — bei Doppelwahlen übliche (!) — Lager vor der Wahlstadt beziehen werde, etc. Es sei nur bemerkt, daís a. 1400 doch keine Doppelwahl war, und doch lagerte Ruprecht. Quidde (in der angeführten Schrift) p. 42: .. Sigmund kündigte seine Absicht an, ein Lager vor Frankfurt zu beziehen (über Quidde noch später). cf. noch H. Finke, König Sigmunds reichsstädt. Polit. v. 1410—1418, Bocholt. 1880. p. 14, 6.

noch einen ebenbürtigen Rivalen sehen müssen, so läfst sich das
angesichts der Thatsache, dafs Sigismund, wie wir sehen werden,
auch dann noch, als ihm der Tod Josts schon lange bekannt war,
an seiner Absicht, sich zu lagern, festhielt, nicht halten. Wenn
irgend etwas, so beweist dies, dafs er sich nicht wegen seiner
zwistigen Wahl der Lagerfrist unterziehen wollte — wie hätte er
sich auch zu dem Eingeständnis herbeilassen können, dafs er nur
ein in Zwiespalt Erwählter sei und demnach kein unantastbares
Recht auf die römische Königswürde habe? — sondern deshalb,
weil er als ein erwählter römischer König dazu verpflichtet sei.

Der Zweck des Lagers war eben jetzt thatsächlich der, jedem
der da wolle, noch Gelegenheit zum Protest gegen die Wahl und
den Gewählten zu geben. Übrigens war es wohl nicht allein Sigismund, der unter diesem Gesichtspunkt das kunglich leger vor
Frankfurt auffafste, sondern auch der gegen ihn Erhobene, Jost,
scheint über dasselbe derselben Ansicht gewesen zu sein und in
den seiner Krankheit vorhergehenden Wochen auch seinerseits
Vorkehrungen zur Abhaltung seines kunglich legers getroffen zu
haben. Wenigstens berichtet Andreas Presbyter Ratisbonensis[1]):

Jodocus vero ad obsidionem Frankfordiae secundum
morem electi in Romanorum regem se praeparavit; dum
haec fierent, Jodocus ipse moritur et in Brunna civitate
Moraviae . . . tumulatur.

Nennt Andreas auch fälschlich das Lager eine obsidio, so wird
seine Nachricht doch wohl auf Glaubwürdigkeit Anspruch erheben
dürfen. Darnach zu urteilen hatte also anscheinend auch Jost
schon bald nach seiner Wahl das Lager vor Frankfurt in Erwägung gezogen, aber nicht etwa deshalb, weil er in Zwiespalt erwählt war, sondern augenscheinlich darum, weil ein jeder römischer
König sich nach seiner Wahl vor der Wahlstadt lagern müsse[2]).

Auf die Weise vereinigte sich aber nach der Doppelwahl des
Jahres 1410 alles, um den Frankfurtern recht zu Gemüte zu führen,
wie wertvoll und kostbar für sie das am 9. Oktober 1400 den
Kurfürsten entlockte Zugeständnis war, dafs nämlich ein jeder neu

---

[1]) chronicon generale bei B. Pez, thesaurus anecdotorum novissimus
tomus IV pars III p. 024, 31 ff.

[2]) Auf den bei Eberhard Windeck (Mencken SS. I p. 1089 u. 1090)
sich findenden Bericht, demzufolge Jost wirklich die Absicht gehabt haben
soll, gen Frankfurt zu ziehen, können wir erst später eingehen.

gewählte römische König 6 Wochen und 3 Tage vor Frankfurt auf
dem Felde lagern müsse, bevor er die Stadt betreten dürfe. Und
mochte nun auch die Eventualität, die schon bedenklich nahe gerückt schien, daſs beide neu Gewählte vor Frankfurt gezogen wären
und sich vielleicht unter den Mauern der Stadt geschlagen hätten,
durch den frühen Tod Josts beseitigt sein, so war die Situation
für die Wahlstadt doch selbst da noch allzu bedenklich, als daſs
sie auf die Auslagerung der Anleitefrist von Seiten Sigismunds
hätte Verzicht leisten dürfen. —

Wenn aber dieser, teils in der richtigen Erkenntnis hiervon,
teils im Hinblick auf das kurfürstliche Gutachten des Jahres 1400,
sich als ein römischer König zu lagern gedachte, so kann man von
vornherein annehmen, daſs er bei einem solchen Vorgehen nur im
Einverständnis mit seinen Wählern, den Kurfürsten von der Pfalz
und von Trier, gehandelt haben und vor Allem mit ihnen über die
Rechtsfrage, ob ein Lager nach jeder Wahl einzutreten habe oder
nicht, völlig einig gewesen sein wird.

In dem an die Burggräfin Elisabeth von Nürnberg gerichteten
Schreiben Ludwigs von der Pfalz, in dem er ihr (am 28. Mai 1411)
von der Absicht Sigmunds meldet, herafs gein Dutschen landen
und fur Franckfurd zu ziehen[1]), ist freilich die Rechtsanschauung
Ludwigs bezüglich des Lagers nicht recht erkennbar, klar und deutlich tritt sie dagegen in Folgendem hervor: Am 7. Juni[2]) begehrte
Ludwig von den Frankfurtern für König Sigmund und für sich Zufuhr
von käuflichen Gegenständen in das Lager, welches der König vor
ihren Thoren aufschlagen wolle: als der . . . her Sygmond Romischer
konig . . . iczunt herafs gein Dutschen landen zuhet und sinen leger
fur Franckfurd meinet zu tun, als dann eim Romischen kunig zu-
gehoret. Hiernach kann es keinem Zweifel mehr unterliegen, daſs
Ludwig das Lager nicht nur als ein herkömmliches — das möchte
in dem „sinen leger" angedeutet sein — betrachtete, sondern ihm
auch nach einer jeden Wahl Giltigkeit zuerkannte.

Und es versteht sich eigentlich von selbst, daſs auch der Kurfürst von Trier, der doch das Gutachten vom 9. Oktober 1400 mit
hatte zu stande bringen helfen, derselben Ansicht gewesen sein
wird, wenn er ca. Juni 7 durch Friedrich von Sachsenhausen den

[1]) R.T.A. VII n. 71 p. 119, 32 f.
[2]) R.T.A. VII n. 95 p. 139. 21 ff.

Frankfurter Rat ersuchen liefs, ime zu dem . . leger ufs Frankfurt
lassin zu folgen fruchte . . und andere notdorft etc.[1]).

In dem nämlichen Sinne schrieb wohl auch der kurpfälzische
Notar Jakob von Alzei am 9. Juni an den Frankfurter Stadtschreiber Heinrich[2]):

> dafs unser herren von Triere und min herre herzog Ludwig
> ee fur Frankeford ligen, dan (als) daselbst inkomen wer-
> den, als verre anders unser herre der Romsche konig, der
> in enbodten hat, sich kurzlich heruss zu laude zu fugen
> und vor Franckefurd zu legern, also komen wirdet[3]).

Hiermit war noch die Möglichkeit berührt, dafs die Wähler
Sigismunds der an sie vom Erzbischof Johann von Mainz ergangenen Einladung, sich nach dem Tode Josts, für dessen Erhebung sich Johann in ähnlicher Weise wie seiner Zeit für diejenige
Ruprechts abgemüht hatte, am 11. Juni zu einer Neuwahl in Frankfurt einzufinden[4]), Folge leisten würden.

Am 10. Juni dagegen meldete ein vertrauter Rat[5]) des Kurfürsten Ludwig, Johannes Winheim, dem Stadtschreiber Heinrich
von der Weigerung der Kurfürsten von Trier und von der Pfalz,
und auch des Erzbischofs von Köln, zur Vornahme einer aber-
maligen Wahl nach Frankfurt zu kommen[6]). Er fährt dann fort[7]):

> auch lafs ich uch wissen, das der kunig min herren dem
> herzogen und auch mim herren von Trier geschriben und
> embotten hat, er wolle unverzuglichen herufs gein Dutschen
> landen und fur Francfurt ziehen als ein Romischer kunig.
> Und min herre der herzog und auch min herre von Triere
> stellent sich auch mit allen sachen darzu, als balde er
> komme, daz sie dann mit im also fur Franckfurt ziehen.

Es war nur schlimm, dafs Sigmund trotz alledem nicht kam,
obwohl er erklärt hatte, am 11. Juni[8]), zu derselben Zeit, wo der

---

[1]) R.T.A. VII n. 94 p. 139, 2 f.
[2]) R.T.A. VII n. 73 p. 121.
[3]) ib. p. 121, 15 ff.
[4]) cf. R.T.A. VII p. 90. 31 ff.
[5]) cf. R.T.A. VII p. 90. 38.
[6]) R.T.A. VII n. 75 p. 123, 14 ff.
[7]) R.T.A. VII p. 123, 18 ff.
[8]) cf. R.T.A. VII n. 72 p. 120. l. 29. n. 77 p. 124. 16 ff.

Erzbischof von Mainz eine Neuwahl vorzunehmen beabsichtigte, sein
Lager vor Frankfurt beziehen zu wollen[1]).

Der Umstand, dafs auf den 11. Juni Johann nach Frankfurt
die Kurfürsten geladen hatte, erforderte von Seiten der Wähler
Sigismunds, die es zu keiner Neuwahl kommen lassen durften, energisches Handeln. Dies sah auch der Erzbischof von Trier ein.
Mochte Sigmund auch säumen, er beschlofs, sich vor Frankfurt zu
lagern. Am 10. Juni schrieb Frankfurt an Dortmund[2]), wie ihnen
iczunt gesagit sei, das der herre von Triere uf hient (heut oder
gestern zu Nacht oder Abend)[3]) bi vier milen nahe bi Frankfurd
ligen wulle und uf morne sich vur Frankfurt legern. In der That
führte der Trierer diesen Plan aus, am 11. Juni. Uf unsers herren
lichamstag (Juni 11) . . legerte sich unser herre von Trier vur
Franckenfurd[4]) wol mit 4 dusent pherden des kuniges von Ungern
als eins Romschen kuniges zu warten[5]) und mit im als eim Romischen kunige zu ligen[6]). Freilich harrte er nicht lange aus, am

---

[1]) cf. Quiddes Auffassung über Sigmunds Lager etc. p. 18 seiner
Schrift: (l. 4) „zum 11. Juni hatte auch Sigmund sein Erscheinen in Frankfurt (doch wohl vor Frankfurt?) in Aussicht gestellt, und die pfälzische
Partei rüstete, um ihn mit Heeresmacht zu unterstützen. Denn da die
1. Wahl (20. Sept. 1410) eine zwiespältige war, so hätte Sigmund, wie früher
Günther und Ruprecht, um Einlafs in Frankfurt zu finden, erst 6 Wochen
und 3 Tage sein Lager vor der Stadt beziehen müssen." Diese Bemerkungen
werden sich unseren Ausführungen gegenüber nicht halten lassen. Sigismund wollte sich nicht wegen seiner zwiespältigen Wahl lagern, sondern im
Hinblick auf das kurfürstliche Gutachten vom 9. Okt. 1400 kurzweg als ein
erwählter römischer König. — Nach Quidde könnte man glauben, als ob auch
Günther 6 Wochen und 3 Tage sein Lager vor der Stadt habe beziehen
müssen. Auf die Definition „Lager bei zwiespältigen Wahlen" werden wir
noch zurückkommen. — Erwähnt sei noch die Äufserung Aschbachs (in
der Gesch. Kaiser Sigismunds Bd. I p. 301, 2 ff.), der auch der Meinung war.
dafs Sigmund einzig und allein seiner zwistigen Wahl wegen ein Lager aufschlagen wollte: „da Jobst gestorben war, so konnte ein solches Lager entweder gegen Wenzel (!) oder gegen die Sigmunds Wahl bestreitenden Kurfürsten gerichtet sein." — Dafs eine solche Deutung mindestens künstlich ist.
wird wohl Jeder zugeben.

[2]) R.T.A. VII n. 74 p. 122, 22 f.

[3]) cf. R.T.A. VII p. 122 Anm. 3.

[4]) cf. R.T.A. VII n. 106 p. 148, 6 f.

[5]) cf. R.T.A. VII n. 112 p. 158. 18 ff.

[6]) cf. R.T.A. VII n. 103 p. 143 l. 37. p. 144. 1 ff.

14. Juni bereits brach er vor Frankfurt wieder auf[1]). Inzwischen
hatte der Mainzer Erzbischof am 11. Juni vergebens irgend einen
der von ihm geladenen Kurfürsten erwartet[2]). Sein Verbündeter,
der Kölner, hatte statt seiner zwar einen Machtboten geschickt,
aber dessen Anwesenheit genügte doch nicht, um den Wahlakt zu
beginnen und durchzuführen. Johann von Mainz verliefs infolgedessen unverrichteter Sache die Wahlstadt. Somit standen die
Sachen noch immer dergestalt, dafs Sigmund, der nur von zwei
Kurfürsten anerkannt war, und die Verwirklichung seines Planes,
sich als ein erwählter römischer König vor der Wahlstadt zu lagern,
immer weiter hinausschob, von dem andern Teile der Kurfürsten
als Usurpator betrachtet wurde.

Eben dies konnte aber den Frankfurter Rat, der es bis jetzt
verstanden hatte, sich Sigmund gegenüber in keiner Weise zu binden, nur veranlassen, auch fernerhin, soweit es möglich war, seiner
Verordnung vom 5. Oktober 1410, die der Bürgerschaft nach der
zwiespältigen Königswahl (Sigmund und Jost) strenge Neutralität
vorgeschrieben hatte, treu zu bleiben[3]). Dafs ihn in diesem Bestreben das kurfürstliche Gutachten vom 9. Oktober 1400, dem
Sigmund aus freien Stücken nachzukommen sich bereit erklärt
hatte, nur unterstützen konnte, liegt auf der Hand. Konnte man
doch Sigmund, der nach altem Brauch als ein römischer König
vor ihrer Stadt liegen wollte[4]), mit Recht vorhalten, dafs er durch
seine Wahl erst ein vorläufiges Anrecht auf die römische Königswürde erlangt habe, und daher vor Ablauf der Frist für Frankfurt noch kein rechter, sondern gleichsam nur ein künftiger König
sei. Daraus folgte natürlich, dafs man dem konige von Ungern,
der sich als ein Romscher konig vor Frankfurt meinte zu legern[5]),

[1]) cf. R.T.A. VII p. 158. 20.
[2]) cf. R.T.A. VII p. 91, 11 ff.
[3]) cf. R.T.A. VII n. 55 p. 87.
[4]) cf. Kerler. R.T.A. VII p. 91 l. 3 ff., der mit Recht bemerkt: „wohl
waren die Blicke der Wähler Sigmunds nach dieser Stadt (Frankfurt) gewandt, aber nur um vor ihren Mauern mit dem Manne, den sie erkoren, nach
altem Brauch ein Lager zu beziehen." Der „alte Brauch" war freilich erst
am 9. Oktober 1400 ohne Einschränkung auf zwistige Wahlen anerkannt.
[5]) R.T.A. VII n. 97 p. 140, 18 f.: Aufzeichnung über die Werbung des
kurpfälz. Abgesandten . . an den Frankfurter Rat in betreff der Zufuhr für
den Pfalzgrafen und sein Volk in das von König Sigmund beabsichtigte Lager
vor Frankf. 1411 nach Juni 7.

bis jetzt noch nicht das Prädikat eines römischen Königs erteilte und überhaupt sich jeder Dienstleistung, die auch nur den Schein einer Anerkennung Sigmunds erwecken konnte, im gegenwärtigen Augenblick zu enthalten suchen mußte. So verweigerte man denn mit Rücksicht auf die politische Lage dem Kurfürsten von der Pfalz am 10. Juni die erbetene Zufuhr in das Lager vor Frankfurt: als uwer furstliche gnade uns hat tun schriben von des legers wegen vor Franckfurd etc.[1]). Wie sehr man sich aber hütete, den ungarischen König bereits einen rechten gewaren Romschen konig zu nennen, ohne doch anderenteils das Faktum seiner Wahl zum römischen König zu ignorieren, das ersieht man aus einem für Dortmund bestimmten Schreiben Frankfurts vom gleichen Tage (10. Juni):

> unser herren der erzbischof von Triere und herzoge Lude-wig von Beiern . . stellen sich darzu das sie mit dem . . konige vpn Ungern, der sich des Romischen richs au-gonmmen habe, vur Frankfurd gar kurzlich legern wullen mit grosser gewalt . .[2])

Nichts aber ist bezeichnender, als daß die Frankfurter ein an sie gestelltes Verlangen des ungarischen Königs mit dem Hinweis auf eben das bevorstehende Lager, das er ja selbst für erforderlich zu halten scheine, abschlugen. Sie bewiesen dadurch, daß sie es verstanden, aus dem kurfürstlichen Gutachten vom 9. Oktober 1400 jeden für sie nur denkbaren Nutzen zu ziehen. Am 11. Juni näm-lich, dem Tage, der für Frankfurt so viel Unruhe mit sich brachte, an dem in der Stadt Johann von Mainz, vor der Stadt Werner von Trier anlangten, forderten, um die Verhältnisse für den Rat und die Bürgerschaft noch schwieriger zu gestalten, her Fridrich von Sassinhusen und her Romelean rittere im Namen Sigmunds von dem Rat, daz man ime des richs wapen und auch von Ungern wulle lassen uf hude corporis Christi (Juni 11) ufhenken zu Franck-furt[3]). Außerdem wünschte der König seine beiden Quartierhäuser durch eine bauliche Veränderung am Römer miteinander verbunden zu sehen. Hätte der Rat vor Allem dem ersten Verlangen ent-sprochen, so wäre das ein großes Zugeständnis und noch dazu ein bedeutungsvolles, welches man dem ungarischen König und seinen

---

[1]) R.T.A. VII n. 98 p. 140, 35 f.
[2]) R.T.A. VII n. 74 p. 122. l. 16 ff.
[3]) R.T.A. VII n. 99 p. 141, 18 ff.

Wählern gemacht hätte, gewesen. Da ein solches zu vermeiden war, so fragte es sich, wie der Rat sich aus dieser Klemme, ohne Sigmund zu verletzen, ziehen würde. In äufserst geschickter Weise entgegnete er: daz man des richs wapen ufzuslahen zu diser zid verziehin wulle nach geleginheit der sache, diewile er erst zu felde ziehen wulle und nit hie inne si [1]). Hiergegen liefs sich nichts sagen. Da Sigmund erst lagern wollte oder vielmehr mufste, so war es dem Rate nicht zuzumuten, dafs er schon jetzt, bevor der König hie inne und, können wir hinzufügen, ein wirklicher König si, das Wappen des Reichs in Frankfurt zusammen mit dem ungarischen aufhängen liefs. — Auch das andere Begehren beschied man abschlägig.

Wir erwähnen noch zwei Berichte, die, in Frankfurt abgefafst, die dort herrschende Ansicht wiedergeben. In dem einen [2]) heifst es (wir benutzten diese und die folgende Stelle schon vorhin) von dem Erzbischof von Trier: als derselbe erzbischof : . wol mit 4000 perden uf unsers herren lichamstag in das felt vur Franckenfurd kommen ist des kuniges von Ungern da zu warten und mit im als eim Romischen kunige zu ligen [3]), in dem andern [4]): zu der zid als . . der bischof von Triere wol mit 4 dusent pherden sich vur die stad legerten des kuniges von Ungern als eim Romschen kuniges zu warten [5]).

Wenn es aber ungeachtet aller Vorbereitungen und Ankündigungen seitens Sigmunds und seiner Wähler, der Kurfürsten von der Pfalz und von Trier, im Jahre 1411 nicht zu einem königlichen Lager vor Frankfurt kam, so könnte dies schon darin seine Erklärung finden, dafs Sigmund sich auch nach seiner sogleich zu betrachtenden zweiten Wahl vom deutschen Boden fernhielt und weder in diesem Jahre, noch in den folgenden Jahren im Reiche sich zeigte. Da aber Sigmund, auch wenn er noch a. 1411 und nicht erst im Juli 1414 [6]) nach Deutschland gekommen wäre, sich schliefslich a. 1411 ebensowenig wie a. 1414 zu einem Lager hätte

[1]) R.T.A. VII p. 141, 24 ff.
[2]) R.T.A. VII n. 103 p. 143: Bericht über die Verhandlungen des Rats von Frankfurt mit den Bevollmächtigten des Erzbischofs von Trier und des von Mainz etc. (1411 Juni 12. Frankfurt.)
[3]) R.T.A. VII p. 143, 37. p. 144. 1 ff.
[4]) R.T.A. VII n. 112 p. 157.
[5]) R.T.A. VII p. 158, 14 f., besonders l. 18 ff. Art. 10.
[6]) cf. Aschbach, Bd. I p. 391 f.

bequemen müssen, so ist es klar, daſs mit dem Ausbleiben Sigismunds allein die Unterlassung des Lagers nicht genügend begründet ist. Vielmehr ist der Hauptgrund dafür in der plötzlich veränderten Gestaltung der Verhältnisse zu suchen, die dadurch herbeigeführt wurde, daſs Sigmund in einer gewiſs richtigen Auffassung der politischen Lage seine Wahl vom 20. September 1410 desavouierte[1]) und sich der von Johann von Mainz geführten Opposition gegenüber zu einer zweiten oder Neu-Wahl verstand. Diese ging, während Ludwig von der Pfalz und Werner von Trier, denen Sigmund seine erste Wahl verdankte, sich fern hielten, am 21. Juli in Frankfurt vor sich. Einen Tag nach der Wahl — die Sigmund, zumal er sich auch mit seinem Bruder Wenzel, dem Könige von Böhmen, verständigt hatte[2]), trotz der Abwesenheit der für den Augenblick wohl etwas gereizten Kurfürsten von der Pfalz und Trier immerhin für eine einmütige ausgeben mochte — richteten die Wähler Sigmunds an die Frankfurter Ratsfreunde folgendes Begehren[3]):

> so daz ist daz der . . Romsche konig gein Franckenfurd kompt, daz man in dann ungehindert inlassen wulde und im gehorsam sin und thun als sie eim Romischen konige billich tun sulden. wan unserr herren der korfursten meinunge ist, das keins legers vor Franckenfurd not si, diewile der einmudeclich gekorn si. und si besser, daz er solich gelt, daz er vor Franckenfurd virzeren muste, in andere des reichs notdorftigen sachen virzere und anlege dem heilgen riche zu nucze und zu staden.

Aber hatte denn, so muſs man auf Grund dieser Bemerkung verwundert fragen, Sigmund nach seiner ersten Wahl lagern wollen, weil er nicht einmudeclich gekorn war? Spricht nicht im Gegenteil alles dafür, daſs er im Einverständnis mit seinen damaligen Wählern, den Kurfürsten von der Pfalz und Trier, unter Berücksichtigung eines kurfürstlichen Gutachtens, demzufolge jeder neu gewählte römische König 6 Wochen und 3 Tage vor Frankfurt hätte liegen müssen, als ein electus Romanorum rex sein königliches Lager hatte abhalten wollen? Und weiter. Ist es nicht so gut wie

---

[1]) cf. hierüber und über das Folgende Kerler, R.T.A. VII p. 93. 36 ff.. p. 94, 95 und 96.
[2]) cf. R.T.A. VII p. 93, 6 ff., 16 ff.
[3]) R.T.A. VII n. 108 p. 154. 1411 Juli 22 Frankfurt. l. 16 ff.

selbstverständlich, dafs Johann von Mainz und Friedrich von Köln,
die am 9. Oktober 1400 im Verein mit Werner von Trier das erwähnte Gutachten abgegeben, und die nach Ruprechts Tode Jost,
jetzt aber am 21. Juli Sigmund gewählt hatten, bis dahin über
das Lager derselben Ansicht gewesen sein müssen, wie Ludwig
von der Pfalz und ihr Parteigänger aus dem Jahre 1400, Werner
von Trier? Denn auf wessen Veranlassung sonst, wenn nicht auf
die ihrige hin, hätte wohl Jost nach seiner Wahl sich bereit erklären sollen, als ein erwählter römischer König vor Frankfurt zu
lagern? — Und nur unter der Voraussetzung, dafs auch die Erzbischöfe von Mainz und Köln, die, wie am 1. Oktober 1410, so
auch am 21. Juli 1411 die einzigen in Person erschienenen Kurfürsten waren und sich nicht hatten vertreten lassen[1]), bislang noch
dem Lager nach einer jeden Wahl, mochte sie eine einmütig vollzogene sein oder nicht, Giltigkeit zuerkannt hatten, wird es ja
auch recht verständlich, warum man es für nötig hielt, die Frankfurter in dem angeführten Sinne zu belehren.

Den genannten zwei Fürsten schwebte eben das von ihnen
selbst abgefafste Gutachten vor, dessen Inhalt dem Interesse
Ruprechts angepafst und von den Frankfurtern dankbar acceptiert
worden war.

Diese a. 1400 am 9. Oktober über die Auslagerung der Anleitefrist geschaffene Rechtsbestimmung nun, auf die hin sowohl
die Wähler Josts, als auch diejenigen (vom 20. September 1410)
Sigmunds ihren electus, der von ihnen nicht als ein in Zwiespalt
Gewählter hatte ausgegeben werden dürfen, unbedenklich hatten
auffordern können, ja müssen, gen Frankfurt zu ziehen und dort
zu lagern, war natürlich nach einer einmütigen Wahl, wofür die
am 21. Juli vor sich gegangene gelten konnte, nur zu sehr geeignet,
sich unbequem bemerkbar zu machen. Hatten es die Kurfürsten
zweifellos nach der Doppelwahl dankbar empfunden, dafs sie unter

[1]) Jost war gewählt worden durch Johann von Mainz und Friedrich
von Köln und den Bevollmächtigten von Brandenburg (indem sich Jost als
Kurfürst von Brandenburg gerierte) und denjenigen von Böhmen. Denselben
Tag gab der Gesandte Rudolfs von Sachsen noch nachträglich seine Stimme
für Jost ab (Aschbach I p. 292 f.). Am 21. Juli wählten Johann von
Mainz und Friedrich von Köln und die Bevollmächtigten Böhmens und
Sachsens. Johann von Nürnberg gab in Vertretung Sigmunds (in dessen
Eigenschaft als Kurfürst von Brandenburg) die brandenb. Stimme für Sig-
mund ab (Aschbach I p. 306 f.).

Berufung auf eben jene Bestimmung ein etwaiges längeres Lager
ihres Erwählten vor Frankfurt hätten rechtfertigen können, so er-
hob sich jetzt dagegen die Besorgnis, daſs die Frankfurter auch
jetzt noch sich auf den Wortlaut des ihnen vormals erteilten Weistums steifen und behaupten würden, daſs ein jeder König, und somit auch der einmütig gewählte Sigmund, sich der Anleitefrist zu
unterziehen habe, da doch ein energischer Protest gegen eine Wahl
vor Ablauf der Frist noch gestattet sei. Um dies zu verhindern
und den Frankfurtern die ihnen a. 1400 in die Hand gegebene
Waffe wieder zu entreiſsen, muſsten sich Johann von Mainz und
Friedrich von Köln in einer für sie deprimierenden Weise dazu
verstehen, das nämliche Gutachten, das sie erteilt, umzustoſsen.

Anstatt aber, wie am 30. August 1400 [1]), erklären zu lassen,
daſs Sigmund einmudeclich von den korfursten erkorn si, und
darumb solich spann nit si, als obe die kurfursten ein teil einen
konig gekorn hetten und die andern einen andern etc., und demnach der Anleitefrist wieder wie damals nur Berechtigung nach
einer Doppelwahl zuzugestehen, wozu ein Blick auf die nach Sigmunds erster Wahl eingetretenen Ereignisse hätte auffordern können,
begründete man das Unnötige eines Lagers vielmehr nur damit,
daſs Sigmund einmudeclich gekorn si. Unter den Begriff einer
nicht einmütigen Wahl aber, auf die somit das Lager beschränkt
werden sollte, fällt doch aber ganz entschieden nicht nur eine
Doppelwahl, sondern auch die eines Gegenkönigs, mochte eine
solche nun wie a. 1400 gegen einen legitimen, oder wie a. 1349
gegen einen illegitimen Herrscher gerichtet sein. Man ließ sich
also jetzt auf fürstlicher Seite zu der Äuſserung herbei, daſs das
Anleiteverfahren bei zwistigen Wahlen, d. h. bei einer Doppelwahl
oder der Wahl eines Gegenkönigs, auf alle Fälle zur Anwendung
zu kommen habe. Und diesen Rechtsstandpunkt, der sich von
jedem früheren, den die Fürsten sich bezüglich des Lagers vor
Frankfurt seit 1349 zeitweilig angeeignet hatten, von Grund aus
unterschied, da man die Lagerfrist entweder nur nach der Wahl
eines Gegenkönigs, der gegen einen legitimen König erkoren sei
(a. 1349), oder nur nach einer Doppelwahl (30. Aug. 1400), aber
nicht nach zwistigen Wahlen überhaupt hatte gelten lassen wollen,
diesen Rechtsstandpunkt nahm man jetzt plötzlich ein, um dadurch
dem Weistum vom 9. Oktober 1400, auf das hin das Lager nach

---

[1]) R.T.A. IV n. 136 p. 151, 30 ff.

einer jeden Wahl hätte abgehalten werden müssen, jede Giltigkeit abzusprechen. Offenbar scheuten sich Johann und Friedrich, die a. 1400 mit Werner von Trier stets die Einmütigkeit von Ruprechts Wahl hatten betonen lassen, jetzt nicht, um nur aus dieser unangenehmen Lage, in die sie ihre an Widersprüchen so reiche Politik den Frankfurtern gegenüber gebracht hatte, herauszukommen, auch die Wahl des Jahres 1400 als eine zwistige ebenso wie die Doppelwahl des Jahres 1410 zu bezeichnen. Liefs sich doch dann ihre jetzige Haltung, die mit ihrem bisherigen Verfahren in krassem Widerspruche stand, wenigstens mit dem Hinweis auf die nackten Thatsachen rechtfertigen. Dafs sich aber Johann und Friedrich ihres eines festen Prinzips entbehrenden Verhaltens hinsichtlich der Lagerfrist wohl bewufst waren und eben darum den Gründen, durch die sie das Überflüssige des Lagers im gegenwärtigen Falle darthun wollten, nicht allzu viel Überzeugungskraft bei den Frankfurtern zuschrieben, zeigt vielleicht nichts besser, als dafs sie aufser der Einmütigkeit der Wahl noch einen Grund äufserst materieller Natur, der gegen das Lager einnehmen müsse, hervorzuheben für gut fanden: Und si besser, daz er (Sigmund) solich gelt, daz er vor Franckenfurd virzeren muste, in andere des reichs notdorftigen sachen virzere und anlege dem heilgen riche zu nucze und zu staden. Dieses Moment würde, so dachte man wohl, wenn der Rechtsgrund nicht verfangen würde, bei den reichstreuen Frankfurtern seinen Eindruck nicht verfehlen.

Die peinliche Situation aber, in die Johann und Friedrich durch ihr Bemühen, ein Lager Sigmunds vor Frankfurt zu verhindern, versetzt wurden, wurde dadurch noch erhöht, dafs sie zu dem Ende die erste Wahl Sigmunds, der jetzt erst einmütig gewählt sei, als eine in Zwiespalt geschehene und demnach auf jede Weise anfechtbare bezeichnen mufsten. Entsprach das freilich auch dem wahren Sachverhalt, und schien es auch Sigmund selbst durch seine Bereitwilligkeit, sich zum zweiten Mal wählen zu lassen, eingeräumt zu haben, so war es doch ohne Frage sehr unangenehm, dies offen auszusprechen und noch dazu sobald nach der Wahl, wo man gewifs das Bestreben haben mufste, alles, was irgendwie die Empfindlichkeit des Neugewählten reizen konnte, zu vermeiden.

In der That mufs es denn auch während der Verhandlungen, als deren Ergebnis man die am 22. Juli an Frankfurt gerichtete Aufforderung betrachten kann, hierüber zu Auseinandersetzungen zwischen Johann und Friedrich auf der einen und den Bevoll-

mächtigten Sigmunds und Wenzels auf der anderen Seite gekommen sein, — Auseinandersetzungen, deren Inhalt wir freilich
nur erraten können, deren Nachwirkung aber wohl noch in Folgendem bemerkbar ist.

Der dem Berichte über die Werbung vom 22. Juli angehängten
Liste zufolge[1]) wohnten von fürstlicher Seite aufser dem Machtboten des Kurfürsten von Sachsen und den Machtboten der Erzbischöfe von Mainz und Köln noch zwei Fürsten der mit den Frankfurter Ratsherren gepflogenen Unterhandlung bei: unser herre von
Wirzburg und unser herre burggrave Hans von Nurenberg[2]), von
denen jener[3]) in dem Wahlbericht und in dem Wahlmanifest unter
den Machtboten König Wenzels, dieser[4]) als Bevollmächtigter Sigmunds als Markgrafen von Brandenburg erscheint. Da uns beide
am 22. Juli nicht als Vertreter Böhmens und Brandenburgs genannt werden, so ist die Vermutung gerechtfertigt, dafs sich Johann
von Würzburg und Johann von Nürnberg wohl geweigert haben
werden, indem sie fürchteten, sonst bei den beiden Brüdern, deren
Interessen jetzt identisch waren, anzustofsen, ihre Vollmacht auch
auf diese heikle Angelegenheit, die sie zwang, Sigmunds erste Wahl
für illegitim zu erklären, auszudehnen[5]).

Erschienen sie trotzdem bei der Werbung, wodurch sie für
ihre Person ihr Einverständnis mit dem von den Kurfürsten von
Köln und Mainz eingeschlagenen Verfahren bekundeten, so geschah
das wohl infolge der Bitten Johanns von Mainz und Friedrichs von
Köln, die ihr Möglichstes thun mufsten, um das Fernbleiben der
Gesandten Böhmens und Brandenburgs bei dieser Gelegenheit, bei
der sich die Wähler Sigmunds den Frankfurtern gegenüber doch

[1]) R.T.A. VII p. 154, 33 ff.
[2]) R.T.A. VII p. 154, 34 u. 35.
[3]) R.T.A. VII n. 67 p. 111, 33. n. 68 p. 116, 34 f.
[4]) R.T.A. VII n. 67 p. 111, 37 f. n. 68 p. 116, 38 f. cf. R.T.A. VII p. 154
Anm. 3.
[5]) cf. R.T.A. VII p. 154 Anm. 3 l. 45 b. Kerler sagt: „Da die beiden
ersten (Johann von Würzburg und Hans von Nürnberg) hier nicht als Gesandte Wenzels und Sigmunds ausdrücklich genannt werden, so ist freilich
nicht ganz sicher, ob sie als solche hier auftreten; doch dürfte es als höchst
wahrscheinlich angesehen werden." — Eine solche Annahme erscheint uns in
anbetracht der grofsen Sorgfalt, mit der solche Schriftstücke abgefafst wurden, eigentlich nicht recht denkbar. Denn Kerler scheint doch wohl ein
zufälliges Übergehen des den genannten Fürsten in ihrer Eigenschaft als
Machtboten zustehenden Titels nicht für ausgeschlossen zu halten.

notwendig einig zeigen mußten, zu verhindern. Der auf die Weise geschaffene Kompromiß aber, daß sich Johann von Würzburg und Hans von Nürnberg zwar zur Teilnahme an der für Frankfurt bestimmten Darlegung bereit finden ließen, aber ausdrücklich nicht in ihrer Eigenschaft als Vertreter ihrer Herren, mag den Kurfürsten von Mainz und Köln wesentlich dadurch erleichtert sein, daß sie mit Recht bemerken konnten, wie ihr Bemühen doch nur darauf gerichtet sei, eine für den Neugewählten lästige Bestimmung, über deren Beseitigung Sigmund froh sein müsse, aus der Welt zu schaffen.

Es war jetzt abzuwarten, wie die Frankfurter das Begehren der Wähler Sigmunds aufnehmen würden.

daruf han, wie es in der Aufzeichnung heißt, des rads frunde in (den Wählern) wider geantwort[1]): der rad und burgere sin solicher einmudiger kore in herzen erfrauwet und habin auch den vorgnanten (Sigmund) unsern gnedigen herren den Romschen konig gerne zu herren. und waun sin gnade komme, so meinen sie im gehorsam zu sin und zu thun als eim Romschen konige als sie billich sollen. und getruwen auch sinen gnaden wol, daz sin gnade dem rade und stad wiederumb thu mit confirmerunge irer privilegien gnade und friheide und anders das in not si. und si in auch lieber, das kein leger von des richs wegin vor Franckenfurd sin bedorfe, dan ein leger sin muste, wann der rad und stad solicher leger halber zu andern ziden grossen schaden gehabt und gelidden haben.

In anbetracht der Genugthuung, die Rat und Bürgerschaft über die einmütige Kur ausdrücken ließen, und in anbetracht dessen, daß sie Sigmund unbedenklich ihren gnedigen herren den Romschen konig nannten, berührt es eigentümlich, daß sie auf das Begehren der Fürsten: so daz ist daz der . . Romsche konig gein Franckenfurd kompt, daz man in dann ungehindert inlassen wulde und im gehorsam sin und thun als sie eim Romischen konige billich thun sulden, daß sie darauf mit Übergehung der auf das inlassen bezüglichen Partie nur entgegneten: Und wann sin gnade komme, so meinen sie im gehorsam zu sin und zu thun als eim Romschen konige als sie billich sollen.

---

[1]) R.T.A. VII p. 154, 23 ff.

Es fragt sich, was sie mit dieser natürlich nicht zufälligen Auslassung bezweckten. Gegen die Annahme, daſs sie es dadurch hätten vermeiden wollen, bezüglich des Einlasses bindende Zusicherungen zu machen, spricht, um davon ganz abzusehen, daſs sie ja Sigmund als eim (wirklichen) Romschen konige gehorsam sin wollten und ihm daher doch auch die Thore sofort öffnen muſsten, auch der Umstand, daſs sie ja nacher mit der Bemerkung: und si in auch lieber, das kein leger .. sin bedorfe, dan ein leger sin muste etc., offenbar den Wählern des Neugewählten, die sich gegen das Lager in diesem Falle ausgesprochen hatten, Recht gaben. Dann war doch aber die Aufnahme Sigmunds selbstverständlich. Warum dann aber im Anfang eine so unvollständige Wiedergabe der dem fürstlichen Verlangen entnommenen Worte? — Die Antwort giebt vielleicht Folgendes: Man beachte, daſs sie nicht sagten: Und si in auch lieber das kein leger .. sin muste, dan ein leger sin muste, sondern: das kein leger sin bedorfe, dan ein leger sin muste etc. Sie räumten demnach wohl nur ein, daſs nach Sigmunds zweiter Wahl ein Lager nicht nötig sei (bedorfe), aber nicht, daſs aus der Einmütigkeit der Wahl schon von selbst sich das Überflüssige des Lagers ergeben habe. Denn das hätte unfraglich in den Worten „das kein leger sin muste" gelegen. Im Gegenteil, sie schienen die Ansicht zu verfechten, daſs man auch von einem einmütig Erwählten mit gutem Recht die Anleitefrist fordern könne, wenn auch zuzugeben sei, daſs in derartigen Fällen Verhältnisse, wie im gegenwärtigen Moment, eintreten könnten, auf Grund deren man mit gutem Fug behaupten dürfe: das kein leger sin bedorfe. Schienen sie doch auch mit der Bemerkung, daſs man solicher leger halber zu andern ziden grossen schaden gehabt und gelidden haben[1]), andeuten zu wollen, daſs derartige kungliche leger sonst stets abgehalten worden seien, somit genau genommen auch Sigmund sich einem Lager unterziehen müsse. Und vielleicht darum, um in den Wählern Sigmunds nicht den

---

[1]) Freilich wird bei dem leger auch an dasjenige Werners von Trier zu denken sein, der sich, wie wir sahen, am 11. Juni vor der Stadt lagerte, aber bereits am 14. Juni wieder aufbrach. Aus Unmut offenbar darüber, daſs Frankfurt keine Zufuhr ins Lager gewähren wollte. hatte er groſse Verwüstungen vor der Stadt angerichtet. cf. R.T.A. VII p. 154 Anm. 2, p. 143, 37, p. 144, 1 f., p. 145, 30 ff.; ferner R.T.A. VII n. 109 p. 155 und n. 110 ibid. Auf die in no. 109 und 110 das Lager betreffenden Stellen einzugehen, ist unnötig, da sie für uns nicht von Belang sind.

Glauben zu erwecken, als ob für sie, die Frankfurter, schon mit einer einmudigen kore der sofortige Einlaß eines römischen Königs stets entschieden sein könne, vielleicht darum umging man es, die Worte der Bitte, daz man in dann ungehindert inlassen wulde, die in derselben noch dazu an erster Stelle standen, in die sich an die Bitte anlehnende Antwort hinüberzunehmen. Es ging ja auch ohne das deutlich genug aus der Entgegnung hervor, daß man dem Neugewählten bei seiner Ankunft keine Schwierigkeiten zu bereiten gedachte.

Die Frankfurter wollten offenbar die sofortige Aufnahme Sigmunds nicht als einen Präzedenzfall dafür angesehen wissen, daß ein einmütig Gewählter sich der Anleitefrist vor ihrer Stadt nicht zu unterziehen habe. Während demnach die Wähler Sigmunds durch die Beschränkung des Lagers auf zwistige Wahlen das kurfürstliche Gutachten vom 9. Oktober 1400 jetzt völlig ignorierten, modificierten die Frankfurter, in der richtigen Erkenntnis, daß dasselbe ihnen unter Umständen noch von großem Nutzen sein könne, den Inhalt desselben nur insofern, als sie erklärten, daß ein Lager zwar auch nach einer einmütigen Wahl streng genommen immer einzutreten habe, aus besonderen Gründen aber auch 'wohl ausfallen dürfe. Auf die Weise hielt man sich doch immerhin die Möglichkeit offen, im Notfall auf das Weistum vom 9. Oktober 1400 zu rekurrieren, und unter Berufung auf dasselbe es wieder auszusprechen, daß ein jeder neu Gewählter, der durch seine Wahl erst ein vorläufiges Anrecht auf die römische Königswürde zu erlangen pflege, sich vor der Wahlstadt lagern müsse. Wenn aber die Frankfurter den Fürsten darin bestimmten, daß ein Lager von Sigmund nicht abzuhalten sei, zugleich aber augenscheinlich der Auffassung zuneigten, daß durch eine einmütige Wahl die Auslagerung der sechswöchentlichen Frist durchaus nicht immer ausgeschlossen sei, so ist es klar, daß sie den von den Wählern gegen die Lagerfrist geltend gemachten Rechtsgrund, das Sigmund einmudeclich gekorn si, nicht als den einzig und allein den Ausschlag gebenden Grund hinstellen durften. Und wohl eben darum begründete man den Fürsten gegenüber, die ihrerseits durch die Bemerkung, daß das für das Lager erforderliche Geld besser verwandt werden könne, den Frankfurtern eine derartige Äußerung sehr nahe gelegt hatten, die Thatsache, daß es in auch liber si, wenn kein leger sin bedorfe, mit den schon von uns besprochenen Worten, daß man solicher leger halber zu andern ziden grossen schaden gehabt und gelidden haben.

Daſs die Fürsten, denen freilich bindende Zusicherungen hinsichtlich der Aufnahme Sigmunds von seiten Frankfurts gemacht worden waren, allzusehr über die Antwort der Frankfurter erbaut gewesen sein werden, kann man wohl kaum behaupten wollen. Zwar heiſst es in der Aufzeichnung weiter [1]): soliçh antwort si (die Fürsten) auch gnediclich ufgnommen han und meinen auch daz gnediclich an unsern herren den konig zu brengen. Wenn man aber bedenkt, daſs die Fürsten in ihrem Bestreben, die Frankfurter ein für alle Mal von dem ihnen vormals erteilten Gutachten abzubringen und sie zu einer Einschränkung des Lagers auf zwistige Wahlen zu bewegen, gescheitert waren, so wird man vermuten dürfen, daſs die Freude, die man über die Bereitwilligkeit der Frankfurter, Sigmund ohne Zögern in die Stadt zu lassen, empfunden haben wird, nicht ganz ungetrübt gewesen sein wird. Vor Allem Johann von Mainz und Friedrich von Köln werden voll Ärger erkannt haben, daſs sich im weitesten Umfang gemachte Zugeständnisse nur schwer mit Zustimmung derjenigen, die ihrer teilhaftig wurden, widerrufen lassen. Doch mochte man sich wohl damals mit der Hoffnung trösten, daſs kaum Zeitumstände eintreten würden, in denen es der Wahlstadt einfallen könne, auch nach einer einmütigen Wahl unter Berufung auf das Gutachten vom 9. Oktober 1400 die Auslagerung der Anleitefrist von dem Neugewählten zu verlangen. — Langen Reflexionen über solche Eventualitäten wird man sich aber um so weniger hingegeben haben, da für den Augenblick doch die Hauptsache war und blieb, daſs Sigmund auf ungehinderten Einlaſs in Frankfurt rechnen konnte. — Das übrige muſste der Zukunft überlassen bleiben. —

Es ist klar, daſs die Fürsten, die am 22. Juli die Sache so darstellten, als ob der römische König nach seiner ersten Wahl sich wegen seiner zwiespältigen Wahl habe lagern wollen, sich damit an dem wahren Sachverhalt eine Fälschung erlaubten. Diese konnte ihnen aber um so eher gelingen, als das Faktum der Doppelwahl des Jahres 1410 und späterhin die Thatsache, daſs sich Sigmund, als er im Jahre 1414 nach Deutschland kam, keiner Lagerfrist zu unterziehen hatte, ihnen Recht zu geben schienen. Ein bezeichnendes Beispiel dafür, wie rasch den Zeitgenossen schon die richtige

[1]) R.T.A. VII p. 154. 31 f.

Erkenntnis der der Doppelwahl sich anschliefsenden Ereignisse
entschwand, bietet Eberhard Windeck. Dieser erzählt, nachdem
er die Wahl Sigmunds und Josts kurz berührt hat[1]):

> In der weille so sant konig Sigmund zu marggraffen
> Jobsten von Merhern seinen vettern, und lis in fragen, ob
> er gein Franckfurt ziehen wolt, das romisch reich zu be-
> halten. do empot er ime, Jo, er wolt Romisch konig wer-
> den und gein Franckfurt zihen. Do empot Ime konig
> Sigmund, Er wolte gein Mehern zihen und beraite sich
> auch darzu mit lewten und mit gut. In dem wolt got das
> marggraff Jobst starb . .

(Dann folgen einige Bemerkungen über Jobst, seinen Charakter etc.
Im folgenden Kapitel wird der Faden der Erzählung wieder aufgenommen.)[2])

> Also du denn vor gelesen hast, das konig Sigmund von
> Ungern sich besammet hette, gein Merhern zu zihen, in
> dem kam Im botschaft, das bischoff Johann von Meinze
> und bischoff Friderich von Kolne Ime die kure auch geben
> hetten zu dem romischen reich, also der marggraffe
> tot was.

Fürs erste sei bemerkt, dafs Windeck, demzufolge Sigmund
nach Mähren hat aufbrechen wollen, um sich dort wohl mit Jost
— dessen Tod übrigens doch nicht, wie man nach Windeck glauben
könnte, erst kurz vor der zweiten Wahl des ungarischen Königs
eintrat — zu schlagen, diese Absicht offenbar bei Sigmund auch
noch kurz vor dessen zweiter Wahl[3]) voraussetzte. Dafs das falsch
ist, bedarf kaum einer Erwähnung. Mufs uns dieser Irrtum
auch mit Mifstrauen gegen die Mitteilung Windecks erfüllen, und
müssen wir es vor Allem dahingestellt sein lassen, ob Sigmund
überhaupt daran gedacht hat, nach Mähren gegen Jost zu Felde
zu ziehen, so bleibt die Nachricht doch immerhin für uns deshalb
interessant, weil sie uns zeigt, wie Windeck, der damit nur einer im
Volke weit verbreiteten Auffassung Ausdruck gegeben haben wird,
über das Lager eines erwählten römischen Königs vor Frankfurt
urteilte. Da geht nun aus den mitgeteilten Worten zur Genüge

---

[1]) Mencken SS. I p. 1089, l. 13 des 26. Kap. p. 1090, 1.

[2]) ib. p. 1090 cap. 27 l. 5 ff.

[3]) Eberhart fafst sie vom Standpunkt Sigismunds aus nur als eine Er-
gänzung der ersten Wahl auf: ime die kure auch geben hetten etc.

hervor, dafs für ihn, der, wie Andreas Presbyter, von der Absicht Josts, gen Franckfurt zu ziehen, zu erzählen weifs, ein etwaiges Lager vor Frankfurt nach der Doppelwahl des Jahres 1410 nur wegen dieser Doppelwahl eingetreten wäre. Denn wenn er Sigmund an Jost die Frage richten läfst, ob er gen Frankfurt ziehen wolle, das romisch reich zu behalten, und ihn auf Josts bejahende Antwort hinzufügen läfst, er, Sigmund, wolle gen Mähren ziehen (scil. um dort in des Markgrafen Gebiete das romisch reich zu behalten [behaupten]), so ist doch wohl zweifellos, dafs in diesem Zwiegespräch, das auf authentischen Wert keinen Anspruch erheben darf, in Windecks Augen das Lager vor Frankfurt nur im Hinblick auf die Doppelwahl des Jahres 1410 berührt wurde. Allerdings könnten ja Josts Worte: er wolt Romisch konig werden und gein Franckfurt zihen, allein für sich genommen, auch bedeuten, er wolle, wie es einem jeden erwühlten römischen König zukomme, als ein künftiger König vor der Wahlstadt lagern. Aber in diesem Zusammenhange ist eine solche Interpretation unzulässig, weil das bei Windeck eine Unterscheidungsgabe voraussetzen hiefse, die er in diesem Falle wenigstens nicht besafs. Für Windeck war offenbar nur die Doppelwahl die Veranlassung, dafs Jost gen Frankfurt ziehen wollte, das romisch reich zu behalten. Und damit stimmt, dafs bei Windeck nach Josts Tode, und nachdem Johann von Mainz und Friedrich von Köln Sigmund auch ihre kore geben hatten, nicht weiter von irgend welchem Bestreben des jetzt alleinigen römischen Königs, das romisch reich zu behalten, die Rede ist. Bis dahin hatte es doch aber auch Sigmund für nötig gehalten, das romisch reich zu behalten (behaupten scil. gegen Jost), wenn er auch zu dem Zweck nicht gen Frankfurt, sondern gen Mähren hatte aufbrechen wollen. Augenscheinlich sah aber Windeck in Sigmund, so lange Jost lebte, und so lange sich die Kurfürsten von Mainz und Köln noch nicht für den ungarischen König entschieden hatten, noch keinen wirklichen, sondern erst einen künftigen römischen König. Kann man ihm das auch nicht positiv in betreff Sigmunds nachweisen[1]), so folgt es doch mit

---

[1]) Windeck nennt Sigmund meist: konig Sigmund, so auch nach der Doppelwahl. „konig" ist hier aber unfraglich der ungarische Königstitel. Nach seiner 2. Wahl nennt Windeck ihn einmal: konig Sigmund von Ungern. cf. Mencken SS. I p. 1090 c. 28 unten. — Von Windeck läfst sich demnach nicht nachweisen, dafs er Sigmund vor seiner 2. Wahl anders als nach seiner 2. tituliert hat.

logischer Notwendigkeit aus dem Umstande, dafs Windeck Jost ja
gar nicht als (wirklichen) König, sondern trotz seiner Wahl noch
als marggrafen bezeichnete und ihm geradezu die Worte in den
Mund legte: er wolt Romisch konig werden und gein Franckfurt
zihen. Jost demnach und Sigmund waren für Windeck nach der
Doppelwahl nur künftige Könige, nur solche, die ein vorläufiges
Anrecht auf die römische Königswürde erlangt hatten. Von dem
Zeitpunkt an aber, wo der König von Ungarn der alleinige und
und von allen Kurfürsten anerkannte Herrscher wurde, von da an
erst war derselbe für Windeck ein wirklicher König. Augenscheinlich deckt sich Windecks Auffassung bezüglich des Lagers im
ganzen und grofsen mit derjenigen, die sich die Wähler Sigmunds
am 22. Juli 1411, aber auch erst dann, zu eigen gemacht hatten.
Wenigstens darf man doch wohl annehmen, dafs Windeck ein
Lager nicht allein nach einer Doppelwahl, sondern nach zwistigen
Wahlen überhaupt gelten lassen wollte. In einer Beziehung unterscheidet sich aber vielleicht doch Windecks Ansicht von derjenigen
der Fürsten. Denn es ist klar, wenn diese am 22. Juli 1411 betonen liefsen, dafs das Lager bei nicht einmütigen Wahlen einzutreten habe, dafs sie damit den Frankfurtern einräumten, ein aus
einer derartigen Wahl hervorgegangener Herrscher müsse sich, da
er eben nur ein künftiger König sei, vor ihrer Stadt lagern.
Windeck aber, der uns von dem (wohl nur angeblichen) Vorhaben
Sigmunds berichtet, anstatt gen Frankfurt, gen Mähren zu ziehen
und dort den durch die Doppelwahl unvermeidlich gewordenen
Kampf um das Reich zum Austrag zu bringen, schien zu glauben,
dafs ein Lager vor Frankfurt, das ja einer der Prätendenten doch
nur zu dem Zwecke aufschlage, um dort den andern zu erwarten,
auch nach einer Doppelwahl nicht nötig sei, wenn es den beiden
Rivalen gelänge, anderswo den Streit um die Herrschaft zu Ende
zu führen. Gegen eine solche Auffassung, die schon die ersten
Keime von Mifsverständnissen, durch welche eine richtige Erkenntnis des Lagers so gut wie unmöglich gemacht wurde, in
sich birgt, würden die Frankfurter vermutlich lebhaft protestiert
haben.

Die Thatsache zwar, dafs sich Sigmund und Jost nach ihrer
a. 1410 erfolgten Wahl nicht wegen ihrer zwiespältigen Wahl,
sondern kurzweg als erwählte römische Könige hatten lagern
wollen, wird auch der grofsen Masse der Frankfurter in jener so
rasch lebenden Zeit, die Gewohnheiten schuf, modifizierte und

wieder vernichtete, um neue an deren Stelle zu setzen, bald aus dem Gedächtnis gekommen sein. Wie schwer, ja fast unmöglich es übrigens schon den Zeitgenossen gewesen sein muß, sich ein klares Bild von den Vorgängen der Jahre 1410 und 1411 zu machen, das ersieht man vielleicht auch aus einer Aufzeichnung[1]), welche die von einem neu Gewählten besonders in Aachen zu beobachtenden Ceremonieen enthält[2]) und wohl etwa vor Sigmunds Krönung abgefaßt ist[3]).

---

[1]) Die Benutzung derselben, die ich unter den für die Reichstagsakten angefertigten Abschriften fand, wurde mir gütigst gestattet.

[2]) Die Aufzeichnung steht in no. 8065 der bibl. pal. Vindob. (ap. Schwandtner catal. ms. II 165: cod. rec. n. 849) (laut d. Abschrift). Der Kodex stammt aus dem 17. Jahrhundert.

[3]) Dagegen spricht nicht, daß in den Schwur, den ein römischer König den Aachener Domherren leisten müsse, der Name König Friedrichs aufgenommen ist: wür Friderich etc. (f. 33b im Kodex), und daß am Schluß der Aufzeichnung die Notiz steht: (f. 34b) mit sollichen vorbenanten artikeln und ordnung ist künig Friderich von Österreich eingefuert und gekronnet worden zu Ach an sontag nach sant Veitstag [Jun. 17] . . 1442. Dies besagt wohl nur, daß unsere Aufzeichnung kurz vor Friedrichs Krönung überarbeitet worden ist. Wenigstens zeigt ein Vergleich mit dem uns vorlieg. zeitgenöss. Bericht über den Einzug Sigmunds und seiner Gemahlin in Aachen [R.T.A. VII p. 245, 36 ff. und p. 246], daß das dabei entfaltete Ceremoniell im großen und ganzen den in unserer Aufzeichnung enthaltenen Vorschriften nachkommt. Anfangs deckt es sich sogar völlig. Man vergleiche nur:

Aufzeichnung.	Einzug Sigmunds.
so nun ain Römischer künig zu der porten gen Ach komen ist, da er inreitten wurd, so sullen im die tumbherren von unser frauen münster und von andern stiften daselbs engegen geen mit der procession und seiner genaden warten bei dem tor. da soll dan seine genad absteen gegen dem hailtumb und das creiz das der dechant tregt erwürdiglich küssen. darnach soll der künig gegen des heiligen kaiser Karl haupt, das zwen tumbherren tragen, mit naigunden haupt erpieten und sich gegen im naigen.	. . a. 1414 . . domini de capitulo cum ceteris de gremio ecclesie advenientibus etiam fratribus de ordinibus mendicantium ad monasterium . . . cum crucibus eorum in una processione processeruut usque ad portam Coloniensem, et ibidem . . . Sigismundum . . cum regina expectaverunt. et . . rege portam intrante . . rex de equo descendit. et crucem, quam decanus in manibus suis tenebat et ori regis reverenter applicuit, humiliter osculabatur, et deinde inclinando caput reverentiam exhibuit capiti beati Caroli. quod ibi per duos canonicos portatum tenebatur.

Für eine Abfassung vor Sigmunds Krönung ist auch geltend zu machen.

Hier heißt es am Anfang:

> wann ain Römischer könig erwolt ist, ... und nun dar-
> nach gen Franckhfurt kompt, ist, das er von andern kuni-
> gen, die auch erwelt worden, icht irrung fürcht, die man
> dem Romischen reich mainet zu tuen, so soll er zu Franckh-
> furt nit inreiten, sonder er soll vor der statt Franckhfurt
> ligen zu veld sechs wochen und drei tag und soll da der
> irrung von seiner partei warten. würt er aber in derselben
> zeit auf dem velt von derselben porten nit gedrungen, so
> mag er gen Franckhfurt inreiten etc.

Sehen wir, da es für das allgemeine Verständnis ohne Belang ist,
davon ab, daß die Stelle am Schluß einer Emendation zu bedürfen
scheint, insofern man anstatt der Worte: [der irrunge] von seiner
partei [warten] eine Wendung vermuten möchte, auf welche der
Ausdruck von derselben porten sich zurückbeziehen könnte. Von
uns zu beachten ist, daß als diejenige Eventualität, bei der ein
Lager vor Frankfurt einzutreten habe, das Vorhandensein von
erwählten Königen bezeichnet wird, die einem andern erwählten
Könige irrung bereiten könnten.

Anscheinend schwebte dem, der so schrieb, die Zeit vor, in
der faktisch, aber nicht rechtlich, drei römische Könige: der abgesetzte, aber an dem römischen Königstitel festhaltende Wenzel,
Sigmund und Jost existierten. Und dafür ließe sich vielleicht geltend machen, daß der unbekannte Verfasser ein Lager selbst bei
der Existenz von andern kunigen nur dann für erforderlich gehalten zu haben scheint, falls der gen Frankfurt kommende electus
von diesen icht irrung zu befürchten habe. Wäre es doch nicht
undenkbar, daß manche sich das Überflüssige eines Lagers nach

---

daß in der Aufzeichnung eines der Krönung vorhergehenden dreitägigen
Lagers, zu dem sich, wie wir sehen werden, Sigmund bequemte, gar
nicht gedacht wird. Freilich konnte es ja auch leicht übersehen werden.
Doch da auch in dem Stück mit den Worten: und würt der kronung nach-
gangen als in dem puech der krönung geschriben steet, offenbar auf eine
deutsche Übersetzung des in den Monum. Germ. IV Ll. II, 384 ff. gedruckten
ordo coronacionis Bezug genommen wird, im Anschluß an den Sigmunds
Krönung vollzogen wurde (R.T.A. VII p. 238 l. 12 cf.), so scheint nichts
gegen die Annahme einer Abfassung vor Sigmunds Krönung angeführt werden zu können. Weist doch anscheinend auch die Notiz über das Frankfurter
Lager auf einen Zeitpunkt hin, der den Vorgängen der Jahre 1410 und 1411
sehr nahe ist. — cf. unsere Erörterungen im Text.

Sigmunds zweiter Wahl mit Wenzels Unthätigkeit, der ferner
Stehenden wohl noch immer als der alte König erscheinen mochte,
erklärt hätten. Könnten diese Äußerungen, die wir mit aller Vorsicht gethan haben wollen, auf Wahrscheinlichkeit Anspruch erheben, so würde der von uns mitgeteilten Notiz zu entnehmen
sein, in welcher Weise etwa manche, die in den Gang der diplo-
matischen Verhandlungen keinen Einblick thun konnten, an der
Hand der nackten Thatsachen sich die Ereignisse der Jahre 1410
und 1411 zurecht gelegt haben mögen. Wie wenig sie dann freilich das Rechte getroffen, und wie wenig sie dann vor Allem auch
von dem Inhalt des kurfürstlichen Gutachtens vom 22. Juli 1411,
das sich wenigstens theoretisch für die Auslagerung der Anleitefrist nach einer jeden zwistigen Wahl ausgesprochen hatte, Kenntnis gehabt hätten, wird klar sein. —

Bevor wir nunmehr das Lager vor Frankfurt, von dessen Auftauchen nach dem Jahre 1411 man so gut wie jede Kunde ver-
loren hatte, in seinem weiteren Entwicklungsgange begleiten,
haben wir des Näheren auf die mit der Krönung Sigmunds in
Zusammenhang stehenden Vorgänge einzugehen.

VIII. König Sigmunds Krönung in Aachen (1414).

Als Sigmund im Juli 1414 zum ersten Mal als ein erwählter
römischer König auf deutschem Boden eintraf, sah es im Reiche
trostlos aus[1]. Und nichts charakterisiert vielleicht die damalige
Lage besser, als daß Sigmund, des Haders zuletzt müde und un-
willig über die Zurückhaltung der meisten Fürsten, schon bald
gesonnen war, ungekrönt in sein Königreich Ungarn zurückzu-
kehren[2]. Es war das Verdienst des Burggrafen Friedrich von
Nürnberg, daß die Mehrheit der Fürsten sich endlich bereit erklärte, bei der Krönung in Aachen zu erscheinen, und daß Sigmund, der wohl von Nürnberg aus schon nach Ungarn aufbrechen
wollte, sich zu einer zweiten Reise an den Rhein verstand[3]. Es
war nur fraglich, ob die Krönung in Aachen ungehindert vollzogen

---

[1] cf. über dies und das Folgende Aschbach König Sigmund Bd. I
p. 391 ff., p. 401 unten u. f.
[2] cf. ib. p. 405, 1 ff.
[3] cf. Aschbach p. 406, 17 ff., p. 407.

werden könnte. Die Stadt lief Gefahr, in die Hände der Herzöge
von Berg, Brabant und Burgund zu fallen, die alle drei von Sigmund in ihren Interessen gefährdet [1]), diesem sehr feindlich gegenüber standen und auch den Herzog Reinald von Jülich-Geldern
zum Anschluſs an ihre gegen Sigmund gerichtete Koalition zu bewegen suchten [2]).

Wenn der König ihren Plan, die Krönung in Aachen unmöglich zu machen, nicht zur Ausführung kommen lassen wollte, so
war ein groſses Aufgebot notwendig. — Aachen befand sich inzwischen in einer schwierigen Lage. Aus einem Schreiben Straſs-
burger Gesandten an ihre Stadt [3]), in welchem sie über den im
Oktober 1414 zu Heilbronn von dem Könige abgehaltenen Pro-
vinzialtag [4]) Bericht erstatten, erfahren wir, daſs der Herzog von
Jülich-Geldern und die Aachener sich brieflich an Sigmund gewandt hatten [5]):

> nun sint unserm herren dem konig brief komen von dem
> herzogen von Gelr und Gulch und den von Auche, die hies
> unser herr der konig uns und andern stetten . . . lesen,
> und die stond uf den sin . . wie der herzog von Burgoni
> und Brafant und der von Paderborne [6]) an den von Gelr
> und Gulch gemutet hetten, daz er sin rat zu den iren et-
> waſs treffenlich uf einen tag benennet schiken wolt . .,
> . . daz er ouch geton hette. und also hetten si an sine
> rat gefordert, daz der von Gelr zu inn sich binden solt
> wider unsern herren den Romischen konig; und aber sin
> rat antwurten, si versehen sich nit, daz ir herr daz tat,
> und were in nit bequemenlich, daz an iren herren zu
> bringend. do sprachen si: so wolten ir herren ouch sin
> finde werden. Und fragten (Subjekt ist: die Herzöge von
> Burgund, Brabant und der von Paderborn) die von Auch,

---

[1]) cf. hierüber R.T.A. VII p. 176, 33 ff., p. 177 f. auch unsere Note 6.
[2]) cf. R.T.A. VII p. 224, 39 ff.
[3]) R.T.A. VII n. 150 p. 227. 1414 Okt. 15 Heilbronn.
[4]) cf. R.T.A. VII p. 223, 8.
[5]) R.T.A. VII p. 229, 4 ff.
[6]) Wilhelm von Paderborn, ein Bruder des Herzogs von Berg, wurde
durch Sigismund vom erzbischöflichen Stuhle von Köln, auf den er durch
seine Wahl (electus) ein Anrecht zu haben behauptete, ferngehalten (R.T.A.
VII. cf. p. 176, 34 f.).

ob der konig nun dri tag oder ob er sechſs wochen vor
in ligen solte, und ob si in vor inlaſsen wolten oder nit.
do aber die von Auch meinten, sie wolten dem konig tun
waſs si im tun solteu, daruf hand sich die zween herzogen
von Burgund und Brafant gehuffet und sollent sich uf
gester sontag (Okt. 14) fur Auche mit 4 tusent glefen
han geschlagen. und begerent der von Gelr und die von
Auche, sich zu wissent laſsent, weſs si sich uf den kung
getrosten mogen, und begerent ouch hilf und rat von im,
und in daſs bi iren botten furderlichen zu verkondent.

Daſs die Herzöge und Bischof Wilhelm von Paderborn bei
den Aachenern angefragt hatten, ob der gewählte König 3 Tage
oder 6 Wochen vor in ligen solte, ist sehr bezeichnend. Hiermit
hatte man offenbar darüber Auskunft erbeten, ob Aachen von Sigmund, wie vormals von Karl IV. und Ruprecht, die Auslagerung der
Anleitefrist, oder nur, wie wohl von Ludwig dem Baiern, die Auslagerung der dreitägigen mora verlangen würde. Vor allem die
Erwähnung der dreitägigen Frist ist von höchstem Interesse.
Denn nichts könnte besser zeigen, wie wenig man in jenen Ge-
genden das vermutlich a. 1314, also gerade vor hundert Jahren,
abgehaltene Lager Ludwigs des Baiern vergessen hatte.

Die Antwort, welche die Stadt Aachen den Fragestellern gegeben haben will, ist recht zweideutig und unbestimmt: sie wolten
dem konig tun, waſs si im tun solten. Daraus war weder zu entnehmen, ob die Aachener überhaupt dem Könige mit dem Verlangen nach einer Lagerfrist entgegentreten, noch ferner, ob sie
denselben bei seinem Kommen sofort einlassen würden. Um sich
nicht im voraus zu binden, ließ man eben alles möglichst unent-
schieden. Und freilich mochte es den Aachenern wohl nicht geraten scheinen, vor allem in betreff einer Lagerfrist sich irgendwie zu äuſsern. War es doch das erste Mal, daſs ihnen die
Eventualität nahe gelegt wurde, unter Berufung auf die in der
Bulle Urbans enthaltene Bestimmung[1]):

> electus . . . ante Aquisgranum per dies aliquos facta mora
> . . coronatur: quo facto cuilibet via praecluditur contra
> electionem vel electum iam regem Romanorum effectum
> dicendi aliquid vel etiam opponendi,

---

[1]) Olenschlager, Urk.buch z. g. B. p. 49, 23 ff.

unter Berufung darauf selbst einen einmütig erwählten römischen
König, denn das war Sigmund, zu einem Lager vor ihrer Stadt
zu veranlassen. Ob sie von der genannten Bestimmung Sigmund
gegenüber Gebrauch machen würden? Wir werden sehen. —

Von Sigmunds Seite war jetzt energisches Handeln geboten,
und um so mehr, da sich die Herzöge von Burgund und Brabant
einem Gerüchte zufolge schon vor Aachen mit einer ansehnlichen
Schar gelagert haben sollten[1]). Wenn sich dieses Gerede auch
freilich als falsch erwies, so war es trotzdem von höchster
Wichtigkeit, daß Sigmund unter dem Beistand der Erzbischöfe
von Köln und Trier, sowie des Herzogs Reinald von Geldern und
der Aachener Bürger endlich am 4. November[2]) gen Aachen gelangte, da er dadurch das Bestreben seiner Gegner, die Krönungsstadt in ihre Gewalt zu bringen, vereitelte[3]). Eine tagebuchartige
Aufzeichnung des Bürgermeisters von Friedberg, Eigils von Sassen,
meldet über die Ankunft des Königs und der Königin und deren
Krönung[4]):

> of denselben sondag (November 4) qwam der konnig und
> die konniginnen .. gen Ache ir beider cronunge zu nemen.
> da warn me dan achtundzenzigdusent perde als daz di
> heralden oberslan hatten. da lag man mandag (Nov. 5),
> dinstag (Nov. 6), daz waz sante Lenhardes-dag, und den
> mitwochin (Nov. 7). of den donrstag nach sante Lenhardis-
> dag (Nov. 8), und waz der octavo omnium sanctorum, da
> sang der bischof von Kollen, der von Morse, sin erste messe
> ..., als unser herre der konnig Segemund und Romscher
> konnig und unse frauwe di konniginnen beidersit ir cro-
> nunge von im namen.

---

[1]) R.T.A. VII p. 229, 16 ff. cf.

[2]) cf. R.T.A. VII p. 244, 12 f.

[3]) cf. (Mencken, Scriptores I) Eberh. Windeck c. 31 p. 1093: also zoch
konig Sigmund den Reine abe nach Bunne und wolte also gen Ache zu der
kronunge. do kam dem k. Sigmund mere, wie das der herzog von Profant
Im den weg weren wolte. Also sante der konig zu dem herzoge von Gelren
und begerte do hülffe von ime. Do kam der herzog von Gelren mit vir-
tausend pferden und die von Aache mit ganzer macht, der bischoff von
Kollen und von Trier mit grofser macht und geleitent den konig bis gein
Aache.

[4]) R.T.A. VII n. 167 p. 244, 12 ff.

9*

Der Krönung Sigmunds ging demnach, wie wir aus dieser Mitteilung erfahren, ein dreitägiges Lager vorher. Die Aachener hatten sich also augenscheinlich für die dreitägige mora entschieden, und Sigmund wohl mit dem Hinweis auf die Bulle Urbans zur Innehaltung dieser dreitägigen Frist bewogen. Schien ja auch die Vorschrift, daß ein erwählter römischer König sich vor seiner Aachener Krönung einer mora von einigen Tagen zu unterziehen habe, um Jedem, der da wolle, noch Gelegenheit zu einem Protest gegen die Wahl und den Gewählten zu geben, für ihn, der nur zu viele Gegner in der Nähe hatte, gleichsam wie geschaffen. Den römischen König aber, dem man, wenn man wollte, aus der Bulle Qui coelum auch nachweisen konnte, daß schon Richard von Cornwall a. 1257 dem Herkommen gemäß als ein erwählter römischer König sich einer Frist unterzogen habe, gerade einem dreitägigen Lager geneigt zu machen, wird den Aachenern nicht allzu schwer geworden sein. Die Bemerkung, daß im Jahre 1314 auch Ludwig der Baier sich zu einer dreitägigen mora verstanden habe, konnte hier wohl um so weniger ihren Eindruck verfehlen, da gerade in unserer Frage ein Ereignis früherer Jahre in späteren Zeiten als Präcedenzfall dienen konnte und mußte. —

Mit der in der Bulle Qui coelum enthaltenen Rechtsdarstellung war es übrigens wohl vereinbar, daß Sigismund, der mit seiner Gemahlin am Abend des 4. November 1414 bereits Aachen betrat[1]), sich die drei Tage über dort aufhielt, um sich über die Krönungsceremonieen zu informieren und auf den Krönungsakt bezügliche Anordnungen zu treffen[2]). Hatte sich doch auch Richard von Cornwall a. 1257 in den Tagen vor seiner Krönung in der Stadt befunden und sich krönen lassen, nullo se inibi coronationi (suae) realiter aut verbaliter opponente[3]). Und wäre es nicht denkbar, daß, wie a. 1414 Sigismund, so a. 1314 Ludwig dem Baiern der Zutritt in die Krönungsstadt nicht verwehrt wurde, während sein Heer drei Tage lang vor den Mauern lagerte? —

Die Situation des Jahres 1414, in dem freilich die Verzögerung der Krönung nicht, wie a. 1257 und 1314, durch die Existenz eines Gegenkönigs, sondern durch das Vorhandensein einer dem römischen Könige abgeneigten Partei verursacht wurde, läßt sich

---

[1]) R.T.A. VII n. 168 p. 245. 43 ff.

[2]) ib. p. 246, 12 ff.

[3]) Olenschlager, Urk.buch z. g. B. p. 51, 18 ff. cf.

derjenigen des Jahres 1257 und wohl auch derjenigen des Jahres 1314 vergleichen. Wie a. 1257 und a. 1414, so befand sich vermutlich auch a. 1314 der gewählte römische König vor der Krönung in Aachen. Hatte man a. 1257 im Lager vor der Stadt einem Angriffe von kastilianischer, a. 1314 einem solchen von habsburgischer Seite wohl entgegen gesehen, so erwartete a. 1414 vor Aachen eine ansehnliche Heeresmasse: achtundzenzig dusent perde, als daz die heralden oberslan hatten [1]), ein gewaltsames und Sigmund feindliches Vorgehen der Herzöge von Berg, Burgund und Brabant. A. 1257 und a. 1314 sowohl, als auch a. 1414 konnte die Krönung schliefslich ungehindert von statten gehen. —

Man könnte geneigt sein, zumal sich Sigmund während der Frist in Aachen aufhielt, das dreitägige Lager des Jahres 1414 als inhaltslose Formalität aufzufassen, und ihm daher jede Bedeutung für die Aachener abzusprechen. Dem gegenüber ist zu bemerken, dafs es ihnen doch in diesem Jahre gelungen war, das Verlangen nach einem Lager, womit sie bisher nur bei einer Doppelwahl (a. 1314) und nach der Wahl eines Gegenkönigs (1346. 1400) hervorgetreten waren, nach einer einmütigen Wahl durchzusetzen. Eben das konnten sie aber als einen Präcedenzfall dafür ausgeben, dafs eine Lagerfrist selbst nach einer einmütigen Wahl von einem römischen Könige, wenn nötig, zu beobachten sei. Was aber hätte sie dann, wenn die Verhältnisse sich so gestaltet hätten, abhalten sollen, von einem einmütig Erwählten anstatt eines dreitägigen ein fünfundvierzigtägiges Lager, d. h. die Auslagerung der Anleitefrist, zu verlangen? — Wie nahe eine solche Möglichkeit a. 1414 gerückt war, liegt auf der Hand. Denn wäre es der Sigmund abgeneigten Partei gelungen, die Krönungsstadt auf ihre Seite zu ziehen, so hätte dieselbe zweifellos Sigmund gegenüber behauptet, dafs er sich vor seinem Einzuge einem Lager von sechs Wochen und drei Tagen unterziehen müsse. Dafs sie einem solchen Begehren die in der Bulle enthaltene Fassung, die sie in Verbindung mit der Anleitefrist a. 1346 Karl IV. gegenüber benutzt, a. 1400 aber Ruprecht gegenüber in rücksichtsloser Offenheit verschmäht hatte, gegeben haben würde, darf man getrost behaupten. Und ebenso gewifs ist, dafs die Aachener, die a. 1400 auf den Herzog von Geldern gestützt, Ruprecht den königlichen Titel vorenthalten hatten und ihm vor Ablauf der 6 Wochen und 3 Tage

---

[1]) R.T.A. VII n. 167 p. 244, 13 f.

nicht hatten die Thore öffnen wollen, sich dann auch Sigmund gegenüber in ähnlicher Weise verhalten[1]) und ihn gleichsam erst als einen künftigen König betrachtet haben würden.

Während sich somit auch in diesem Jahre aus dem Gebrauch der sechswöchentlichen Frist ganz von selbst wieder ergeben hätte, daſs die, welche sich ihrer bedienten, eben damit dem neuen Herrscher feindlich gegenüber stehen muſsten, so war es dagegen bei Anwendung der dreitägigen Frist einem Neugewählten gegenüber, wie die Jahre 1314 und 1414 beweisen, durchaus nicht ausgeschlossen, daſs die zwischen dem römischen König und den Aachenern bestehenden Beziehungen die besten und innigsten waren. Ebenso wenig, wie man in beiden Jahren wohl (1314. 1414) bei Benutzung der dreitägigen mora dem sofortigen Einzuge eines neu Gewählten irgendwelche Hindernisse in den Weg legte, ebenso wenig trug man auch wohl in beiden Jahren Bedenken, den electus bereits vor Verlauf der drei Tage als König zu bezeichnen.

Das dreitägige Lager veranlaſste eben nicht ein Hinausschieben des Gehorsams, wie es bei dem sechswöchentlichen Lager der Fall war, sondern nur eine Hinausschiebung des Krönungsaktes, und hatte offenbar nur den Zweck, diesen vor Störungen, die von gegnerischer Seite noch im letzten Moment erregt werden könnten, möglichst sicher zu stellen. Freilich scheint es nicht, als ob die Aachener nach dem Jahre 1414 einen gewählten römischen König wieder zu einer dreitägigen mora zu bewegen versucht haben. Und auch die Anleitefrist, deren erneute Anwendung von seiten Aachens im Jahre 1414 trotz der Einmütigkeit der Wahl gar nicht zu den Unmöglichkeiten gehört hatte, entschwindet von nun an hier unseren Augen.

Erreicht aber das Lager vor Aachen allem Anscheine nach

---

[1]) Es mag hier wenigstens bemerkt werden, daſs man die Worte: ob der konig nun dri tag oder ob er sechſs wochen vor in ligen solte, und ob si in vor inlaſsen wolten oder nit, doch unmöglich so auffassen kann, als wenn auch darüber Auskunft erbeten wäre, ob man bei einer sechswöchentlichen oder bei einer dreitägigen Lagerfrist Sigmund schon während derselben einlassen werde. In den Worten liegt wohl nur, ob man eine Lagerfrist fordern wolle oder nicht. Bei einem sechswöchentlichen Lager verstand es sich doch von selbst, daſs man Sigmund die Aufnahme ver Ablauf der Frist verweigerte.

unter der Regierung Sigmunds und zwar mit dem Jahre 1414 den
Abschlufs seiner Entwicklung, so ist es anders mit dem Lager
vor Frankfurt. Wie dieses auch noch über Sigmunds Regierung
hinaus im Munde der Leute fortlebte, und wie der Hinweis auf
dasselbe für einen Augenblick noch einmal wieder weite Kreise in
Spannung versetzte, wird jetzt zu zeigen sein.

IX. Auf das Lager vor Frankfurt bezügliche Nachrichten im Jahre 1461.

Die Zeit Friedrichs III., bei dessen Wahl man ebenso wenig
wie bei derjenigen Albrechts II. sich veranlafst gefunden hatte,
auf das Lager vor Frankfurt zurückzukommen, läfst sich für Deutschland als die Periode charakterisieren, in der bei stets zunehmender
Schwäche der Centralgewalt die Macht der grofsen Landesfürsten
von Tag zu Tag sich mehrte. Naturgemäfs konnte unter solchen
Verhältnissen von einem thatkräftigen Auftreten des Reiches nach
aufsen hin keine Rede sein, vor allem auch dann nicht, als nach
der Eroberung Konstantinopels (1453) die Türken sich mit reifsender
Schnelligkeit ausdehnten.

Offenbar in der Erkenntnis, dafs der Ohnmacht des Reiches
nur durch eine Kräftigung der centralen Gewalt abgeholfen werden
könne, machte man in den Jahren 1454—1456 zu verschiedenen
Malen aber stets vergeblich den Anlauf zu einer römischen Königswahl[1]), um dem Kaiser mit oder auch ohne seine Einwilligung[2]) in

---

[1]) cf. unter andern K. Menzel, Kurf. Friedr. d. Siegr. v. d. Pfalz,
München 1861 p. 11 unten ff. p. 24 ff. — A. Bachmann, Böhmen und seine
Nachbarländer unter Georg v. Podiebrad, 1458—1461, Prag 1878, p. 62 f. —
Kluckhohn, Ludwig der Reiche, Nördlingen 1865, p. 156 f. und p. 160. —
G. Voigt, Georg von Böhmen, der Hussitenkönig, in Sybels Histor. Zeit-
schrift 5 (1861) p. 452 f. — Palacky, Gesch. v. Böhmen 4ᵇ p. 135. Der
erste in Aussicht genommene Kandidat war wohl der Herzog Philipp von
Burgund, der auf dem Regensb. Reichstage, April 1454, anwesend war; Ende
1454 dachte man an Friedrichs Bruder, den Erzherz. Albrecht, a. 1456 wohl
an den Pfalzgr. Friedrich.

[2]) an eine Absetzung des Kaisers war allem Anschein nach nicht gedacht. cf. Menzel l. c. p. 12 unten, p. 25 Mitte. Bachmann l. c. p. 62 f.
Palacky l. c. p. 135. Die Absetzung „lag nur natürlich in der allenfallsigen
eigenmächtigen Neuwahl eines Königs". cf. über den a. 1456 besteh. Plan
J. Weizsäcker, Der Pfalzgraf als Richter über den König, aus dem 33. Bde.
d. Abhandl. d. kön. Gesellsch. d. Wissensch. z. Gött. 1886 p. 76 ff.

der Person eines römischen Königs einen Mitregenten an die Seite zu stellen. Eine Fortsetzung erhielten diese Versuche im Jahre 1459. Georg von Podiebrad nämlich, nach dem Tode des jugendlichen Ladislaus seit dem 2. März 1458 König von Böhmen[1]), bemühte sich auf Antrieb[2]) Dr. Martin Mairs[3]), der wohl auch als der geistige Urheber aller jener früheren Pläne zu betrachten ist[4]), seit Ende des Jahres 1459[3]), vom Kaiser die Zustimmung zu seiner Wahl zum römischen König zu erlangen. Als die Erfahrung zeigte, dafs auf diese nicht zu rechnen war, entschlofs sich etwa im September 1460[6]) der ehrgeizige König, der jetzt völlig unter dem Einflusse Mairs stand, sein Vorhaben gegen den Willen des Kaisers mit Hilfe der deutschen Fürsten durchzusetzen. Auf die zu dem Zwecke eingeleiteten Verhandlungen, in denen Mair die Fürsten durch die weitgehendsten Zugeständnisse zu gewinnen suchte, einzugehen[7]), ist hier nicht der Ort. Es genügt die Bemerkung, dafs das Unternehmen sich als völlig undurchführbar erwies, nachdem Georg auf einem Fürstentage zu Eger im Februar 1461, wo er deutlicher mit seinem Projekt herausgerückt war, die gegen dasselbe herrschende Abneigung der Brandenburger, vor Allem des Markgrafen Albrecht, erkannt hatte[8]).

An dieser Lage der Dinge änderte nichts ein noch Ende Februar in Nürnberg beginnender Fürstentag, den der König, wohl in dieser Voraussicht, nicht in Person besuchte[9]). Vielmehr war die Abweisung, die hier dem böhmischen Königsprojekt zu

---

[1]) Bachmann l. c. p. 1 cf. Ich verweise hier und an den folg. Stellen vor allem auf Bachmann, da es zu umständlich und auch zwecklos sein würde, stets die einschlägige Litteratur ausführlich namhaft zu machen.

[2]) cf. Bachmann l. c. p. 65 besonders Anm. 3 u. p. 133. Kluckhohn l. c. p. 160.

[3]) über ihn cf. Bachmann p. 60 u. 61 ff. Hasselholdt-Stockheim, Urkk. u. Beilagen z. Herz. Albr. IV. und seine Zeit I. Bd. 1. Abt. Beil. 55a p. 317—319. Kluckhohn l. c. p. 155 ff.

[4]) cf. Bachmann p. 62 u. 63. G. Voigt, in Sybels Zeitschr. Bd. 5 p. 452 f. K. Menzel, Diether von Isenburg. Erlangen 1868 p. 77, 8 ff.

[5]) cf. Bachmann p. 131 ff.

[6]) cf. ib. p. 215 ff.

[7]) cf. aufser Bachmann (Kap. 6 p. 207 ff.) K. Menzel, Diether v. Isenburg p. 83 ff.

[8]) über den Egerer Tag cf. Bachmann p. 258 ff.. besonders p. 263 bis 268.

[9]) über den Nürnberger Tag (Februar - März 1461) cf. Bachmann p. 270 ff.

teil wurde, eine so endgiltige[1]), dafs Georg sich von dem Tage, den die in Nürnberg versammelten Kurfürsten von Mainz, Pfalz und Brandenburg auf den 31. Mai nach Frankfurt ausschrieben, und den zu besuchen sie den Kaiser peremptorisch aufforderten[2]), kaum irgend welchen Erfolg mehr versprechen durfte. Doch war die Meinung, dafs Georgs Erhebung nunmehr so gut wie beschlossene Sache sei, vielleicht weit verbreitet. Und sie mochte dadurch genührt werden, dafs der Kaiser, dem der Markgraf Albrecht die Sache so darstellte, als ob eine Wahl des böhmischen Königs noch immer zu erwarten sei[3]), mit ungewohnter Energie das Zustandekommen der Frankfurter Versammlung zu hintertreiben suchte[4]).

Unter dem Eindruck der falschen Nachricht nun, dafs die Wahl Georgs Ende Mai in Frankfurt vor sich gehen solle, scheint sich im Laufe des April die Ansicht gebildet zu haben, dafs der König, da er das Reich usurpieren wolle, vor Frankfurt ziehen und dort nach seiner Wahl lagern werde. Wenigstens möchten wir so die Mitteilung verstehen, die der Erbmarschall Konrad zu Pappenheim in der Nachschrift eines Schreibens vom 3. Mai[5]) den Räten des Herzogs Wilhelm von Sachsen machte:

> auch so lafs ich uch wissen, dafs mir ein glaubhaftiger gesagt had, wie dafs sich der könig von Behem ganz darzu schicke und wolle ziehn für Franckfurt und wol könig werden[6]).

In diesen Worten ist der Hinweis auf das Lager, das übrigens von den Frankfurtern in jenen Tagen, wie wir sehen werden, kaum ins Auge gefafst sein wird, wohl zweifellos. Dafs man aber desselben in einem Zeitpunkt, wo zwar nicht eine Absetzung, so doch gleichsam eine Entmündigung des Kaisers durch eine Königswahl ernstlich zu drohen schien, vor allem wohl in den Friedrich er-

---

[1]) cf. Bachmann p. 277, 15 ff.

[2]) cf. unter andern Kluckhohn l. c. p. 172 f.

[3]) cf. ib. p. 180.

[4]) ib. p. 181.

[5]) Im Briefe meldet er, dafs sein Bruder Heinrich vom Kaiser zum Kurf. von Brandenburg und anderen Fürsten und Städten gesandt sei, um sie zu einem bald zu haltenden Tage zum Kaiser zu entbieten und sie von der Beschickung des Frankfurter Tages abzubringen (b. Müller, Reichstagstheatrum unter Friedrich V. II p. 19a).

[6]) Menzel (Kurf. Friedr. d. Siegr. p. 82, 1) und Droysen (Gesch. d. preufs. Politik Bd. II 1. Abt., wir konnten leider nur die Ausg. v. 1857 benutzen, p. 258) erwähnen diese Notiz, doch ohne ihr weiter Beachtung zu schenken.

gebenen Kreisen gedachte, zeigt, wie tief die von den Kurfürsten
am 22. Juli 1411 rückhaltlos vertretene Auffassung über das Lager
Wurzel gefaſst hatte. Sollte es doch darnach vor allem auch
dann eintreten, wenn gegen den Willen eines bis dahin allgemein
anerkannten Herrschers ein König erwählt worden sei. Jedoch zu
einer Wahl Georgs in Frankfurt kam es, von allem andern abgesehen, schon darum nicht, weil die Frankfurter auf Geheiſs des
Kaisers den Kurfürsten ihre Thore schlossen und somit das Stattfinden des Tages in ihren Mauern verhinderten [1]. —

Mehr Schwierigkeiten als die angeführten Worte aus dem
Schreiben Konrads von Pappenheim bereiten uns einige Berichte
aus dem Oktober und auch aus dem November 1461. In diesen
ist plötzlich wieder von einem Plane des böhmischen Königs, das
Reich an sich zu bringen, und im Zusammenhang damit von unserm
Lager vor Frankfurt die Rede.

Es ist die Zeit, in welcher zwischen dem Markgrafen Albrecht
von Brandenburg und dem Herzoge Ludwig von Bayern der Kampf,
der seit der Richtung von Roth (1460 Juni) geruht hatte [2], wieder
aufs heftigste entbrannt war [3], und wo der Markgraf, der sich
rühmen durfte, Kaiser und Reich auf seiner Seite zu haben, im
Namen des Kaisers [4] als ein kaiserlicher Hauptmann die Reichsstädte wieder und wieder, aber vergeblich, um Unterstützung
gegen den siegreichen Bayernherzog anging. Was Georg Podiebrad betrifft, so nahm er, obwohl er am 1. September Albrecht
Feindschaft angesagt hatte [5], am Kriege nicht in Person teil, sondern begnügte sich damit, durch Sendung von Mannschaften Ludwig
zu unterstützen. Es war dem König am 6. September in Laxenburg gelungen, soweit die österreichischen Wirren in Betracht

---

[1] cf. Kluckhohn l. c. p. 181. Der Tag ging dann in Mainz vor sich,
doch ohne daſs dem Kaiser gefährliche Beschlüsse gefaſst wurden. ib. p. 181.

[2] über die Rother Richtung cf. Kluckhohn p. 144 ff.

[3] cf. Kluckhohn l. c. p. 183 ff. besonders p. 194 f. und p. 196 f. p. 197
Anm. 1.

[4] Dieser hatte Ludwig am 13. Juli seinen Feindsbrief übersandt. am
15. Juli die Markgrafen Karl von Baden und Albrecht von Brandenburg und
den Grafen Ulrich von Württemberg zu seinen kaiserlichen Hauptleuten ernannt und am 18. Fürsten und Städte aufgefordert, den kaiserlichen Geboten
zu gehorchen und sich um das kaiserliche Banner zu sammeln. cf. Kluck-
bohn p. 189 und weiter über das folgende p. 194 ff. cf. auch Ad. Bachmann,
Deutsche Reichsgesch. im Zeitalter Friedr. III. und Max I. Bd. I 1884 p. 113 ff.

[5] cf. Hasselholdt-Stockheim, Text p. 176 unten.

kamen, zwischen dem Kaiser, dessen unruhigem Bruder, dem
Erzherzog Albrecht, dem ungarischen König und dem Herzog
Ludwig von Bayern einen Waffenstillstand zu errichten, der bis
Sonnenwende 1462 (Juni 24) dauern, und während dessen Podiebrad die Befugnis haben sollte, „die Parteien gütlich zu verhören[1]".
Hatte Georg aber gehofft, hierdurch den Kaiser, der Ludwig vor
allem als dem Verbündeten seines unbotmäfsigen Bruders grollte[2]),
von dem Markgrafen abzuziehen[3]), so hatte er sich getäuscht. Der
Krieg zwischen dem Hohenzoller und dem Wittelsbacher hatte auch
ferner den Charakter eines Reichskrieges beibehalten, in welchem
der erstere die Interessen von Kaiser und Reich zu vertreten
schien. In unmittelbarer Nähe der Ereignisse, die gegen Ende
September für den Markgrafen eine bedenkliche Wendung nahmen[4]),
hielt sich seit dem letzten Drittel des August der Frankfurter
Stadtschreiber Johannes Brune auf. Er hatte in Nürnberg, wo
in den Tagen vom 25. bis 28. August über den Reichskrieg gegen
Ludwig von Bayern verhandelt worden war, zusammen mit Hartmann Becker Frankfurt vertreten[5]), und war seitdem, vielleicht auf
besonderen Wunsch des Markgrafen[6]), der die Frankfurter in den
Kampf gegen Ludwig hineinzuziehen suchte, in Nürnberg und Umgegend geblieben[7]). Brune, der sich zu Albrechts Bitte um Hilfe
gegen Bayern möglichst ablehnend zu verhalten hatte[8]), verdanken

---

[1]) cf. Hasselholdt-Stockheim, Text p. 178 f. Kluckhohn p. 198.

[2]) cf. Kluckhohn p. 189 f., p. 198. Die Unterstützung des Erzherzogs
durch Ludwig war die Hauptursache der kaiserlichen Kriegserklärung gewesen.

[3]) cf. Hasselholdt-Stockheim besonders p. 180, 8 ff.

[4]) cf. Kluckhohn p. 196 ff., p. 198 f.

[5]) cf. Janssen, Frankfurt. Reichskorr. II p. 163, 13.

[6]) Das liefse sich allenfalls dem Schreiben Frankfurts an Markgraf
Albrecht vom 28. Nov. (als Regest gedruckt bei Janssen II p. 198 n. 307)
entnehmen: nachdem wir nach uwer gnaden begerunge unsere frunde uf dem
dage zu Norenberg und Johannem Brunen unsern schriber sieder bi uwern
furstlichen gnaden gehabt han ... in Frankf. St.A. Kaiserschr. 5, 82.

[7]) Er war bis in den Dezember hinein, wo er zurückgerufen wurde
(Janssen II no. 309), dem Anschein nach meist in Nürnberg. Seine Briefe
haben fast stets das Datum „in Nürnberg". cf. Janssen II n. 278. 279.
280. 286 u. s. w.

[8]) Seine Instruktion lautete anscheinend, sich hierbei auch nach den
andern Städten zu richten, dann aber, wenn man nicht mehr ausweichen
könne, mit der werbunge hervorzutreten, dafs ihnen der Dienst erlassen werde,
oder dafs sie anstatt Mannschaft Geld geben dürften. Das ist offenbar der

wir einige für uns höchst interessante Mitteilungen, die bisher
noch nicht genügende Beachtung gefunden haben. Am 2. Oktober nämlich[1]) meldet er aus Nürnberg unter vielem Anderen
dem Frankfurter Rat in billicher geheime, man habe ihn in der
Voraussetzung, daſs er nicht offen davon reden werde[2]), ganz ins-
geheim von einigen Plänen (etliche furnemen) in Kenntnis gesetzt,
die in diesem Jahre auf den Tagen zu Eger und Nürnberg —
damit sind selbstverständlich die uns bekannten Fürstentage gemeint — in Erwägung gezogen wären, und die auch auf dem vereitelten Frankfurter Tage zur Besprechung hätten kommen sollen[3]).
Daſs ihm bei der Gelegenheit von dem Versuch des böhmischen
Königs, sich zum römischen König wählen zu lassen, erzählt
sein wird, lehrt das Folgende. Denn Brune fährt etwa fort:
Nach einer vielleicht nicht unbegründeten Sage bestehen die auf
die Erlangung der römischen Königswürde gerichteten Absichten,
die durch die Verhinderung des Frankfurter Tages gehemmt sein
sollen, auch zur Zeit noch fort[4]); so soll denn auch der König von

---

Inhalt der werbunge. mit der er nicht eilen soll. cf. Frankf. St. A. Kais.
Schr. 5, 42 in einem Brief Frankfurts an Brune vom 1. Okt. Man schreibt
Brune des öfteren, die Sache noch hinauszuschieben. — cf. übrigens auch
Brunes Verhalten dem Mg. Albrecht gegenüber: Janssen II p. 185 ff. n. 300.

[1]) b. Janssen II p. 177 unten und p. 178.

[2]) So möchten wir die Worte, ihm sei mit furworten zu wissen getan,
fassen. mit furworten heiſst an und für sich nur: mit Bedingungen, Vorher-
bedingungen, mit Vorbehalt (cf. Lexer, Mhd. Wörterb. Bd. III p. 485).
Da Brune die Mitteilung in billicher geheime macht. und am Schluſs sagt:
haltet difs one uſer vermirkunge. so bestand die ihm auferlegte Bedingung
wohl darin, daſs er nicht unnötig viel hierüber sprechen und auch den Frankfurter Rat um Geheimhaltung bitten möge.

[3]) Es heiſst im Schreiben (wir wenden hier und im Folgenden die Ortho-
graphie an, die bei den Deutschen Reichstagsakten üblich ist): ihm sei mit
furworten, zu wissen getan etliche furnemen der tage zu Eger und Nurenberg in diesem jare gehalten und bi uch gehalten worden solte sin. als der
uwer wisheit verboten wart etc.

[4]) Wir glauben damit ungefähr den Sinn der Worte wiedergegeben zu
haben: und als under andern nach gemeiner sage, und villicht als an mich
langet nit ane ist, etlich ufdenken zu Romischen konge und das riche ist. das
dann durch uwer abeslahen des tages verhindert sin sal, sal — der konnig
zu Beheim — gehabt han. Bei der Übertragung in unser Deutsch läſst sich
der Satz mit „und als etc." am besten durch e. Hauptsatz wiedergeben. —
Die Worte „under andern“ besagen wohl: um von andern (scil. etwa „Besorgnis Erregendem“) zu schweigen, so soll jetzt auch etlich ufdenken sein.
Es kann nicht heiſsen: unter andern Leuten (scil. als diejenigen waren, die

Böhmen auf der letztvergangenen Frankfurter Herbstmesse seine vier erprobtesten Kämpen (vier der sinen, zu velde und stete erobern die besten ufs sincm lande) gehabt haben;

> der einer ein ritter sin sal und in kaufmanfswise gegangen uud die stad Francfort umb und umb besehen, abegemirket und erfunden han, das mau Francfort zu beiden siten beligen mufse ein teil uf Safsenhusen und das ander uf der andern siten. und da mir die sage als von gleuplichem munde herkomet, sagt man gelegenheit beider stete und ist doch nit da gewest.

Vermutlich will Brune mit den letzten etwas dunklen Worten sagen, dafs seine Gewährsmänner[1]), die er als glaubwürdig bezeichnen müsse, über die Lage von Frankfurt und Sachsenhausen unterrichtet seien, ohne selbst da gewesen zu sein[2]). Nach dieser Zwischenbemerkung, als eine solche möchten wir sie betrachten, kommt · er noch einmal auf das vorhin Mitgeteilte zurück[3]):

> Und es sal nemlich auch ein burger von Prage, der dann von Nurenberg burtig ist, diese messe zu Francfort gewest sin, bi dem die vier ufs und in zu ziden gangen sin sollen; und die vier sollen irer rede nit glich verholen (verschwiegen) gewest sin, deshalb ein mirken daruf gewest und ine gen Eger nachgeschickt si, den gront davon, und wer die sien, zu erlernen.

Ob man hierbei von Erfolg begünstigt gewesen ist, läfst sich Brunes folgenden Worten nicht recht entnehmen:

> man meint der vier namen si mir nit not zu sagen, aber nach der herberge, da si bi uch gelegen haben, wolle man, ob man moge, erlernen.

Zwar kann die Wendung „si mir nit not zu sagen" in diesem Zusammenhang wohl nur bedeuten, dafs man die Namen der Vier

---

Anfang des Jahres nach dem Reiche strebten) ist jetzt ein ufdcnkeu, schon deshalb nicht, da auch diesmal wieder, wie vorher, Georg Podiebrad als derjenige bezeichnet wird, der sein Augenmerk auf das Reich gerichtet habe.

[1]) Es kann freilich auch nur Einer gewesen sein, auf den seine Erzählung zurückgeht.

[2]) Brune wollte vielleicht sagen: und da mir die sage als von gleuplichem munde herkomet, ist sie wohl beachtenswert. Anstatt dessen führt er, aus der Konstruktion fallend, fort: sagt man gelegenheit etc.

[3]) Janssen l. c. p. 178, 12 ff.

jetzt zwar wisse, es aber nicht für erforderlich gehalten habe, sie ihm, Brune, mitzuteilen; oder auch: er, Brune, wisse jetzt freilich die Namen, doch nenne er sie nicht, da man es für unnötig halte. Aber der Nachsatz, „indessen wolle man sich, wenn möglich, nach der Herberge erkundigen, in der sie zu Frankfurt verkehrt hätten", läfst doch eher einen Vordersatz etwa des Inhalts erwarten, dafs man die Namen, die für Brune ja wohl auch nicht von allzu grofser Bedeutung seien, trotz aller Anstrengungen nicht in Erfahrung habe bringen können. Sollte hier eine unklare Ausdrucksweise Brunes vorliegen?

Doch wie dem auch sein mag, weit wichtiger für uns ist das, was Brune uns weiter erzählt [1]):

> Item sollen ufs verhandelunge der tege (wohl der von Eger und Nürnberg) alle diese kriege grunt haben, und ein furnemen sin fur uch, umb daz rich zu erlangen, zu bequemer zit zu legern etc., mit merer ridden die nit zu schriben sin.

Ob Brune, der mit den Worten „umb daz rich zu erlangen" den Zweck des Lagers trefflich angiebt, aber eben diese Worte erst nachträglich in die Zeile eingezwängt hat [2]), sofort über die Natur des Lagers Bescheid gewufst haben mag? — Wir werden darauf zurückkommen. Übrigens müssen Brune im unmittelbaren Anschlufs an die letzte auf das Lager bezügliche Nachricht hochbedeutsame Mitteilungen gemacht sein, die er wohl darum nicht seinem Schreiben hat anvertrauen mögen: ridden die nit zu schriben sin. Er ermahnt sodann die Frankfurter, auf seinen Bericht zu achten; er lasse es freilich dahingestellt, ob die dinge veste gegrundet sien oder nit, aber er betone, dafs er es ihnen fur eine heimeliche anbrengunge schreibe. Dieser Bemerkung, die wohl einer Aufforderung zur möglichsten Geheimhaltung des Gesagten gleich kam, fügte er noch bei: die Zeitverhältnisse (leufte) sind schwer und wilde, man meint, durch diese Kriege komme viel Volk aus Böhmen heraus, und die Böhmen sollen sich grofse

---

[1]) Janssen, l. c. p. 178, 21 ff.

[2]) Brunes Schreiben befindet sich in Frankfurt St. A. Kaiserschr. 5. Unsere Stelle steht auf f. 36 b. Die angeführten Worte „umb — zu erlangen" sind, wie dort ganz deutlich zu sehen ist, erst etwas später hinter „uch" eingefügt worden (f. 36 b l. 11 unten).

Hoffnung machen (ganz vertrosten)[1]), das rich in ire hende zu brengen.

Wol hait mir als uwerm diener etc. ein doctor, mit deme herr Hartman Becker (der schon erwähnte zweite Frankfurter Gesandte auf dem in Nürnberg Ende August gehaltenen Tage) zu tunde hat, gesagt, diese dinge haben vil verborgener leufte und anhenge, die noch nit am dage ligen, aber die winterzit si nu hie, das es uf difs mal nit so vil sorge bedorfe, zu sommer si der aichte zu haben, doch werden in so vil ziten der anslege vil gebrochen, und damit ander mehe rede.

Mit der Bitte, das Gesagte ohne ufser vermirkunge zu halten, also wohl möglichst wenig darüber zu reden, schliefst Brune diese so merkwürdige Mitteilung.

Dieselbe läfst sich in zwei Abschnitte zerlegen, von denen der erste den Bericht über die vier Böhmen, der zweite die sonstigen Ausführungen Brunes umfafst. Durch beide hindurch zieht sich offenbar die Besorgnis, dafs man auch jetzt noch Kaiser Friedrich aus der Herrschaft verdrängen und darum vor Frankfurt ein Lager aufschlagen wolle. Denn auf ein Lager weist doch wohl auch die angeblich von den Böhmen gemachte Beobachtung hin, das man Francfort zu beiden siten beligen mufse, ein teil uf Safsenhusen und das ander uf der andern siten. Oder sollte bei dem Worte beligen an eine regelrechte Belagerung zu denken sein? Bei einer solchen wäre es ja wohl freilich erforderlich gewesen, auch vor Sachsenhausen Truppenmassen zu legen, um auch von dort aus Frankfurt in Schach zu halten, nicht aber gerade im Falle eines Lagers. Hatte man doch a. 1400 und wohl auch a. 1349 nur auf dem rechten Mainufer, auf dem Galgenfelde, gelagert. Was aber

---

[1]) vertrosten (Janssen hat falsch verstrosten) mufs hier heifsen: sich Hoffnung machen. cf. aber Lexer, Mhd. Wörterb. III p. 276, wo steht: „vertroesten: refl. mit Gen.: über den Verlust wovon sich trösten, vergessen, verzichten. abs.: Bürgschaft leisten. tr. m. acc. d. p.: sicherstellen, einem Bürgschaft leisten. mit acc. d. s.: Sicherheit wofür gewähren. mit dopp. acc.: einem wofür Sicherheit gewähren." Es wird in unserm Stück entschieden behauptet, dafs die Böhmen nach dem Reiche streben. Wenn nicht aus Brunes vorliegendem Schreiben vom 2. Oktober, so geht es doch aus anderen Mitteilungen, wie wir sehen werden, ganz klar hervor. — cf. auch Janssen II p. 196. 32, wo des richs vertrost haben, ebenfalls nur bedeuten kann: sich Hoffnung auf das Reich gemacht haben. cf. u. p. 164 Anm. 4.

Brunes Erzählung über die vier Böhmen betrifft, so ist es schwer, sich bei dem Stande unserer Überlieferung ein festes Urteil über dieselbe zu bilden. Die Anwesenheit von Böhmen auf der Frankfurter Herbstmesse hat ja zwar nichts Auffallendes an sich. Und man darf wohl ruhig annehmen, daſs die Vier, die auf der Heimreise nach Böhmen Nürnberg berührt haben werden, in der That dort waren. Ob aber im Auftrage des Königs von Böhmen, als dessen erprobteste Krieger sie sich wohl in Nürnberg ausgegeben zu haben scheinen, und mit der Absicht, die Örtlichkeit Frankfurts im Hinblick auf die Eventualität eines Lagers oder einer Belagerung zu prüfen?

Wir wagen hierauf keine Antwort zu geben, und um so weniger, da der ganzen Nachricht nur die Äuſserungen der Böhmen zu Grunde zu liegen scheinen. Wenigstens erfahren wir nicht, daſs man sich um Aufklärung an den aus Nürnberg gebürtigen Prager Bürger, bei dem die Vier in Frankfurt verkehrt haben sollen, gewandt habe. Oder sollte dieser etwa, dessen Namen man doch wohl hätte ermitteln können, schon vor den Böhmen oder in diesen Tagen überhaupt gar nicht durch Nürnberg gekommen sein?

Diese beiden Möglichkeiten haben insofern Wahrscheinlichkeit für sich, als man doch sonst wohl, vermutlich von Nürnberg aus, nicht den Versuch gemacht haben würde, durch nachgesandte Boten näheres über die Persönlichkeiten der Böhmen zu erkunden. Falls diese Bemühungen resultatlos verlaufen sein sollten, worüber, wie schon berührt, Brune keinen Aufschluſs giebt, so würde das schon zur Genüge den Umstand erklären, daſs wir nie wieder von diesen vier Böhmen und ihrem Thun und Treiben etwas vernehmen. Vermögen wir aber auch diesem Bericht kein unbedingtes Zutrauen entgegen zu bringen, so wird er doch stets einen gewissen Wert für uns behalten. Auch dann, wenn sich noch durch einen Zufall das Gerede der Böhmen als eitle Prahlerei von böhmischen Kaufleuten erweisen sollte. Zeigt er doch immerhin, wie sehr man in dieser Zeit auf Gerüchte gelauscht und nach Anzeichen ausgespäht hat, auf die hin man mit gutem Fug von reichsfeindlichen Plänen des böhmischen Königs sprechen zu dürfen schien. Allerdings tritt uns im zweiten Abschnitt von Brunes Referat die Behauptung, daſs von böhmischer Seite nach dem Reiche gestrebt werde, im Zusammenhang mit so geheimnisvollen Andeutungen, die eine genaue Kenntnis tief verborgener Absichten zu verraten scheinen, entgegen,

daſs man wohl stutzig werden und sich die Frage vorlegen
muſs, ob wir es hier nicht etwa gar mit Thatsachen zu thun
haben. —

Auf wen übrigens Brunes Mitteilungen vom 2. Oktob. zurück-
gehen mögen, wird wohl mit Sicherheit seinem an Frankfurt gerichteten Briefe — vom 26. Oktober zu entnehmen sein. In
diesem[1]) meldet er, daſs der Markgraf Albrecht ihm in einer
Audienz zu Gunzenhausen[2]) — in derselben drehte sich das Gespräch
um Hilfeleistung gegen Ludwig — erzählt habe[3]):

> was furnemen gen userm herren dem keiser gewest weren,
> und wie ein gedenken nach dem riche si; auch der konig
> von Beheim ganz meinunge habe zu mittemsommer fur
> Francfort zu sin und das rich zu erobern[4]).

Und weiter habe der Markgraf hierüber bemerkt[5]):

> als er (ihm Brune) gesagt hette von dem konge zu Behemen,
> das si also, dann er ganz fur sonnenwende im sommer
> nehstkompt fur Francfort zu ligen meine umb das rich etc.

Albrecht habe sodann eine meinunge von diesem Kriege etc. gesagt und hinzugefügt:

> und der anslege mogen noch vil gebrochen werden, und
> wiewol er schaden daruber genommen habe, des achte er
> nit, uf das er unsern gnedigsten herren erlediget habe und
> behalten moge . . . und meint sine gnade: es schade nit
> das man der dinge achte habe, aber doch mit gotes hulfe
> kome es darzu nit.

---

[1]) cf. Janssen II p. 185 ff. n. 300. Janssen hat das falsche Datum
Okt. 27.

[2]) ib. p. 187, 15 von unten. Das Schreiben findet sich in Frankf.
St. A. Kais.schr. 5. — Ranke, Deutsche Geschichte im Zeitalter der Reformation Bd. 1 p. 47 Anm. 1 (6. Aufl.) macht auf diesen Bericht Brunes aufmerksam.

[3]) b. Janssen l. c. p. 189, 5 ff.

[4]) Diese Stelle führt Ranke wörtlich l. c. an. Dadurch wurde H. M.
Richter (Georg von Podiebrads Bestrebungen z. Erlangung d. deutschen
Kaiserkrone und seine Beziehungen zu den d. Reichsfürsten. Wien und
Leipzig 1863) darauf aufmerksam (p. 64). Er erkannte aber nicht, daſs
es sich hier um den Sommer 1462 handelt. Er bezieht die Sache auf den
Sommer 1461! Einen Versuch, diese Nachricht zu erklären, macht er nicht.

[5]) ib. p. 190, 15 ff.

Albrechts Worte, der sich hier als Vorkämpfer für Kaiser und Reich hinstellt, erinnern sehr an das, was Brune schon vor einigen Wochen in tiefem Vertrauen berichtet worden war. Wesentlich Neues erfahren wir hier, abgesehen davon, daſs der böhmische König vor Frankfurt vor Sonnenwende 1462 zu lagern gedenke, nicht. Und auch dies liegt wohl schon halb in der Mitteilung Brunes vom 2. Oktober verborgen: „man wolle zu bequemer Zeit lagern, doch für den Augenblick bedürfe es nicht so vieler Sorge, zu sommer si der aichte zu haben". In einigem stimmt das, was Brune laut seines Schreibens vom 2. Oktober von einem Hartmann Becker bekannten Doktor erfahren hatte, auch wörtlich mit dem von dem Markgrafen Erwähnten überein. Man vergleiche nur im Briefe vom 2. Oktober die Worte: „zu˙ sommer si der aichte zu haben, doch werden in so vil ziten der auslege vil gebrochen" mit dem Satze in Brunes Brief vom 26. Oktober: und der auslege mogen noch vil gebrochen werden. So ist die Vermutung wohl erlaubt, daſs Brunes Quelle für den im Schreiben vom 2. Oktober enthaltenen Bericht an einer Stelle zu suchen ist, die dem Markgrafen sehr nahe stand. Am einfachsten ist dabei ja die Annahme, daſs markgräfliche Räte dem Frankfurter zu seiner Kenntnis verholfen haben. Und es geschah dann wohl auch auf besonderen Befehl des Markgrafen, daſs man den vier Böhmen Leute nachsandte, um ihrer habhaft zu werden und Genaueres von ihnen zu vernehmen.

Seit wann aber mag in der Umgebung Albrechts von einem angeblichen Vorhaben Georgs, vor Sonnenwende 1462 vor Frankfurt zu lagern, um das Reich zu erobern, gesprochen worden sein? Etwas ganz Sicheres läſst sich darüber nicht sagen. Hält man aber fest, daſs die vier Böhmen etwa am 22. September — die Herbstmesse zu Frankfurt erreichte etwa am 15. ihr Ende[1]) — in Nürnberg gewesen sein werden, und daſs man deren Äuſserungen wohl schwerlich solche Beachtung geschenkt haben würde, wenn man nicht bereits anderweitig über geheime Pläne Georg Podiebrads unterrichtet gewesen wäre, so läſst sich vielleicht der 15. September als der Zeitpunkt bezeichnen, um den herum man neuen Plänen des Böhmenkönigs auf der Spur zu sein glaubte. Dafür lieſsen sich

---

[1]) über die Frankfurter Messe im Mittelalter cf. Kriegk, Frankfurter Bürgerzwiste p. 294 ff. cf. p. 301, wo steht, daſs die Herbstmesse auf Befehl Wenzels bis zum 15. Sept. gedauert habe. Etwa um die Zeit wird auch a. 1461 die Messe ihr Ende erreicht haben, wenn der Anfangs- und End-Termin auch nur zu häufig wechselten.

allenfalls auch die Worte Albrechts aus einem an den Kaiser gerichteten Briefe vom 21. September [1] anführen. In dem Schreiben
fordert er den Kaiser auf, keine Mühe zu sparen, um die Reichsstädte zur Hilfeleistung gegen Ludwig zu bewegen, und bemerkt
dann [1]):

> dann gnediger herr, kommen sie nicht in die hilf, nach
> deme der last zu grofs auf mir leit, so ist dem schimpf
> der boden auf, und der konig von Beheim wirdet Romi-
> scher konig, es sei ewrm gnaden und uns allen lieb oder
> leide.

Gerade die Reichsstädte aber waren es, denen man, wohl insbesondere im Auftrage Albrechts, durch geheimnisvolle Mitteilungen
über dem Reiche drohende Gefahren Angst einzuflöfsen suchte, um
sie dadurch zur Unterstützung von Kaiser und Reich zu veranlassen. Wie man Brune, dem Vertreter Frankfurts, eine meinunge
von dem gegenwärtig zwischen Herzog Ludwig und dem Markgrafen schwebenden Kriege sagte, und ihm die Sache so darstellte,
als ob alle diese Kämpfe eine Folge der zu Eger und Nürnberg
gepflogenen Verhandlungen seien, als ob es sich demnach auch jetzt
noch um die Erlangung der römischen Königswürde handle, in derselben Weise verfuhr man auch auf einem Städtetage zu Efslingen
am 16. Oktober den daselbst versammelten Städteboten gegenüber.
Diesen wurde dort von dem Erbmarschall Heinrich von Pappenheim, dem Grafen Ulrich von Württemberg und einigen markgräf-
lichen und württembergischen Räten die geheime Eröffnung gemacht [2]): „das were die recht ursach des kriegs, das sich die wider-
parti understanden hett, daz hailig rich ufs der Tuttschen nacion
in ander hend ze bringen, die nicht nott tätt zu benennen, es
zaigt sich selbs an". Auch hier also wieder ein Hinweis auf ein
noch bestehendes Vorhaben, dem Kaiser die Regierungsgewalt zu
entwinden, und sie anderen Händen, offenbar wohl denen des
böhmischen Königs, eines gebornen Czechen, anzuvertrauen.

Welcher Wert mag all' diesen Nachrichten, die Georg Podiebrad die Absicht beilegten, römischer König zu werden und zu

---

[1] bei Palacky, Urk.-Beitr. zur Gesch. Böhmens 1860 in fontes rer.
Austr. II Bd. 20 p. 249, 10 ff. v. u. u. 248 und bei Hasselh.-Stockh. Beil.
n. 77 e p. 408, 18 ff. von unten.

[2] Die Worte finden sich in dem von Kluckhohn in seinem „Ludwig
der Reiche" benutzten Nürnb. Kodex 155 S 14 R 1 No. 253 fol. 138b unten.

dem Zweck vor Sonnenwende 1462 vor Frankfurt ein Lager aufzuschlagen, beizumessen sein? — Da die Beantwortung dieser Frage
uns erst eine sichere Basis schaffen wird, von der aus die Auffassung über das Lager einer genauen Prüfung unterzogen werden
kann, so ist es notwendig etwas ausführlicher hierbei zu verweilen.

Daſs den von uns erwähnten Nachrichten nun einiges Thatsächliche zu Grunde liegt, wird kaum bezweifelt werden können,
schon wegen der Mitteilungen nicht, die Heinrich von Pappenheim
am 16. November dem Kaiser auf Grund einer wohl aufgefangenen
feindlichen Korrespondenz machte. Er berichtet nämlich[1]), daſs er
geschriften gesehen und gelesen habe, die von einer gewaltigen, im
Dienst des Erzherzogs Albrecht stehenden gehaimen person ausgegangen seien. Und zwar schreibe diese hinauf in das land ainer
treffenlichen person (unter der wir vermutlich an einen Rat des
bayrischen Herzogs zu denken haben), sie solle dafür wirken, daſs
der Markgraf und Herzog Ludwig sich entweder zu einem Waffenstillstand[2]) bereit finden lieſsen bis auf die zeit als ewer keiserlichen
gnaden frid stet, oder daſs dieselben sich überhaupt ganz aussöhnten.
damit Albrecht ewer keiserlichen gnaden sachen müssig gieng; geschehe das, so wollten sie schon für das Übrige sorgen (so wolten
si den sachen recht tun), denn der König von Böhmen habe zwar
im vergangenen Sommer kain veld machen können[3]) merklicher
seinergescheft halben, doch wolle er auf den zukunftigen sumer ain
veld machen und selbs persondlichen vast stark im veld sein und
irem furnemen nachgeen und die leut straffen.

Das sei, so fährt Pappenheim fort, der Inhalt des Briefes, so
viel er davon behalten habe, denn er habe ihn sofort wieder —
vermutlich dem Markgrafen, der wenigstens im Aufdecken von
dem Kaiser feindlichen Bewegungen in diesen Tagen eine groſse
Rührigkeit entfaltete — zurückgeben müssen. Das Schreiben
Pappenheims fällt in die Zeit, wo Georg Podiebrad die zwischen

---

[1]) bei Hasselholdt-Stockheim. Beil. n. 77[i] p. 418, 5 ff. cf. auch bei
ihm Text p. 202, 5 ff.

[2]) es heiſst im Text: damit das sie mit einander gefritt mochen werden
bis auf die zeit, als ewer keiserlichen gnaden frid stet oder aber ain ganze
richtung. — Es ist hier an die Worte Kluckhohns (p. 207 nt. 3) zu erinnern.
daſs in den Quellen Waffenstillstand regelmäſsig durch Frieden, ein gründlicher Frieden aber durch Richtung ausgedrückt wird.

[3]) es heiſst im Text: der kunig von Beheim, der müg disen sumers kain
veld machen. „müg“ ist wohl gleich „mochte“. „disen sumers“ ist natürlich
der bereits vergang. Sommer 1461.

dem Kaiser, dem Markgrafen und Herzog Ludwig bestehenden Streitigkeiten in Prag zu schlichten unternommen hatte[1]). Doch hatten seine Bemühungen wenig Aussicht auf Erfolg, da der auf den 1. November angesagte Tag von dem Markgrafen gar nicht[2]) und von dem Kaiser erst nach Mitte November[3]) beschickt wurde. Zudem trat Ludwig, der wohl nur ungern auf Geheiß des böhmischen Königs das markgräfliche Gebiet geräumt[4]), aber doch rechtzeitig Gesandte nach Prag abgeordnet hatte[5]), dort mit solchen Ansprüchen hervor[6]), die allein schon zeigten, wie wenig er geneigt war, sich mit dem Markgrafen auszusöhnen. Dem gegenüber scheint Erzherzog Albrecht, auf dessen Geheiß doch wohl jene geschrifte verfaßt worden sind, den Wunsch gehegt zu haben, daß es gelingen möge, in Prag, einen Frieden oder wenigstens einen Waffenstillstand zwischen Ludwig und Albrecht zu stande zu bringen, um letzteren dadurch der kaiserlichen Sache abspenstig zu machen. Bezeichnend aber, daß ein etwaiger Waffenstillstand ebenso lange währen solle, als derjenige, den Georg Podiebrad am 6. September zu Laxenburg zwischen dem Kaiser, dem Erzherzog, Herzog Ludwig und dem ungarischen König aufgerichtet hatte, also bis Sonnenwende 1462[7]). Wie Pappenheim darüber urteilte, zeigt folgende Äußerung in seinem Briefe[8]):

> als ich den brief verstanden hab, so acht ichs dafür, das die befridung dortinden — damit meint er fraglos den Waffenstillstand vom 6. September[9]) — gen ewrn kaiserlichen gnaden darauf aufgenomen sei, das si sich darzu schicken und richten auf das kunftig jare ewr kaiserlich

---

[1]) cf. Kluckhohn p. 200 ff. Hasselholdt-Stockheim Text p. 201 ff.

[2]) cf. Kluckhohn p. 203, 11 f. Hasselh.-St. p. 201.

[3]) Die kais. Gesandten langten erst am 17. Nov. in Prag an. Kluckhohn p. 203. Hasselh.-St. p. 204, 11 von unten.

[4]) cf. Kluckhohn p. 200 unten. p. 201.

[5]) Die bayr. Räte hatten am 5. Nov. schon die erste Audienz beim Könige. cf. Kluckhohn p. 202 unten. Bachmann, Reichsgesch. p. 147 f.

[6]) cf. Kluckhohn p. 202. Der Herzog wirkte in Prag für Fortsetzung des Kampfes, cf. Bachmann l. c. p. 148 ff.

[7]) cf. Hasselholdt-Stockheim Text p. 178 unten.

[8]) cf. ib. Beil. p. 418, 14 ff. von unten.

[9]) Es kann doch sich nicht auf das Bestreben beziehen, in Prag für den Kaiser einen Frieden zu stande zu bringen?

gnad zu übereilen und die in der zeit ewrn kaiserlichen
gnaden abzedringen, die jetz in ewer gnaden hilf und beistand sein.

Ob Georg Podiebrad freilich auch in dieser Absicht sich bemüht hat, zu Laxenburg es zu einer Waffenruhe kommen zu lassen?
— Wir wissen es nicht, müssen aber betonen, daſs der von dem
böhmischen König verfolgte Hauptzweck doch jedenfalls war, den
Markgrafen damals in seinem Kampfe gegen Ludwig von Bayern
zu isolieren[1]). Aber wie dem auch sein mag, von hoher Wichtigkeit für uns ist hier die Thatsache, daſs dem Erzherzog und dem
Schreiber des Briefes, in den Pappenheim flüchtig hatte einblicken
können, Georg von Böhmen offenbar zugesichert hatte, er wolle
im nächsten Sommer persönlich zu Felde erscheinen und ihrem
furnemen, das offenbar darin bestand (darin wird Pappenheim recht
haben), den Kaiser zu gleicher Zeit von verschiedenen Seiten aus
zu übereilen, nachgehen. Scheint es nicht, als ob wir hier eine
Nachricht vor uns haben, die in irgend einer Weise mit derjenigen,
laut der Georg Podiebrad im nächsten Sommer vor Sonnenwende
vor Frankfurt sein wolle, in Zusammenhang stehen muſs? Gedachte
man etwa den Markgrafen bis Sonnenwende darum ruhig zu halten.
da man kurz vor diesem Zeitpunkt schon die entscheidenden Schläge
geführt zu haben hoffte? — Welches Ziel aber mag Georg dabei
vor Augen geschwebt haben, wenn er versprach, im nächsten
Sommer in Person ins Feld zu rücken? Sollte er in der That, wie
insbesondere Markgraf Albrecht über ihn aussprengte, noch daran
gedacht haben, römischer König zu werden?

Man war bisher gewohnt, etwa den Mai 1461 als den Termin
zu bezeichnen, über den hinaus Podiebrad nicht mehr den Versuch gemacht habe, sich zum römischen König erheben zu
lassen[2]). Und man war der Ansicht, daſs Georg, der nach dem

---

[1]) cf. Hasselh.-Stockh. Text p. 180, 8 ff.

[2]) So noch zuletzt A. Bachmann, Böhmen und seine Nachbarländer
p. 304 unten: „Das Projekt, römischer König zu werden, gab der König
völlig auf" (scil. nachdem Georg auf dem um Mitte Mai 1461 in Prag versammelten Landtage den utraquistischen Ständen die Erhaltung ihrer Rechte etc.
zugesichert hatte). — Die Berichte Brunes vom 26. Oktober macht Bachmann in seiner Reichsgeschichte übrigens in einer Anmerkung ab. p. 173
im Text sagt er, der Kaiser sei durch vielfache übertriebene Meldungen aus
dem Reiche über des Königs Umsturzgelüste bereits wieder miſstrauisch geworden. Er begründet dies in Anm. 7 mit dem Hinweis auf Pappenheims

definitiven Scheitern seiner auf die Kurfürsten gesetzten Hoffnungen
etwa im März 1461 auf die Idee verfallen war, sich durch den
Papst die Reichsregierung übertragen zu lassen[1]), diesen Gedanken
mit Rücksicht auf sein dem Utraquismus ergebenes böhmisches
Volk bald, und zwar schon Mitte Mai 1461, wieder aufgegeben
habe. Angesichts der von uns berührten Thatsachen erhebt sich
aber die Frage, ob sich dieser Gedanke nicht vielleicht noch bis
Ende 1461 in Georg lebendig erhalten haben mag. Aufschluſs
darüber bietet uns eventuell die Instruktion, welche die bayrischen
Räte mit sich nach Prag nahmen. Nach dieser[2]) sollten sie für
ihren Herrn, den Herzog Ludwig, von König Georg als Schieds-
mann unter anderem auch das Amt eines Reichserbhofmeisters
und eines kaiserlichen Hauptmanns über die Reichsstädte in
Schwaben und Franken fordern, doch letztere Würde nur dann,
ob anders dem könig die regirung des reichs nit bevolhen wurde,
werde sie ihm bevolhen, so sol man die haubtmanschaft nit an-
ziehen. Es wurde demnach nicht für ausgeschlossen gehalten,
daſs dem böhmischen König die Regierung noch anbefohlen würde.
Aber durch wen?

Die Antwort giebt wohl das im März oder April 1461, vermutlich durch Martin Mair, verfaſste Aktenstück, das sich als eine
Instruktion für eine an den Papst zu richtende Gesandtschaft charakterisieren läſst und die Überschrift trägt: die underrichtung des
handels, der bei unserm heiligen vatter dem babst von unsers

Schreiben vom 16. Nov. und besonders auf Janssen II p. 189 u. 190 und
auch auf p. 197 (Brunes Brief vom 20. Nov., auf den wir noch eingehen
werden). — Richter, Podiebrads Bestrebungen, p. 75, sagt, ohne es zu begründen: „der Hintergedanke, den Kaiser zu isolieren und den Böhmenkönig
an seine Stelle zu setzen, ist immer" (auch nach 1461) „kenntlich."
[1]) cf. Bachmann, Böhmen und seine Nachbarländer p. 280 ff., p. 202 ff.
und besonders noch Kluckhohn p. 178 f. Die Abfassung des Aktenstücks,
die underrichtung des handels, der bei unserm heiligen vatter dem babst von
unsers genedigisten hern des konigs zu Beheim wegen ist furzunemen (bei
Hasselholdt-Stockheim, Beil. n. 55 p. 301 ff.), fällt nach dem Nürnberger
Tage von Febr. Mrz., von dem in dem Stück als von einem verflossenen die
Rede ist. Dagegen steht der auf den 31. Mai nach Frankfurt angesagte Tag,
der ja vereitelt wurde, hier noch bevor. cf. Hasselholdt-Stockh. p. 305,
3 ff., p. 306, 20 ff.
[2]) cf. Hasselholdt-Stockheim, Beil. p. 462, 6 ff. — Kluckhohn
(p. 202) und Hasselh.-Stockheim (p. 203) gehen auf den Inhalt der instructiones ein, lassen aber die Worte, auf die wir den Hauptnachdruck
legen, ganz unberücksichtigt.

genedigisten hern des konigs zu Beheim wegen ist furzunemen [1]).
Sieht man sich nämlich in demselben die Stellen an, die von der
Verleihung der Reichsregierung durch den Papst handeln, so zeigt
sich eine merkwürdige Ähnlichkeit mit dem in der Instruktion der
bayrischen Räte befindlichen Satze. Man vergleiche nur mit den
Worten: ob anders dem könig die regirung des reichs nit bevolhen
wurde, Nachstehendes: der ungarische König darf nicht hoffen,
daß ihm aus dem Reich Hilfe komme, „es sei dann, das dem reich
mit einem andern regirer versehen werd" etc.[2]), und weiter: will
der Papst den Christenglauben und das ungarische Königreich vor
den Türken retten, „so muess er .. imaut darzu ordiniren, der vollen
gewalt und macht hab, frid und einikeit ... im reich zu machen[3]);
und ferner: es sei des böhmischen Königs etc. Meinung nicht, „das
die sach einem Frantzosischen oder andern, der nit unter das reich
gehört, solt befolhen werden[4]". Hiernach wird es kaum zu gewagt sein, wenn wir in den Worten „ob anders dem könig die regirung des reichs nit bevolhen wurde" eine direkte Bezugnahme
auf die underrichtung etc. und dadurch natürlich auf den Plan erblicken, dem böhmischen König mit Hilfe des Papstes die Herrschaft über das Reich zu verschaffen. Damit stimmt aufs schönste
überein, daß an der Spitze der bayrischen Gesandtschaft eben jener
Martin Mair stand[5]), den man mit großer Wahrscheinlichkeit als
den Verfasser der underrichtung zu bezeichnen pflegt. Darf man
doch jedenfalls vermuten, daß die Instruktionen für den Prager
Tag nicht ohne seinen Rat und Einfluß zu stande gekommen sind.
Und ließe sich für unsere Hypothese nicht auch der Umstand anführen, daß dem böhmischen König, ebenfalls wohl durch Martin
Mair, in Prag ein gegen den Kaiser gerichteter Plan unterbreitet
wurde, in den man außer Ungarn, Polen, Frankreich, Burgund,
die Schweiz und Venedig auch den Papst hineinzuziehen versuchen
wollte[6])? — Näher auf dieses Aktenstück einzugehen, in welchem

---

[1]) bei Hasselh.-Stockh. Beil. n. 55 p. 301 ff., über die Zeit der Abfassung cf. o. p. 151 Anm. 1. Als den Verfasser bezeichnet man gewöhnlich
Martin Mair. cf. Bachmann, Böhmen u. s. Nachbarländer, p. 299, 10 ff.

[2]) b. Hasselh.-Stockh. p. 303, 3 ff.

[3]) ib. p. 304, 16 ff.

[4]) ib. p. 304, 31 ff.

[5]) cf. Kluckhohn p. 202.

[6]) Das Stück trägt die Überschrift: hienach volgen etlich mittl und
wege. die furan furzunemen sein, ob die sachen hie nit gericht würden. der

dem Papst unter anderm ebenso wie in der unterrichtung[1]) zugesichert wurde, daſs man sich für Beilegung des Streites zwischen
dem Herzog Sigmund von Tirol und dem Kardinal Nikolaus von
Cusa bemühen wolle[2]), verbietet hier der Ort. Nur das sei noch
bemerkt, wie auch darin offenbar die unterrichtung mit diesem
Georg vorgelegten Projekt übereinstimmt, daſs dem Kaiser zu
gleicher Zeit von allen Seiten Feindschaft angesagt werden müsse[3]).
Führt uns dies aber nicht wieder auf Pappenheims Schreiben vom
16. November zurück? Die ganze Sache bedarf noch einer gründ-
lichen Untersuchung, die an dieser Stelle nicht geführt werden
kann. — Doch so viel läſst sich wohl mit einiger Wahrscheinlichkeit sagen, daſs dem böhmischen Könige, und zwar von Mair, der
Gedanke nahe gelegt war, sich noch jetzt kraft päpstlicher Autorität
in die Reichsregierung einweisen zu lassen. Wie sich Georg zu
diesem Plan, mit dem vermutlich das Vorhaben, im Sommer 1462
gegen den Kaiser loszubrechen, im innigsten Zusammenhange stand[4]),
verhalten haben mag?

Einen Anhaltspunkt haben wir bei dem Versuch, hierauf eine
Antwort zu finden, wohl an der Thatsache, daſs Georg jedenfalls
nur dann in dieser Sache beim Papst auf Unterstützung rechnen
konnte, wenn er sich zum bedingungslosen Gehorsam, vor allem
also zum Verzicht auf die Baseler Kompaktaten gegenüber dem
römischen Stuhl verstand. Hierauf konnte sich aber der König,
der sich freilich mit Rücksicht auf die Erlangung der römischen

---

dem konig, auch herzog Albrechten raten abgeschrift geben sein, daraus verstanden wirdet, was bei einem jeden hernachgenanten herrn auch den andern
zu arbaiten ist. — bei Hasselholdt-Stockheim Beil. n. 100 p. 492 ff. cf.
Kluckhohn p. 202, 4 von unten u. Hasselholdt-Stockheim Text p. 207 ff.
Letzterer sagt p. 209, 17 ff. v. u., nachdem er den Inhalt des Stückes an-
gegeben hat: „es wird hieraus unwiderleglich klar, wie der Böhmenkönig
dazumal noch allen Ernstes daran dachte, sich die deutsche Kaiserkrone mit
Gewalt aufs Haupt zu setzen". — Er begründet das nicht. In dem Stück
selbst ist von einer solchen Absicht Georgs nicht die Rede. cf. auch Bachmann, Reichsgesch. p. 153, 3 ff.

[1]) cf. Hasselh.-Stockh. Beil. p. 309, 17 ff.
[2]) cf. ib. p. 494. 20 ff. über den Streit des Herzogs Sigmund mit dem
Kardinal von Cusa cf. besonders Brockhaus, Gregor v. Heimburg.
[3]) cf. Hasselh.-Stockh. l. c. p. 313, 18 ff v. u. p. 492. 9 ff. v. u.
[4]) Man könnte in dem Adressaten des von Pappenheim erwähnten
Briefes Mair sehen und sagen, daſs Erzh. Albrecht es zur Durchführung von
Mairs Plänen für nötig gehalten habe, Herz. Ludwig u. Markgraf Albrecht
zu versöhnen.

Königskrone noch im März 1461 mit diesem Gedanken hatte
vertraut machen müssen[1]), unmöglich einlassen, seitdem er, um
die Erregung des mifstrauisch gewordenen böhmischen Volkes zu
beschwichtigen und seinen Thron zu retten, auf einem Landtage
zu Prag, Mitte Mai 1461, sich von neuem zur Aufrechterhaltung
der Kompaktaten und der Privilegien der Stände feierlichst verpflichtet hatte[2]). Dafs unter diesen Umständen Georg von dem
guten Willen des Papstes, der zudem über die Hinausschiebung
der Obedienzerklärung seitens des böhmischen Königs[3]) nicht sehr
erfreut sein konnte, nicht viel oder gar nichts zu hoffen hatte,
wird wohl sicher sein. Sollte er darum, wenn auch nicht ablehnend, so doch möglichst unbestimmt, auf Mairs Vorschläge geantwortet und nur, um ihn und seine Genossen hinzuhalten, die
Zusicherung gemacht haben, den nächsten Sommer in Person ins
Feld zu rücken[4])? —

Beachtenswert könnte es wenigstens sein, dafs der König in
einer geheimen Audienz[5]), die er während des Prager Tages bayrischen Gesandten am 1. Dezember erteilte, und in der ihn diese
daran mahnten, wie er Donauwörth, „wa er zum reich kommen
were oder noch kam", ihrem Herrn „sollt verschrieben haben[6])", dafs
er auf die Worte, „wa er noch kam", in keiner Weise einging. Eine
Folge von Georgs unentschiedener Haltung wird es dann nur ge-

---

[1]) cf. Bachmann, Böhmen und seine Nachbarländer, p. 282.

[2]) ib. p. 304 unten.

[3]) Über Georgs schwierige Stellung der Kurie gegenüber in dieser Zeit
cf. Bachmann, Reichsgesch. p. 141 unten ff. H. Markgraf, das Verhältnis
König Georgs von Böhmen zu Papst Pius II. 1458—1462 war mir leider nicht
zugänglich.

[4]) Diese Frage wird um so mehr Berechtigung haben, wenn Bachmann (Reichsgesch. p. 146 f. p. 143) mit seiner Vermutung Recht hat, dafs
Georg, um den Papst zu einer Bestätigung der Kompaktaten etc. zu bewegen, sich in diesen Tagen bemüht habe, „eine Pacifikation der christlichen
Völker Europas und vor allem im Deutschen Reiche" herbeizuführen. Wurde
doch eine Pacifikation im Reiche, die (nach Bachm.) die natürl. Vorbereitung
zu einem Türkenkrieg sein sollte, durch die oben geschilderten Pläne in weite
Ferne gerückt, wenn nicht gar unmöglich gemacht.

[5]) Hasselh.-Stockheim, Beil. n. 113 p. 548, 10 ff. cf.

[6]) ib. p. 548, 13 ff. von unten. — Über die Verschreibung Donauwörths
cf. Kluckhohn p. 164 f., p. 165, 7 ff. — Ob Ludwig der Meinung war, dafs
dieselbe in Kraft träte, auch dann, wenn Georg nicht gewählt (woran man
a. 1460 dachte), sondern vom Papst ernannt würde?

wesen sein, dafs auch Mair in seinem Eifer, Podiebrad die Herrschaft über das Reich zu erringen, erlahmt sein wird. Jedenfalls
zeigt Folgendes, dafs man offenbar nicht allzu sehr sein Augenmerk
auf Georgs Erhebung gerichtet hatte.

Martin Mair und ein zweiter bayrischer Rat bemerkten nämlich in einem Schriftstück, das sie etwa am 25. November auf
Wunsch der böhmischen Königin dieser übermittelten [1]), von Donauwörth nur, dafs ihr Gemahl die Stadt Herzog Ludwig „wollt ver-
schriben haben, wo er zu dem reich kommen were". Sie thaten
also der Eventualität, dafs er noch zum reich kommen würde, hier
keine Erwähnung. — Dies geringe Entgegenkommen, das Mair
vermutlich für seinen Vorschlag, mit Hilfe des Papstes die früher
auf das Reich gerichteten Pläne wieder aufzunehmen, beim König
gefunden hatte, erklärt es vielleicht, dafs anscheinend nach Ablauf
des Prager Tages, der ca. am 7. Dezember sein Ende erreichte [2]),
nichts mehr von dem Kaiser feindlichen Absichten zu spüren ist.
Die Gerüchte, denen zufolge Georg Podiebrad römischer König
werden und im nächsten Sommer vor Frankfurt sein wollte, verstummen von nun an.

Der Sommer des Jahres 1462, in dem Georg persönlich ins
Feld zu rücken versprochen hatte, und wo vermutlich eine grofse
Koalition, die man bis dahin wohl zu stande zu bringen gehofft
hatte, den Kaiser zu Boden hatte werfen sollen, — dieser
Sommer verging, ohne dafs von solch weit ausschauenden Ent-
würfen irgend etwas zur Ausführung gelangt, ja auch nur in
Angriff genommen worden wäre. Der Krieg zwischen Ludwig
von Bayern und Albrecht von Brandenburg hatte zwar, trotzdem zu Prag zwischen den Parteien ein Tag zu Znaim auf den
6. Februar verabredet worden war, damit dort alle Streitigkeiten
definitiv beigelegt würden [4]), schon in der zweiten Woche des
Jahres 1462 wieder begonnen [5]) und fand erst im Jahre 1463
durch den Frieden von Prag [6]) seinen Abschlufs, aber ungeachtet

---

1) cf. Hasselh.-Stockh. Beil. n. 109 p. 540 l. 11 v. u.
2) cf. Kluckhohn, p. 204, 5 v. u. Am 1. Dezember gingen die kais.
Räte für Friedr. III. und den Markgrafen einen Waffenstillstand ein. Bachmann, Reichsgesch. etc.
4) cf. Kluckhohn p. 204 und Bachmann, l. c. p. 156.
5) cf. Kluckhohn p. 208, 9 ff. Bachmann l. c. p. 174.
6) cf. Kluckhohn und Bachmann.

dessen scheint nichts darauf hinzuweisen, dafs den von uns angedeuteten Versuchen noch weiter nachgegangen worden wäre. Sollte
der Grund davon nicht vor allem auch der sein, dafs am 31. März
1462 der schon lange drohende Konflikt zwischen der römischen
Kurie und dem böhmischen Könige, der die Kompaktaten nicht
widerrufen durfte und konnte, durch die Aufhebung der Kompaktaten seitens Pius II. zum offenen Ausbruch kam[1])? —

Doch kehren wir nach dieser wohl unerläfslichen Abschweifung
zu unserem eigentlichen Thema zurück. Hier bleibt noch immer
die Frage offen, wie wir über den Bericht, dafs Georg Podiebrad
vor Frankfurt lagern wolle, urteilen sollen. Ob er in der That
sich dementsprechend geäufsert hat? Wohl kaum. Viel wahr-
scheinlicher dünkt uns, dafs die Nachricht auf Markgraf Albrecht
und diejenigen zurückgeht, die von den geheimnisvollen Bemühungen
hörten, dem König die Regierung des Reichs zu verschaffen, und
zugleich über Georgs Vorhaben, im Sommer 1462 ein Feld zu
machen, ganz sichere Erkundigungen eingezogen hatten.

Sie legten ihm vermutlich, da sie es als selbstverständlich er-
achteten, dafs ein etwaiger Gegenkönig vor der Wahlstadt lagern
werde, ohne weiteres diese Absicht bei, sobald sie von seiner geplanten Erhebung Kenntnis erhalten hatten. Allerdings wäre es ja
auch denkbar, dafs Georg selbst, und vielleicht auf Antrieb Mairs,
sich zu einem Lager vor Frankfurt bereit erklärt hätte. Und man
könnte damit dann die Anwesenheit der Böhmen auf der Frankfurter Herbstmesse in Verbindung bringen und dieselben thatsächlich als Kundschafter Podiebrads betrachten. Der böhmische König
wäre dann vermutlich etwa der Meinung gewesen, dafs sich seiner
Ernennung zum „Reichsregierer" oder zum römischen König durch
den Papst das Lager vor Frankfurt anschliefsen müsse, in derselben Weise, wie es sonst nach Recht und Gewohnheit bei einer
zwistigen Wahl einzutreten habe. Dafs aber Podiebrad auf solche
Erwägungen verfallen sei und seine etwaige Ernennung durch den
Papst mit einer zwistigen Wahl in Parallele gesetzt habe, klingt
sehr unwahrscheinlich. Da hat doch gewifs die Vermutung mehr
für sich, dafs Georgs Gegner ohne weiteres aus der ihnen zu-
gegangenen Meldung, es sei ein gedenken nach dem riche, die

[1]) cf. Bachmann, Reichsgesch. p. 198 ff.

Folgerung gezogen haben werden, demnach werde der König vor Frankfurt ziehen, um das Reich zu erobern.

Wenn aber sie, die vermutlich im Frühjahr 1461 sich schon des Lagers wiederum erinnert hatten, auch jetzt von neuem auf dasselbe zu sprechen kamen, so kann man zweifelhaft sein, welche Auffassung sie in diesen Tagen über dasselbe gehabt haben. Sie werden schwerlich von der tief verborgenen Absicht, den Papst in die Reichsangelegenheiten hineinzuziehen und durch seine Hilfe Georgs Pläne auf das Reich zu verwirklichen, eine Ahnung gehabt haben, ebensowenig aber wohl darüber im unklaren gewesen sein, daſs an eine Wahl Podiebrads durch die Kurfürsten gar nicht mehr zu denken war. Wenn sie nichtsdestoweniger demselben das Vorhaben, ein Lager aufzuschlagen, insinuierten, so drängt sich einem fast unwillkürlich die Ansicht auf, als ob nach ihrer Anschauung, die sich dann freilich gar gewaltig von der der Vergangenheit unterschieden hätte, die Abhaltung des Lagers vor Frankfurt schon genügt hätte, um einem Usurpator bereits Rechte gegenüber einem bisher allgemein anerkannten Herrscher zu verleihen, und diesen selbst aus seiner Würde zu verdrängen. Eine Bestätigung für die Behauptung, die manchem ungeheuerlich erscheinen mag, finden wir vielleicht in der Art und Weise, wie die Frankfurter sich schlieſslich über das Lager, das ihnen laut Brunes Briefen vom 2. und 26. Oktober bevorstehen sollte, geäuſsert haben. —

Brunes Schreiben vom 2. Oktober[1]) wird im Laufe des 8. in Frankfurt angelangt sein[2]). Auf dasselbe und einen zweiten Brief Brunes vom 2. Oktober, der gleichzeitig mit unserem Schreiben

---

[1]) Dasselbe, das unter vielen anderen Nachrichten auch den Abschied eines Ulmer Städtetages vom 26. September enthält (cf. Janssen, Frankf. Reichskorr. II n. 286) war wohl einem kürzeren Briefe Brunes an Frankfurt vom näml. Tage, in dem er um weitere Instruktionen bittet (in Frankf. St.A. Kaiserschr. 5, 44) eingelegt gewesen. Es ist keine littera clausa und trägt keine Adresse, hat aber Verschickungsschnitte. So war es wohl dem Briefe vom 2. Oktober eingefügt, in dem sich freilich keine Bezugnahme auf dasselbe findet. — Daſs unser Schreiben vom 2. Okt. ist (es ist ohne Datum überliefert), ist zweifellos. Schreibt Brune doch am 5. Oktober (Montag) an Frankfurt, daſs er am letzten Freitag (Oktober 2) vom Abschied des Ulmer Tages etc. geschrieben habe. cf. Janssen II n. 289 p. 180 u. p. 180 l. 13.

[2]) Wie lange ein Brief gebrauchte, um von Frankfurt nach Nürnberg zu gelangen, zeigt Folgendes. Einen an Brune gerichteten Brief des Frankf. Rats vom 6. Oktob. empfing dieser am 12. abends (laut seiner Antwort vom 13. in Frankf. St.A. Kaiserschr. 5, 49).

in der Stadt eingetroffen sein wird[1]), bezieht sich im Frankfurter
Bürgermeisterbuch des Jahres 1461[2]) eine unter dem 8. Oktober
eingetragene Notiz: nota als Johannes Brune zu zwei malen geschriben hat, ratslagen. Dann folgt in derselben Reihe: nota, die
privilegien anzusehen. Die letzten Worte sind interessant, weil
sie zu der Annahme berechtigen, daſs die Erwähnung des Lagers
in dem einen der Briefe es wünschenswert erscheinen lieſs, sich
des Näheren nach dem Vorkommen desselben in früheren Zeiten
umzusehen. Ja man darf vielleicht daraus schlieſsen, daſs dem
Frankfurter Rat die Erinnerung an das Lager fast völlig ent-
schwunden war. Dann wird aber auch Brune sich wohl kaum
sofort über das Charakteristische des Lagers klar gewesen sein.
Aber mag dem auch anders sein, soviel möchte feststehen, daſs
a. 1461 die Aufmerksamkeit des Rats sich dem Lager nicht schon
in der ersten Hälfte des Jahres zugewandt hatte, sondern daſs dieselbe erst im Oktober eben durch Brunes Bericht auf dasselbe gelenkt wurde. Warum hätte man es auch sonst für nötig befunden,
aus Anlaſs von Brunes Schreiben die Privilegien anzusehen? —

Über den Gang der Beratung und über das Ergebnis, das die
Durchforschung der Privilegien hatte, fehlt uns jede Kunde. Daſs
man aber die staatsrechtliche Bedeutung des Lagers erfaſst haben
wird, läſst sich wohl der Antwort entnehmen, die der Rat Brune
um Mitte Oktober auf seine Briefe vom 2. und 5. Oktober — derjenige vom 5. kommt für uns nicht in betracht — erteilte. In
der Antwort, die bereits am 13. Oktober aufgesetzt wurde, aber
frühestens am 15. aus Frankfurt abging[3]), erklärt er[4]), daſs er
besonders wegen der Mainzer Bistumsfehde nicht im Stande sei,

---

[1]) Unser Schreiben war demselben eben wohl eingelegt. cf. o. p. 157 Anm. 1.

[2]) auf f. 44[b] oben.

[3]) In Frankf. St.-A. Kaiserschr. 5 befinden sich 2 Entwürfe der Antwort. der ursprünglichere, n. 53, ohne Datum; der zweite, n. 51, hat das
Datum fer. 3 post Dionysi (Okt. 13) 1461. Auf der Rückseite des Blattes
stehen noch für Brune bestimmte Nachrichten vom 15. Okt., die aufgezeichnet
wurden, als der Brief schon „geschriben und besigelt was". Ob man den Brief
am 15. unter dem Datum des 13. abgesandt und dem schon verschlossenen nur
einige Zettel unterm Datum des 15. eingefügt hat? cf. Janssen II p. 184
n. 298: uwer widderschrift am nehstvergangenen donrstage [Okt. 15] am
zettel gegeben etc. Janssen II n. 293, der das Schreiben als Regest giebt,
hat nur das Datum Okt. 15.

[4]) cf. l. c. Kaiserschr. 5, 51 Abs. 2. In 5, 53 stehen fast die näml. Worte.

einigen reisigen gezug zu senden, und das um so weniger, da er
dem Reiche „in difsen leufen sin stad verwaren" müsse; er, Brune,
möge daher dafür wirken, dafs man diese Umstände in Rechnung
ziehe und sie der Hilfeleistung gnediclich erlasse, „dem reich sin
stad debafs mogen verwaren".

Es ist wohl einleuchtend, dafs der Rat hierbei vor allem die
drohende Eventualität eines Lagers im Auge hatte. Ob es Zufall
ist, dafs er in dem an den Markgrafen Albrecht gerichteten Briefe
vom 15. Oktober[1]), in welchem er die Unmöglichkeit betont, Hilfe
zu schicken, von der Pflicht, dem reich sin stad zu verwaren,
ganz absieht? Oder schien es ihm bedenklich, dem kaiserlichen
Hauptmann durch eine derartige Äufserung zu verraten, dafs er
von Plänen, die gegen das Reich gerichtet seien, gehört habe?
Brune wenigstens glaubte offenbar im Sinne seiner Auftraggeber zu
handeln, wenn er in der schon erwähnten Audienz zu Gunzenhausen,
die er nach Empfang des Briefes vom 13. resp. 15. Oktober bei
Albrecht hatte, unter den Gründen, die in Frankfurt gegen eine
Sendung von Mannschaften sprächen, die der Stadt drohende Aussicht eines Lagers anfänglich ganz unerwähnt liefs. Will er doch
laut seines Schreibens vom 26. Oktober Albrecht auf dessen Mitteilung, dafs Georg Podiebrad um Mitte Sommer 1462 vor Frankfurt zu sein gedenke, geantwortet haben[2]): die nämliche Nachricht
sei auch nach Frankfurt gelangt, — aus seinem Briefe vom 2. Oktober wissen wir: auf welche Weise — und wenn er auch gemäfs
seines Auftrages davon nichts habe melden dürfen, so sei es doch
ein mirglich orsach, weshalb die Frankfurter die lhrigen fortzu-
senden „nit staden hettent"; vielmehr müfsten sie daheime mit luden
(Leuten) versehen und rusten unde die stad also schicken, damit
sie dieselbe dem heilgen riche und für sich selbst gepurlich dester
bafs gehalden könnten. Was Brune hier von Rüstungen in Frankfurt meldet, ist wohl etwas übertrieben und entsprang gewifs mehr
seinem Wunsche, die ablehnende Haltung der Stadt vor Albrecht
zu beschönigen und zu begründen. Wenigstens lassen sich erheb-
liche Mehrausgaben für Befestigungen und Bewachung der Stadt
in diesen Tagen nicht nachweisen[3]). —

---

[1]) Frankf. St.-A. Kaiserschr. 5, 56. Regest b. Janssen II n. 294.
[2]) cf. Janssen II p. 189 unten, p. 190, 1 ff.
[3]) Beachtenswert ist vielleicht, dafs es im Frankf. Rechenmeisterbuch
des Jahres 1461 auf f. 83ᵇ zum 17., zum 24. und zum 31. Okt., an welchen

Gerade aus Brunes Schreiben vom 26. Oktober können wir nun mit ziemlicher Sicherheit herauslesen, welche Auffassung über das Lager in diesen Tagen in Frankfurt geherrscht haben mag. Es ist nämlich bezeichnend, daſs Brune in der Audienz zu Gunzenhausen auch auf den von den Kurfürsten nach Frankfurt ausgeschriebenen Tag, der daselbst bekanntlich am 31. Mai hatte stattfinden sollen, zu sprechen kam. Er äuſserte dort[1] die Befürchtung, daſs die Kurfürsten, denen die Frankfurter auf Befehl des Kaisers die Abhaltung eben jenes Tages in ihren Mauern verweigert hätten, es übel vermerken möchten, wenn Frankfurt im gegenwärtigen Kriege gegen Ludwig Partei ergreife.

Dieser Hinweis auf die Kurfürsten und auf den vereitelten Frankfurter Tag, auf dem eine römische Königswahl von vielen erwartet worden war, läſst wohl die Annahme zu, daſs man mit der Nachricht, es sei ein gedenken nach dem rich, unwillkürlich die Kurfürsten in Verbindung gebracht, demnach dafür gehalten haben wird, auch jetzt wieder bereite sich eine römische Königswahl vor. Sollte diese Meinung unter den Städten, denen in Eſslingen ja von dem Reiche drohenden Plänen geheime Mitteilung gemacht worden war, etwa allgemein verbreitet gewesen sein? Die Worte Albrechts, die er in der Audienz fallen lieſs[2]: die stede

---

drei Tagen über die vergangene Woche abgerechnet wurde, heiſst: so und so viel „den vier knechten an den zwein dorchgeenden porten zu Sassenhusen im harnesch zu huden". cf. l. c. l. 10 f. l. 14 f. l. 20 f. — Da sonst die Worte „im harnesch" fast stets fehlen (cf. l. c. f. 83ᵃ l. 15 (l. 20 z. 19. Sept. finden sie sich freilich). l. 29 und f. 83ᵇ l. 1 f. l. 4 f. l. 26. l. 2 v. u. f. 84ᵃ l. 2 f.), so könnte man vielleicht den Umstand, daſs vom 10. ca. bis 31. Okt. die südl. Thore Frankfurts von Geharnischten bewacht wurden, mit den auf das Lager bezügl. Nachrichten in Kausalnexus bringen? — Zum 15. Okt. ist im Frankfurter Bürgermeisterbuche eingetragen (f. 45ᵇ oben): die laufende knechte allenthalben herheim kommen lassen. — Selbst wenn in dieser Zeit gröſsere Ausgaben für Befestigungen etc. erkennbar wären, so müſste man sich aber doch hüten, diese mit den mitgeteilten Gerüchten ohne weiteres in Verbindung zu bringen. Spielte sich doch die Mainzer Bistumsfehde in nächster Nähe ab. und hielt diese doch die Frankfurter stets in Athem.

[1] Janssen II p. 190, 8 ff.: auch si gnediglich zu bedenken, wie ir nehst den geboten unsers gnedigsten herren zu gehorsam einen tag zu Francfort zu halten minen gnedigen herren den korfursten geweigert habt, und wiewol ir in hoffenunge sit, min gnedige herren versteen wol uwern schuldigen gehorsam, doch mochte solichs durch schickunge der uwern zu diesem kriege zu ungnaden villicht in gedechtenis genommen werden.

[2] ib. l. 13 v. u. ff.

wenten fur, es ginge die korfursten an, und wer' der (= deren)
anhang groiſs und ir stuer clein und unverfenglich, wären damit
wohl zu vereinbaren. Und auch die folgende Frage Brunes, die er
dem Markgrafen vorgelegt haben will [1]), würde einer solchen Vermutung nicht widersprechen:

> obe auch gnediglich zu bedenken were, nachdem Franc-
> fort zu der kore eins Romischen konges, so das rich ledig
> stunde, das got lange gnediglich sparen wolle, geordent
> were, und der rad zu Francfort widder des richs korfursten
> also tete, obe auch davon hernachmals irrunge wachsen
> moge.

Diese Stelle zeigt doch ganz deutlich, daſs die Wahlstadt be-
sorgte, bei einer etwaigen Wahl Unannehmlichkeiten von den Kurfürsten zu erleiden, wenn sie dem Markgrafen Hilfe zusicherte.
Die Rechtsanschauung hinsichtlich des Lagers war demnach in
Frankfurt wohl die, daſs ein solches erst eintreten könne, nachdem ein Wahlakt vor sich gegangen sei. Freilich mochte diese
Ansicht, die uns in ihrer Klarheit so selbstverständlich erscheint,
gar leicht erschüttert werden, nachdem der Markgraf Brune gegenüber versichert hatte, daſs die Bitte um Unterstützung keinen kurfursten antreffe [2]). Dies muſste den Frankfurtern die Frage auf-
zwingen, wie man sich denn die Berichte, denen zufolge Georg
Podiebrad römischer König werden und vor ihrer Stadt lagern
wolle, erklären solle, wenn hierbei die Kurfürsten ganz aus dem
Spiel sein sollten. War doch den in Eſslingen versammelten Städten
gesagt worden [3]):

> das were die recht ursach des kriegs, das sich die wider-
> parti understanden hett, daz hailig rich uſs der Tuttschen
> nacion in ander hend ze bringen etc.

Aus dem Gefühl heraus, vor etwas Rätselhaftem zu stehen,
schrieb der Frankfurter Rat denn auch am 14. November an
Brune [4]) — erst an diesem Tage ging man auf seine Mitteilungen
vom 26. Oktober näher ein —:

---

[1]) bei Janssen p. 190, 10 ff. v. u.

[2]) ib. l. 3 ff. v. u.: auch treffe die ermanunge keinen kurfursten an, dan
die keiserlichen briefe alleine uf Herzog Ludwigen sagen.

[3]) Nürnb. Kod. 155 S 14 R 1 No. 253 f. 138[b] unten.

[4]) Frankf. St.-A. Kais.Schr. 5, 75.

11

> was im gronde der sache stecke, wo oder wie die dinge
> ende nemen mogen, ist uns verborgen, und han sorge, daz
> ifs fast einen andern gront und widern begriff habe, dan
> die dinge furgehalten werden.

Wollten sie mit den letzten Worten andeuten, dafs eine Wahl
im gegenwärtigen Moment wohl gar nicht in Frage komme? —
Diese Äufserung läfst uns übrigens ahnen, wie sehr man sich inzwischen von seiten des Frankfurter Rats bemüht haben mag, das
Dunkel, das über diesem Allem schwebte, wenigstens in etwas zu
lichten. Nur in dieser Absicht hatte man ja offenbar Brune am
3. November[1]) nach Empfang seines Briefes vom 26. Oktober geschrieben, dafs man sich, da die sachen grofs und trefflich seien,
erst einige Tage besinnen wolle.

Mufste man aber am 14. November auch einräumen, dafs alle
Nachforschungen resultatlos geblieben seien, so stand man nichts-
destoweniger schon einer Unterstützung des Markgrafen sympathischer
gegenüber als früher. Man erteilte daher Brune in dem nämlichen
Briefe vom 14. November Vollmacht, da man dem Reiche „gewant
und herkommen" sei, mit einigem Vorbehalt Hilfe zu versprechen,
und schrieb in diesem Sinne ebenfalls am 14. auch an Albrecht[2]).
Über den Inhalt dieses Schreibens, das dem Überbringer des für
Brune bestimmten Briefes mitgegeben wurde[3]), setzte letzteren eine
Abschrift in Kenntnis, die ihm der Rat mit der Bemerkung über-
sandte, er lasse es von ihm abhängen, ob er das Schreiben dem
Markgrafen einhändigen, oder dasselbe noch zurückhalten wolle[4]).
Die Worte, mit denen man dem Markgrafen Hilfe in Aussicht
stellte, lauten[5]):

---

[1]) ib. Kais.Schr. 5, 67.

[2]) cf. unten Anm. 5.

[3]) laut Inhalt des für Brune bestimmten Briefes (l. c. 5, 75).

[4]) ib.

[5]) in Frankf. St.-A. Kais.Schr. 5, 82 l. 12 ff. Dies ist das Original
des Briefes, den Brune übergeben sollte. Da er, worauf noch zu kommen
sein wird, nicht abgeliefert wurde, benutzte man ihn später als Konzept für
den am 28. Albrecht übersandten Brief, dessen Wortlaut, von Einzelheiten
abgesehen, fast ganz derselbe ist, wie derjenige des am 14. für Albrecht abgesandten Schreibens. — Da 5, 82 später als Konzept diente, hat es Kor-
rekturen von anderer Hand und einige durchstrichene Partieen. Es enthält
den endgiltig festgesetzten Wortlaut, wie er am 28. Nov. in die Reinschrift
hinübergenommen wurde, und trägt so die Überschrift vera notula. — Oben

und want dann, hochgeborner furste und herre, wir die stad Franckenfurt allein gelegen sin, sunder radt hulfe und bistand, auch besunder mit grossen trefflichen feheden auch sweren sorglichen leufen umb uns und andern noch grossen sachen, die vur augen steen, — davon gemein sage und geruchte geet, das von gar mechtigen fursten nach dem heilgen Romischen riche gestanden, deshalb ein leger vor Franckenfurt gezogen sulle werden, — manigfeldiclich beladen und bekommert sin, uns fast und me notturft were, dem heilgen riche die stadt Franckenfurt und uns selbs zu versehen und zu verwaren, wiewole dan unsere hulfe, die uns unsern nachkommen und stadt Franckenfurt verderplichen schaden fugen mag, unserm allergnedigisten liebsten herren dem Romischen keiser uwern gnaden und den andern siner gnaden heubtluden cleinen furstand brengen mag: so ferre die dinge dan liedelich gein uns furgenommen werden, meinen wir uns nach gestalt und gelegenheit der lantleufe und anfellen zu iglicher zit doch in den sachen zu halten als des heiligen richs getruwen undertanen etc.

Man liefs also durchblicken, dafs man, falls die an Frankfurt gestellten Anforderungen das rechte Mafs nicht überschritten (so

---

im Text geben wir die Worte des Briefes vom 14. Nov. wieder. Wir haben es demnach unberücksichtigt gelassen, wenn etwas von anderer Hand durchstrichen oder in den Text gesetzt war. Eine Kontrolle dafür, dafs wir nicht Worte aus dem Schreiben vom 28. in unseren Text hineingebracht haben, bietet 5, 85. Dies ist eine sehr saubere Abschrift des Briefes, wie er am 14. Nov. aufgesetzt war. Sollte es die Abschrift sein, die Brune am 14. gesandt wurde? — Die im Text angeführten Worte finden sich fast wörtlich wieder, aber durchstrichen, in dem stark mit Verbesserungen versehenen Konzept des für Brune bestimmten Briefes vom 14. cf. Kais.Schr. 5, 75. — Da man Brune eine Abschrift des an Albrecht zu überliefernden Briefes sandte, hatte es eben keinen Zweck, diese Partie in den für Brune bestimmten Brief aufzunehmen. — Bachmann, Briefe und Akten z. österr.-deutschen Gesch. im Zeitalter Kaiser Friedrichs III. Wien 1885 (font. rer. Austr. II 44) teilt auf p. 285 das Schreiben der Frankfurter an den Markgrafen Albrecht als Regest mit unter dem 14. Nov. (nach Frankf. St.-A. Kaiserschr. 5, 85, das Bachmann Konzept nennt). Die Worte „ein leger sulle bezogen werden" sind von ihm wiedergegeben durch: mächtige Fürsten würden vor Frankfurt ziehen. — Da der Brief erst am 28. an Albrecht endgiltig abgesandt wurde, datiert man wohl besser: Nov. 28. — Unter diesem Datum giebt ihn Janssen als Regest: II p. 198 n. 307.

ferre die dinge .. liedelich[1]) .. furgenommen werden), und falls die
Zeitverhältnisse es gestatteten (nach gestalt und gelegenheit der
lantleufe), daſs man dann sich stets als getreuer Reichsunterthan
halten wolle. Allerdings eine sehr unbestimmte Zusicherung, die
damit dem Markgrafen gemacht wurde. Doch das hinderte nicht,
daſs Brune von seiner Befugnis, Albrecht das Schreiben eventuell
nicht zuzustellen, Gebrauch machte[2]).

Sehen wir uns die das Lager betreffende Stelle näher an, so
fällt vor allem auf, daſs hier nicht von einem, sondern von mehreren
Fürsten gesprochen wird, die nach dem Reiche stünden.

Eine Erklärung dafür bietet uns Brune, der am 20. November,
wohl mit Bezugnahme auf diese Worte und auf das, was er von
dem Frankfurter Boten mündlich erfahren hatte, schrieb[3]): als ich
versteen, so ist rede bi uch, wie der kong von Franckrich nach
dem riche steen wolle etc. Lassen wir es dahingestellt, ob an
dieser Nachricht, die nach Brune auch in Nürnberg und Umgegend
sich verbreitet hatte[4]), etwas Wahres ist, für uns ist interessant,
daſs die Frankfurter auf die Kunde von einem angeblichen Plan
des französischen Königs, nach dem riche zu steen, offenbar auch
ein Lager von seiner Seite für nicht ausgeschlossen gehalten zu
haben scheinen. Werden sie aber noch der Meinung gewesen sein,
daſs dem Lager eine Wahl unbedingt vorauszugehen habe? —

In anbetracht der Verhältnisse, wie sie a. 1461 lagen, darf
man vielleicht unbedenklich aus den Worten, daſs von gar mäch-
tigen Fürsten nach dem römischen Reiche gestanden werde, deshalb ein leger .. gezogen sulle werden, den Schluſs ziehen, daſs
die Frankfurter jetzt die Abhaltung des Lagers vor ihrer Stadt
schon für genügend gehalten haben, um dem Usurpator einen
rechtskräftigen Anspruch auf die römische Königswürde dem Kaiser
gegenüber zu verleihen. Konnten sie sich doch diese Auffassung,

---

[1]) über „liedelich" (nachsichtig) cf. Lexer, Mhd. Wörterb. 1, 1899.

[2]) cf. o. p. 162 Anm. 4.

[3]) cf. Janssen II p. 196, 28 ff.

[4]) ib. l. 16 ff. v. u.: des ist auch hie oben rede, uf die maiſse, das der
kong und der herzoge von Burgundien des konges bruder, den sin vatter zu
der kronen in Franckrich geordent hatte, des richs vertrost haben (kann hier
nur heiſsen: sich Hoffnung machen auf. cf. o. p. 143 Anm. 2) umb willen dwile
er von der kronen und sinen bruder (Janssen falsch sinem) darzu gelaiſsen
habe ... Die Sache bedarf einer besonderen Untersuchung, die hier nicht
geführt werden kann.

die vermutlich auch die von dem Markgrafen vertretene gewesen
sein wird, nur zu leicht bilden, nachdem Albrecht der Ansicht,
daſs die Kurfürsten bei den gegen das Reich gerichteten Plänen
beteiligt seien, entgegengetreten war.

Doch zu praktischer Verwertung dieser Rechtsanschauung ge-
langten die Frankfurter nicht. Diese trugen ungeachtet der be-
unruhigenden Gerüchte, die jedoch, wie schon berührt, in keiner
Weise sich verwirklichten und mit Ablauf des Prager Tages ver-
stummten, am 28. November[1]) kein Bedenken, dem Markgrafen, im
wesentlichen im Anschluſs an den Wortlaut ihres Briefes vom 14.[2]),
zu schreiben, daſs sie sich nunmehr nach gestalt und gelegenheit
der lantleufe — die Worte so ferre die dinge .. liedelich .. furgenommen werden, lieſscn sie jetzt beiseite — in den sachen zu
halten meinten, als des heiligen richs getruwen undertanen. Damit war ihre Bereitwilligkeit erklärt, die Forderungen des Markgrafen, ihn und somit den Kaiser gegen Ludwig zu unterstützen,
erfüllen zu wollen. Einige Tage später, am 3. Dezember, schrieb
man Brune, er könne nun heimreisen[3]). Man muſs also in Frankfurt der sage, die sich nach Brunes Schreiben vom 20. November
in Böhmen verbreitet hatte[4]): der böhmische König solle Romischer kong werden und wolle zu sommer fur Francfort ziehen,
nicht allzu viel Gewicht beigelegt haben. Sollte übrigens diese
Nachricht nicht auch dafür angeführt werden können, daſs Podiebrad wider seine Überzeugung veranlaſst worden war, sein Augenmerk noch einmal auf die römische Königswürde zu richten (solle
.. kong werden), und daſs er, vielleicht nur um Männer, wie den Erzherzog Albrecht und Mair, zu beschwichtigen, sich das Versprechen
hatte abdringen lassen, im nächsten Sommer ein Feld zu machen (wolle
.. ziehen)? — Denn die Worte, daſs er vor Frankfurt ziehen wolle,
werden doch wohl kaum einen ursprünglichen Bestandteil der sage

---

[1]) cf. Janssen II p. 198 n. 307 und o. p. 162 Anm. 5.

[2]) Die Varianten sind unerheblich. Es heiſst im Anfang des von uns (o.
p. 163) Mitgeteilten: und want dann, hochgeborner furste, gnediger lieber herre,
wir die stad Franckenfurt allein gelegen sin sunder alle radt hulfe und bistand,
auch besunder mit grossen trefflichen feheden, so mit sweren sorglichen leufen
dorch zweitracht im stift von Mencz darunder mit merglichem folk nahe umb
Franckenfurt gelegen und andern noch grossen sachen, die vor augen steen ...
beladen .. sin, das Andere fast gleichlautend mit dem auf p. 163 Angeführten.

[3]) cf. Janssen II p. 199 n. 309.

[4]) cf. ib. p. 197, 9 ff.

bilden, vielmehr ihr erst auf Grund der Anschauung, daſs das Lager
vor Frankfurt von Georg abzuhalten sei, vom Markgrafen Albrecht
oder etwa von Brune selbst hinzugefügt worden sein? —

Doch sei dem nun wie ihm wolle, mit annähernder Sicherheit
werden wir wohl als das Resultat unserer Untersuchung, soweit
sie das Jahr 1461 betrifft, dieses bezeichnen dürfen. Infolge ver-
schiedener, von uns dargelegter Umstände veränderte sich die
Rechtsauffassung über das Lager, die sich anfänglich mit der von
den Kurfürsten nach Sigmunds zweiter Wahl verfochtenen deckte
und das Lager dementsprechend als das natürliche Ergebnis einer
zwistigen Wahl betrachtete, in seltsamer Weise. Es bildete sich
nämlich allem Anschein nach die Ansicht, daſs ein bei Lebzeiten
eines bis dahin allgemein anerkannten Herrschers nach der römischen Königswürde Strebender nur vor Frankfurt zu ziehen und
sich dort zu lagern brauche; denn nach Ablauf der für das Lager
vorgeschriebenen Frist — natürlich vorausgesetzt, daſs er sich habe
behaupten können — sei derselbe auch ohne voraufgegangene Wahl
schon ein rechter gewarer Romschir konig. Wie man sich bei
dieser Anschauung, die dem deutschen Staatsrecht ja völlig wider-
sprach, die Entwickelung der Dinge dachte, wenn bei einer Vakanz
des Reiches irgend ein Fürst, der keine Aussicht hatte, gewählt
zu werden, einfach vor Frankfurt sein Lager aufschlug? Es ist
müſsig, einer solchen Frage nachzuhängen, die schwerlich damals
aufgeworfen sein wird und auch nie praktische Bedeutung erlangt
hat. Das Stellen von solchen Problemen hat aber in diesem Fall
das Gute, daſs uns dadurch das Widersinnige dieser ganzen Anschauung recht zum Bewuſstsein geführt wird. —

Mit dem Jahre 1461 scheint auch das Lager vor Frankfurt
den Abschluſs seiner Entwicklung erreicht zu haben[1]). Da man
im Reiche in Zukunft von zwistigen Wahlen verschont blieb, und
die Ansicht, daſs für die Erlangung der römischen Königswürde
eine Wahl die notwendige Vorbedingung sei, dem deutschen Staatsrecht allzu sehr in Fleisch und Blut übergegangen war, fehlte
offenbar die Veranlassung, auf das Lager wieder zurückzukommen.
Freilich sahen wir, daſs die Frankfurter a. 1411 sich noch die
Möglichkeit offen erhalten hatten, auch einen einmütig Erwählten
zur Auslagerung der Anleitefrist zu zwingen. Jedoch dazu lieſs
es die politische Lage anscheinend nie kommen. —

[1]) cf. übrigens Nachtrag IV.

X. Rückblick.

Rekapitulieren wir nunmehr kurz das Ergebnis, zu dem wir im Verlauf unserer Darlegungen gelangt sind.

Richard von Cornwall wurde, obgleich er bereits am 11. Mai 1257 Aachen betreten hatte, erst am 17. dort gekrönt. Offenbar hatte er das Bestreben, dem Aufschub, den seine Krönung erlitten hatte, jede für ihn nachteilige Deutung zu nehmen. Und eben darum bewirkte er wohl, daſs die Bulle Qui coelum Urbans IV. den Satz aufstellte, ein jeder neu Gewählte müsse sich vor seiner Krönung einige Tage vor Aachen lagern, um etwaigen Gegnern noch Gelegenheit zum Einspruch gegen die Wahl zu geben. Obgleich diese Bestimmung einer rechtlichen Unterlage vollkommen entbehrte, so gelang es doch nach der Doppelwahl des Jahres 1314 allem Anschein nach den Aachenern, die bei der Gelegenheit den eigentlichen Grund ihres Verlangens, die zwistige Wahl, ganz unerwähnt gelassen haben werden, daraufhin Ludwig den Baiern als einen erwählten römischen König vor seiner Krönung zur Innehaltung einer dreitägigen Frist zu bewegen. Ja die nämliche Bestimmung, in der sich die mora von einigen Tagen leicht auch mit einer Frist von gröſserer zeitlicher Ausdehnung in Verbindung bringen lieſs, war es auch, auf die hin man von seiten Aachens a. 1346 den Gegenkönig Karl IV., den Gegner Ludwigs des Baiern, zu einem Lager von 6 Wochen und 3 Tagen zu zwingen versuchte. Ihren Worten nach zu urteilen, wollten die Aachener dabei von dem Luxemburger nicht wegen seines Gegenkönigtums, sondern weil es einem jeden neu Gewählten so zukomme, die Auslagerung der Anleitefrist verlangen. Das Vorgehen der Aachener wurde nun für die Frankfurter Veranlassung, nach den zwistigen Wahlen der Jahre 1349 und 1400 auch ihrerseits ein Lager von 6 Wochen und 3 Tagen vor ihren Mauern zu begehren. Wie die Aachener a. 1346, so stellten auch sie in beiden Jahren die Sache so dar und acceptierten damit die in der Bulle befindliche und auf die mora vor Aachen bezügliche Bestimmung für die mora vor Frankfurt, als ob Günther und Ruprecht nicht wegen ihrer zwistigen Wahl, sondern nur darum, weil es für einen Neugewählten so Sitte sei, sich lagern müſsten. Demgegenüber betonten wohl die Fürsten a. 1349 nicht ohne Grund und mit Erfolg, daſs das Anleiteverfahren einen alten bisher allgemein anerkannten Herrscher und einen neuen, d. h. Gegen-König zur Voraussetzung habe und demnach auf Günther nicht anwendbar sei. Diesen Rechtsstandpunkt, der sich nach der ·Absetzung Wenzels nur behaupten liefs, wenn man auch seitens der Fürsten ein Lager Ruprechts ohne weiteres als notwendig bezeichnete, gaben die Kurfürsten eben darum a. 1400 auf. Sie wiesen jetzt auf eine Doppelwahl als auf diejenige Eventualität hin, unter der allein die Auslagerung der Frist eintreten müsse. Da dieses bei den Frankfurtern, die Wenzel auch ferner noch die Treue wahrten, seine Wirkung völlig verfehlte, blieb den Fürsten, die Ruprecht nicht unverrichteter Sache von Frankfurt abziehen lassen durften, nichts anderes übrig, als vor der Wahlstadt die Waffen zu strecken, und so dem Lager Ruprechts Berechtigung zuzuerkennen. Um sich aber den Rückzug zu erleichtern, erteilten sie der von der Stadt Ruprecht gegenüber stets benutzten Formulierung staatsrechtliche Sanktion und machten damit den Frankfurtern das schwerwiegende Zugeständnis, dafs das Lager in der That nach einer jeden Wahl vor sich zu gehen habe. — Offenbar verstiefsen sie damit noch mehr als früher, wo sie dem Lager nur bei einer Doppelwahl Berechtigung zuerkannt wissen wollten, gegen die juristische Bedeutung des Anleiteverfahrens, die überhaupt im Laufe der Entwicklung des Lagers vor Frankfurt immer mehr zurücktrat.

Das Jahr 1400 veranlafste sodann die Aachener, ihr Karl IV. gegenüber ausgesprochenes Verlangen nach der sechswöchentlichen Lagerfrist gegen Ruprecht zu erneuern. Da sie es diesmal ververschmähten, von der der Bulle entnommenen Fassung, welcher sich die Frankfurter stets bedient hatten, Gebrauch zu machen, stellten sie ihn ganz offen hierbei als Gegenkönig hin.

Ihr Begehren wäre jedoch wohl nur dann von Ruprecht berücksichtigt worden, wenn eine Anzahl Städte, und unter ihnen Frankfurt, sich mit der Krönungsstadt dahin verständigt hätte, den dem Gegenkönig zu leistenden Gehorsam von der Auslagerung der Anleitefrist vor Frankfurt und Aachen abhängig machen und daher die Huldigung bis nach der Aachener Krönung verschieben zu wollen. Da sich aber die Städte zu keinem gemeinsamen konsequenten Handeln aufgerafft hatten, durfte es sich Ruprecht nach dem Übertritt Frankfurts ersparen, sich mit der Krönungsstadt in ihn demütigende Verhandlungen einzulassen.

Wie a. 1346, so hatte auch a. 1400 das Vorgehen der Aachener die Folge, dafs die Krönung an einem andern Orte als in Aachen vorgenommen werden mufste. — Zu einer staatsrechtlichen Anerkennung der Lagerfrist von 6 Wochen und 3 Tagen brachten es die Aachener somit weder a. 1346 noch a. 1400.

Die Folgen davon, dafs die Kurfürsten in letzterem Jahre eingeräumt hatten, ein Lager vor Frankfurt sei nach jeder Wahl abzuhalten, zeigten sich nach der Doppelwahl des Jahres 1410. Jost nämlich und Sigmund, letzterer auch noch nach Josts Tode, äufserten die Absicht, gen Frankfurt zu ziehen, um dort, wie es einem erwählten römischen Könige zukomme, zu lagern. Während man a. 1349 und a. 1400 auf fürstlicher Seite stets dem Lager widerstrebt hatte, und die Wahlstadt derjenige Teil gewesen war, der zur Auslagerung der sechswöchentlichen Frist hatte antreiben müssen, waren jetzt die Fürsten unaufgefordert zu einem Lager von 6 Wochen und 3 Tagen bereit. Freilich hielt diese Bereitwilligkeit, die eben nur durch das kurfürstliche Gutachten des Jahres 1400 verständlich wird, nicht lange an. Denn da die Kurfürsten von Mainz und Köln nach Sigmunds zweiter Wahl über ihre im Interesse Ruprechts gethane Äufserung, dafs ein Lager nach einer jeden Wahl, also auch nach einer einmütig vollzogenen eintreten müsse, Reue empfanden, so gaben sie mit anderen Fürsten die Erklärung ab, dafs das Lager nur bei zwistigen Wahlen abzuhalten sei.

Dieselbe wurde jedoch von den Frankfurtern im Hinblick auf das ihnen vormals erteilte kurfürstliche Gutachten, das ihnen mehr gegeben hatte, als sie sich wohl je hatten träumen lassen, mit einer gewissen Zurückhaltung aufgenommen. Sicherte man auch den sofortigen Einlafs Sigmunds zu, so stimmte man doch nicht der von den Fürsten vertretenen Rechtsauffassung bedingungslos bei. Man hielt sich vielmehr die Möglichkeit offen, wenn nötig, auch nach einer einmütigen Wahl unter Berufung auf das ihnen a. 1400 gemachte Zugeständnis, mit dem Verlangen nach einem Lager von 6 Wochen und 3 Tagen wieder hervorzutreten. — Jedoch die auf die Wahl Sigmunds folgenden Wahlen haben es anscheinend nie zu einem solchen Vorhaben kommen lassen. — Einige Jahre später bot sich den Aachenern Gelegenheit, von Sigmund die Innehaltung einer Lagerfrist zu verlangen. In Erinnerung wohl an das dreitägige Lager Ludwigs des Baiern verstanden sie es, vermutlich durch den Hinweis auf die in der Bulle Urbans befindliche Bestimmung, Sigmund trotz seiner einmütigen Wahl einer dreitägigen Frist vor seiner Krönung geneigt zu machen.

Wenn sie dieser kleine Erfolg vielleicht auch einmal hätte antreiben können, anstatt einer dreitägigen Frist auch von einem einmütig Erwählten die Anleitefrist zu fordern, so schwangen sie sich doch dem Anschein nach nie zu einem solchen Begehren auf. Offenbar kam es ihnen, weil den Jahren 1346 und 1400 analoge und für die Anleitefrist gleichsam geschaffene Verhältnisse nie wieder eintraten, in der Folgezeit nicht mehr in den Sinn, sich der 6 Wochen und 3 Tage zu bedienen. — Das Anleiteverfahren gelangte somit hier nur unter Situationen zur Anwendung, mit denen es seiner rechtlichen Bedeutung nach recht gut zu vereinigen war.

Wie die sechswöchentliche, so trat aber auch die dreitägige mora vor Aachen augenscheinlich später nicht wieder in praktischen Gebrauch. Ihre Anerkennung von seiten Ludwigs des Baiern und Sigmunds mochte übrigens die Aachener immerhin dafür entschädigen, daß es ihnen nicht gelungen war, der Anleitefrist vor ihren Mauern staatsrechtliche Sanktion zu verschaffen.

Wie sehr das kurfürstliche Gutachten des Jahres 1411, das dem Lager vor Frankfurt nach zwistigen Wahlen Berechtigung zuerkannt hatte, die spätere Zeit direkt oder indirekt beeinflußte, lehrte uns darauf ein Blick auf das Jahr 1461. Als das Gerücht nämlich wissen wollte, daß für den 31. Mai die Wahl des böhmischen Königs, Georg Podiebrad, in Frankfurt bevorstehe, erinnerte man sich, besonders wohl in den dem Kaiser ergebenen Kreisen, daß in einem solchen Fall ein Gegenkönig nach seiner Wahl vor Frankfurt ziehen und dort lagern müsse. Man setzte so auch bei Podiebrad die Absicht, vor Frankfurt ein Lager abzuhalten, voraus, eine Absicht, die er schwerlich in diesen Tagen gehabt haben wird, da die Aussichten, gewählt zu werden, für ihn verschwunden waren. Gab die Auffassung über das Lager, die uns hier entgegentrat, völlig das wieder, was hinsichtlich desselben a. 1411 von den Kurfürsten erklärt worden war, so schienen wir gegen Ende des nämlichen Jahres einer anderen Anschauung zu begegnen. Damals verbreitete sich die Kunde, daß der böhmische König den Gedanken an die römische Königskrone noch nicht aufgegeben habe und seine darauf gerichteten Pläne im Sommer 1462 zu verwirklichen hoffe. Da nun eine Wahl Georgs durch die Kurfürsten aufser dem Bereich jeder Möglichkeit lag, und andererseits das vermutlich bestehende Vorhaben, Podiebrad wenn möglich durch den Papst die Regierungsgewalt übertragen zu lassen, den Anhängern des Kaisers, wie dem Markgrafen Albrecht, kaum zu Ohren gekommen sein wird, so bedurfte es für diese einer Antwort auf die Frage, wie denn derselbe römischer König zu werden gedenke. Auf die Weise bildete sich dem Anschein nach die Ansicht, der schliefslich a. 1461 wohl auch die Frankfurter zuneigten, dafs ein nach der königlichen Würde Strebender, der sich 6 Wochen und 3 Tage vor Frankfurt zu behaupten vermöge, auch ohne Wahl schon nach Ablauf der Frist den Titel und die Rechte eines römischen Königs erlange. Doch diese Anschauung, der gemäfs man sodann Podiebrad, aber wohl ohne Grund, die Absicht beilegte, dafs er im Sommer 1462 vor Frankfurt ein Lager aufschlagen wolle, gewann auf den Gang der Begebenheiten in keiner Weise Einflufs, da sich die dem Reiche von Georg Podiebrad drohenden Gefahren ins nichts zerflüchtigten und auflösten.

Über das Jahr 1461 hinaus liefs sich das Lager vor Frankfurt nicht verfolgen. Charakteristisch für sein vermutlich letztes Auftauchen im Jahre 1461 ist es, dafs damals nicht wie a. 1349 und 1400 Frankfurt, sondern in erster Linie ein Albrecht Achill es war, der die Aufmerksamkeit auf das Lager lenkte. Nichts zeigt besser, dafs dasselbe ein Faktor geworden war, mit dem man auf fürstlicher Seite jetzt bei der Erhebung eines Gegenkönigs rechnen zu müssen glaubte. Doch das darf man wohl vermuten, dafs die Anhänger Podiebrads, wenn es so weit gekommen wäre, Frankfurt gegenüber das Überflüssige des Lagers irgendwie darzuthun sich bemüht haben würden. Wahrscheinlich hätten dann die Frankfurter sich wieder der auf die Bulle Urbans zurückgehenden Fassung bedient und behauptet, ein jeder König müsse lagern, und es hätte sich vielleicht Ähnliches wiederholt, wie a. 1400 nach der Wahl Ruprechts. Doch von dem Allen blieb man verschont.

Zum Schlufs noch einige Bemerkungen über die bisher meist für das Lager vor Frankfurt übliche Bezeichnung „Lager bei zwistigen Wahlen". Man kam offenbar zu dieser Benennung, weil das kurfürstliche Gutachten des Jahres 1411, welches dem Lager bei zwistigen Wahlen Giltigkeit zuerkannte, gemeiniglich der Ausgangspunkt zu sein pflegte, von dem aus man die Vorgänge der Jahre 1349, 1400 und 1410/11 (von denen des Jahres 1461 hatte

man ja keine Kenntnis) beurteilte. Es wird jetzt ohne weiteres
einleuchten, daſs diese Definition sich bis zu Sigmunds zweiter
Wahl als durchaus nicht zutreffend erweist, und daſs sie auch die
Auffassung, die sich anscheinend gegen Ende des Jahres 1461 über
das Lager verbreitete, in keiner Weise wiedergiebt. Mit mehr
Recht lieſse sich vielleicht auf unser Lager die Bezeichnung an-
wenden: das Lager vor Frankfurt in den verschiedenen Phasen
seiner Entwicklung. Hatten wir es hier doch mit Rechtszuständen
zu thun, die in steter Wandlung begriffen waren und sich bald auf
dieser, bald auf jener Stufe der Entwicklung befanden. —

Vergegenwärtigt man sich, wie das dreitägige Lager vor
Aachen gleichsam die Vorstufe bildete für das sechswöchentliche
Lager vor Aachen und damit mittelbar für dasjenige vor Frankfurt, so wird man kein Bedenken tragen, zu äuſsern, daſs auch
der Ursprung des Lagers vor Frankfurt in letzter Instanz in den
Worten der Bulle Qui coelum Urbans: electus[1] . . ante Aquisgranum per dies aliquos facta mora . . coronatur, zu suchen ist.

Somit zeigt sich in unserer Frage von neuem, von wie schwer-
wiegendem Einflusse die in der genannten Bulle enthaltenen Rechts-
bestimmungen auf die Bildung der späteren Rechtszustände gewesen sind. Auch auf das Lager vor Aachen und auf dasjenige
vor Frankfurt möchte, um mit Harnack[2] zu schlieſsen, die Bemerkung passen: „Manche der Vorgänge bei der Wahl (des Jahres
1257) sind durch die Entschiedenheit, mit welcher sie hier (in der
Bulle), besonders von seiten der Bevollmächtigten Richards, als gewohnheitsmäſsige bezeichnet werden, von da an Regeln für die
Folgezeit geworden, und es hat hierdurch die Doppelwahl von 1257
und speziell das Schreiben Urbans IV. von 1263 eine weitreichende
Bedeutung gewonnen“.

---

[1] Olenschlager, Urk.buch z. g. B. p. 49, 22 ff.
[2] Harnack, Kurf. colleg. Anhang III p. 260 unten, p. 261, 1 ff. cf.
C. Rodenberg, der Brief Urbans etc. im neuen Archiv f. ält. d. Gesch.
Bd. 10 p. 178, 4.

Exkurs I.

Wie sind die novem ebdomades bei Heinrich von Herford zu erklären?

Wie früher erwähnt[1]), berichtet Heinrich von Herford zum Jahre 1349:

> Gunterus autem mox ut electus est, et ab introitu Vrankenvord urbis per cives arceretur (sic), exercitu validissimo congregato Vrankenvord potenter obsedit secundum consuetudinem antiquam, quam Vrankenvordenses habebant, scilicet, quod nullum regem, habentem adversarium in regno, susciperent in urbem, nisi prius ipsam urbem novem ebdomadibus obsedisset, ut hac occasione bello congrederentur in campo et divisioni finem imponerent vel unus regnaret et alius timidus et inglorius remaneret.

Er fährt dann fort:

> Per sex ebdomades iam urbem obsederat nec Carolus ipsum viribus bellove querebat, placitis tamen eum impetebat. Guntherus placita respuebat in tantum quod iam et ab amicis et ab aliis timebatur. Igitur intoxicatur, cum aliter haberi non posset. Quod sentiens, cum iam viribus corporis cepisset destitui et apud se de vita desperaret, principes ad placitandum admisit. de pecuniis maximis sibi vel heredibus suis dandis complete certificatur. Carolo regnum resignat. Regem eum salutat. Et moritur.

---

[1]) o. p. 2 Anm. 8, p. 3 Anm. 1. — cf. Henr. de Hervordia 270 ed. A. Potthast, Göttingae 1859.

Anscheinend setzt Heinrich die Vergiftung und den Beginn
der Verhandlungen Günthers mit Karl etwa gleichzeitig und in die
Zeit nach Ablauf der 6 Wochen. Nun nahmen die Friedensunter-
handlungen, zu denen sich Günther offenbar wegen einer heftigen
Erkrankung, die einen tödlichen Ausgang nehmen sollte, leicht
verstand, wahrscheinlich schon am 22. Mai 1349 ihren Anfang [1]).

Am 26. Mai wurden die einzelnen Verträge, denen gemäfs
Günther auf die Königswürde verzichtete, ratifiziert [2]). Am Abend
des 14. Juni [3]) gab Günther seinen Geist auf. — Heinrich mufs
davon gehört haben, dafs Günther, der aber nach ihm bis zu
dem Moment ca. 6 Wochen lang Frankfurt belagert hatte, etwa
am 22. Mai zu Verhandlungen mit der Gegenpartei bereit war.
Ihren Abschlufs fanden dieselben, so kombinierte er, kurz vor dem
Todestage Günthers, den (sc. den Tag) er annähernd gekannt haben
mufs. Rechnen wir vom 22. Mai aus 3 Wochen weiter, so kommen
wir auf den 12. Juni (am 14. starb Günther). Diese drei Wochen,
zu den 6 hinzugezählt, geben 9 Wochen. Die Regierung Günthers
dauerte nach Heinrich eben nur 9 Wochen. Auf diese Weise war
dann die consuetudo, von der er zu erzählen weifs, freilich Günther
und Karl IV. gegenüber zur Anwendung gekommen. Der Tod
Günthers war es, der nach Verlauf der 9 Wochen divisioni finem
imposuit und Karl den Einzug in die Stadt Frankfurt ermöglichte.

Exkurs II.

Lersners Quellenbenutzung.

Zum Jahre 1246 sagt Lersner:

„Allhier kommet für, wie in Zwyspalt der Wahl die
Stadt sich zu verhalten habe. Münsterus beschreibet also:
So oft zwei Kaiser in Zwietracht erwählet werden, müsse
der eine vor der Stadt Frankfurt sich lagern und des

---

[1]) cf. Janson p. 79 unten. p. 80. 10 ff.
[2]) cf. Janson p. 83.
[3]) cf. Janson p. 99. 17.

andern 1 ½ Monat erwarten, ob er ihn von dannen schlagen
wolle, und welcher den andern in die Flucht schlägt, demselben werden die Stadt-Thore eröffnet, und er vor einen
römischen König oder Kaiser gehalten ¹).“

Sehen wir davon ab, dafs Munsterus nur sagt: „er legt
sich dann vorhin etlich monat für die statt“ etc., so be-
herrschte offenbar Munsterus' Auffassung Lersners Darstellung der
Vorgänge von a. 1349. Wenn nämlich Munsterus Recht behalten
sollte, so mufste Günther a. 1349, der doch auch in Zwiespalt erwählt war, 1 ½ Monat vor Frankfurt Karl IV. erwartet haben.
Für die Verhandlungen der Kurfürsten mit Frankfurt war Lersners
Hauptquelle Faust von Aschaffenburg, der seinerseits auf Latomus
zurückging ²). Aus Faust erfuhr Lersner, dafs die Forderung
Frankfurts, die auf eine Frist von 6 Wochen und 3 Tagen ging,
von den Kurfürsten zurückgewiesen war, und dafs Frankfurt den
König nach 7 Tagen Bedenkzeit eingelassen hatte. Dies pafste
Lersner nicht: er übersah es. Während seine Ausführungen ³), abgesehen von den einleitenden Bemerkungen, sich fast wörtlich an
die Fausts anlehnen ⁴), wird diese Übereinstimmung nur zweimal
durch je einen Satz unterbrochen, die beide bei Faust nicht stehen.
Heifst es bei Faust nach den Worten ⁵), „wann nun dieses (scil.
dafs Günther 6 Wochen und 3 Tage wartete) anitzo auch be-
schehen, wollten sie ihn einholen und Huldigung thun“, weiter:
„die Kurfürsten aber legten sich darzwischen und beteuerten es
mit dem Eid, dafs sie . . den von der Mehrheit Gewählten für
einen rechtmäfsigen König hielten“ etc., so findet sich bei Lersner ⁶)
zwischen diese zwei Sätze eingeschoben: „Wider dieses Recht und
Gewohnheit (6 Wochen und 3 Tage scil. zu lagern) wollte Günther
nicht thun, sondern blieb mit seinem Zeug beynahe zwei Monate
vor der Stadt liegen, wartend, ob ihn Carolus von dannen treiben

¹) cf. Lersner, Frankf. Chronik I 1 c. 7 p. 61 Spalte 1 unten. Munsterus, Kosmographen etc. Basel 1567 III p. 428/9 sub imperatore 39
(Gunthero) cf.

²) cf. J. Friedrich Faust von Aschaffenburg, Der Stadt Frankfurt Herkunft und Aufnehmen etc. Frankf. 1660. p. 142 und 143 (§ 99).

³) Lersner I 1 p. 73 Spalte 1 l. 17 ff.

⁴) cf. Faust p. 142/3.

⁵) Faust p. 143, 15 ff.

⁶) I 1 p. 73a, l. 29 ff.

wolle; Carolus hatte ein fein Heer beisammen, dorfte aber
Güntherum nicht angreifen." Dann folgt bei Lersner der Satz:
„die Kurfürsten legten sich dazwischen" etc. — Das Einschiebsel
sollte offenbar die Übereinstimmung mit Munsterus herstellen, bei
dem sich auch die sonderbare Bemerkung findet, daſs Karl Günther
nit angreifen dorffte. (!) —

Lersner suchte also zwei Quellen, die nicht zu vereinigen
waren (denn nach Munsterus belagerte Günther Frankfurt zween
Monat lang), zu vereinigen. Notgedrungen muſste er daher, da
er das Übrige weiter dem Faust entlehnte, nachher wieder einen
Satz einfügen, um den Widerspruch, der zwischen seinen Quellen
bestand, zu verdecken. Dies geschah so: bei Faust[1]) heiſst es:
„daruber (über das kurfürstliche Verlangen, Günther sofort einzulassen) begehrte der Rat 7 Tage Bedenk- und Ratschlagszeit, und
als solche furuber, wurde die Einlassung bewilligt". Lersner, der
dies einfach abschreibt, schiebt nach „furuber" ein: „auch die bestimmte Zeit verloffen" (sc. 6 Wochen und 3 Tage!).

Wir möchten glauben, daſs Lersner absichtlich aus den „etlich monat" des Munsterus, die das Lager dauern soll, 1½ Monat
gemacht hat[2]). Unter diesen verstand er sicher die Frist von
6 Wochen und 3 Tagen, die er bei Faust zum Jahre 1349 eine
solche Rolle spielen sah. Hätte Lersner nun zum Jahre 1246 von
einem herkömmlichen Lager von einigen Monaten, zum Jahre 1349
aber von einem solchen von stets sechswöchentlicher Dauer gesprochen, so wäre ein Widerspruch entstanden.

---

[1]) p. 144. 2.

[2]) Munsterus p. 429 sagt: „Günther belägert die statt gar nahe,
zween Monat lang". Sollte Lersner hier falsch interpungiert, fast zwei Monate
verstanden und darum von 1½ Monaten bei Munsterus gesprochen haben?

Exkurs III.

Über ein angebliches Schreiben Ruprechts
an Strafsburg.

In den Deutschen Reichstagsakten IV p. 199 l. 34b ff. heifst es: Ohne Datum ist der Brief, von dem Hecht de obsidione 15 erzählt, Ruprecht habe an Strafsburg geschrieben:

> dilectionem vestram cupientes non latere, quod inclitorum praedecessorum nostrorum divorum Romanorum regum solito more insigne oppidum Frankefort prope Mogenum dioecesis Mogunt. sex septimanis et tribus diebus numerosa principum magnatum et procerum sacri imperii nobis assistente militia firma obsidione vallavimus; qua feliciter peracta in praefato oppido et in aliis adiacentibus fortalitiis gloriose suscepti sumus.

Wir möchten behaupten, dafs dieses Schreiben nicht an Strafsburg, wie Hecht meint, gerichtet war, sondern mit dem an Venedig am 23. Nov. 1400 von Strafsburg aus abgesandten[1]) identisch ist. Darin bestärkt uns, dafs Struve[2]) auf einen im apparatus des Obrecht befindlichen Brief Ruprechts an Strafsburg vom 23. Nov. 1400 verweist und aus diesem eben die von Hecht angeführten Worte citiert.

Am 23. November war aber Ruprecht in Strafsburg und schrieb an Venedig!

Nun finden wir allerdings in dem apparatus[3]) ein Schreiben Ruprechts vom 23. November, aber ohne Überschrift, d. h. ohne dafs der Empfänger genannt wäre. Die Datumzeile lautet: datum

---

[1]) R.T.A. IV n. 187. p. 216, 24 ff.

[2]) Corpus hist. germ. Jenae 1730. Vol. I p. 663 n. 17 und syntagma historiae Germanicae. Jenae 1716. diss. 28 p. 951 Anm. 1.

[3]) Apparatus iuris publ. ed. Ulr. Obrechtus. 1. Ausg. 1696 p. 90 bis 92 (in der 2. Ausg. v. J. 1754 (acta.. denuo emissa a Johanne Christiano Fischero. Francof. et Lipsiae), die wir leider nur benutzen konnten, p. 72/73). Die Schrift von Hecht erschien a. 1724.

Argentinae 23. die mensis Novembris anno dom. 1400 regni vero nostri anno primo. Das Schreiben selbst ist unfraglich das für Venedig bestimmte[1]). Struve und Hecht, der vielleicht ersteren benutzte, haben anscheinend den Irrtum begangen, vielleicht auch durch die Überschrift der folgenden Urkunde: König Rupertus schreibt an die Statt Strafsburg der schwäbischen Stätte wegen, darin bestärkt, dafs sie in dem nicht genannten Empfänger Strafsburg vermuteten, während es Venedig war.

Örtell[2]) in seiner Dissertation de Ruperto rege Romanorum (1720 Lipsiae) führt aus Obrecht das Schreiben richtig an, als gerichtet ad alium innominatum principem sub dato Argentinae 23. Novem. 1400.

Exkurs IV.

Ein dreitägiges Lager Karls IV. vor Nürnberg.

In den im zehnten Bande der deutschen Städtechroniken mitgeteilten Jahrbüchern des 15. Jahrhunderts findet sich zum Jahre 1339 folgende Bemerkung[3]):

> Anno domini 1339 jar do wart kaiser Karl erwelt am Rein pei dem künigs stul wider kaiser Ludwig. der selb kaiser Karl, der selb kaiser lag drei wochen und vier tag vor Franckfurt. darnach wart er eingelossen. darnach wart er zu Ach gekrönt. er lag auch drei tag vor Nuremberg mit seiner grossen macht zwischen Megeldorf und der stat. dornoch schwur im das reich.

Dafs Karls Wahl a. 1346, dagegen seine (zweite) Krönung in Aachen a. 1349 stattfand, bedarf kaum einer Erwähnung[4]). Wenn nach Theodor von Kern die übrigen hier erzählten Ereignisse, an deren Uberlieferung sich nach ihm der spätere Ursprung zum Teil

----

[1]) cf. R.T.A. IV p. 216, 11.
[2]) p. 30 Anm. c.
[3]) Städtechroniken Bd. X (Nürnberg Bd. 4) p. 122, 6 ff.
[4]) cf. Böhmer-Huber reg. p. 22: Juli 11 prope Rense. p. 87: Juli 25, 1349.

deutlich erkennen läfst[1]), blofs in dem Jahre 1349 ihre Stelle
finden können, so wird dies hinsichtlich des angeblichen Lagers
Karls vor Frankfurt ohne Frage richtig sein. Offenbar beruht
diese Nachricht auf einer Verwechslung Karls IV. mit Günther
von Schwarzburg, der aber nicht 3 Wochen und 4 Tage, sondern
6 Wochen und 3 Tage auf Verlangen der Frankfurter a. 1349
lagern sollte. — Weniger sicher ist es, ob auch das dreitägige
Lager vor Nürnberg dem Jahre 1349 angehört. Kern nahm es
an, weil Karl IV., der im September 1349[2]) gegen die von ihm
abgefallene Stadt Nürnberg[3]) aufgebrochen war, nach einem Berichte des Sigmund Meisterlin[4]) in demselben Monat wohl sich zu
felde legerte für Nurenberg. Da Meisterlin die Örtlichkeit des
Lagers durch die Worte[5]): do nun der kaiser sein zelt het geschlagen in dem kirchhoff zu Mögeldorf etc., näher bestimmt, so
lag es in der That nicht allzu fern, wie auch Dietrich Kerler
thut[6]), mit dieser Stelle die aus den Jahrbüchern angeführte: er
lag auch drei tag vor Nüremberg mit seiner grossen macht zwischen
Megeldorf und der stat, zu kombinieren. —

Da es aber durchaus nicht unumstöfslich feststeht, dafs Karl,
den wir am 27. September in der Stadt treffen, in die er friedlich
aufgenommen war[7]), gerade drei Tage damals gelagert hat, so
möchten wir vermuten, dafs das zum Jahre 1339 erwähnte dreitägige Lager nicht in das Jahr 1349, sondern in das Jahr 1347
zu verweisen ist. —

Am 31. Oktober nämlich dieses Jahres betrat Karl zum ersten
Mal als römischer König Nürnberg[8]), ab ipsis (den Nürnbergern),
wie Heinrich von Diessenhoven[9]) meldet, ut rex receptus:

et ibi aliquo tempore moram traxit, donec burgravius ibidem et multi nobiles illarum parcium ... ipsum ut regem
Romanorum receperunt et ei fidelitatem prestiterunt ut
regi Romanorum . .

---

[1]) cf. Städtechr. Bd. X p. 122 Anm. 3.
[2]) cf. Städtechr. Bd. III (Nürnb. Bd. 3) p. 325, 20.
[3]) cf. darüber Städtechr. Bd. III, Beilage III p. 317 ff. p. 324, 8 ff.
[4]) cf. Städtechr. Bd. III p. 152, 11 ff.
[5]) ib. p. 152, 14 f. Mögeldorf liegt an der Pegnitz, oberhalb Nürnberg
(cf. ib. p. 152 Anm. 2).
[6]) cf. ib. p. 325, 21 f.
[7]) cf. Städtechron. Bd. III p. 325, 23 f.
[8]) cf. Böhmer-Huber, reg. Car. IV p. 36 unten.
[9]) p. 61 unten bei Böhmer-Huber, fontes IV.

Während also die Bürgerschaft dem König den Einlaſs in die Stadt gewährte und ihm den königlichen Titel nicht vorenthielt, verstanden sich dagegen der Burggraf und viele nobiles anscheinend erst nach Verlauf einer mora zur Aufnahme des Luxemburgers in die Burg und zur Huldigung. Welcher Art Gründe die mora veranlaſsten, deutet Matthias von Neuenburg an[1]), der freilich von einer solchen schweigt, aber doch durchblicken läſst, daſs Karl in Nürnberg mit erheblichen Schwierigkeiten zu kämpfen hatte:

> veniens Nürenberg ac gravibus factis promissionibus burggravio ibidem quem evadere nequivit est receptus.

Scheint es doch nach ihm, als ob Karl erst, nachdem die Verhandlungen mit dem Burggrafen zu einem diesen befriedigenden Ergebnis geführt hatten, in die Stadt gelassen worden wäre. Und in der That vermeidet es Matthias, der unmittelbar vorher über Karls Empfang in Regensburg[2]) gesagt hatte: Ratisponam perrexit ubi tamquam rex Romanorum illico est receptus (dann folgt deinde veniens Nürenberg etc.), sich auch bei Erwähnung von Karls Einzug in Nürnberg des Wörtchens illico zu bedienen.

Den Angaben Heinrichs und Matthias' wagen wir nunmehr Folgendes zu entnehmen: Karl IV., dem die Nürnberger Bürger bei seinem Nahen willig die Thore öffneten, traf bei dem Burggrafen und den auf der Burg versammelten Burgmannen (multi nobiles illarum parcium: Heinrich von Diessenhoven) auf Widerstand, den er nur durch schwere, von seiner Seite gemachte Zugeständnisse zu überwinden vermochte.

Während der durch die Unterhandlungen verursachten mora verweilte wohl Karl, der mit einem sehr groſsen Heere gen Nürnberg gelangt war[3]), vor der Stadt im Lager, bis die Nachgiebigkeit des Burggrafen es ihm ermöglichte, die Burg zu betreten und die Huldigung der dort Befindlichen entgegenzunehmen. Vielleicht schloſs sich der Huldigung der Burg Nürnberg unmittelbar diejenige der Stadt Nürnberg an. — Diesen Thatsachen lieſse sich

[1]) p. 248, 24 ff. bei Böhmer-Huber, fontes IV.

[2]) p. 248, 21 ff.

[3]) cf. Benefs p. 345, 6 ff.: ... venit cum maximo exercitu in Nurenberg .. (Pelzel und Dobrowsky SS. rer. Boh. Bd. II); cf. Henr. Rebdorf p. 532, l. 15: potenter veniens Nurenberg eadem civitas ipsi ut regi obedivit (Böhm.-Hub., fontes IV).

das dreitägige Lager vor Nürnberg, in dem wir die von Heinrich von Diessenhoven namhaft gemachte mora erblicken könnten, vortrefflich einfügen: er lag auch drei tag vor Nüremberg mit seiner grossen macht zwischen Megeldorf und der stat; zumal auf diese Weise die Worte: dornoch (nach den drei Tagen) schwur im das reich, die von Kerler und Kern gar nicht berücksichtigt werden, auch mehr zur Geltung kommen würden. Ihnen zur Seite halten möchte man den Bericht, den uns Beneſs giebt [1]):

> (Carolus) venit cum maximo exercitu in Nurenberg, ubi similiter (wie in Regensburg) magnifice suscipitur, et per omnes cives et mechanicos fidelitatis omagium praestatur. —

In Erinnerung an das dreitägige Lager vor Aachen, dessen Abhaltung im Jahre 1314 wir wahrscheinlich gemacht haben, könnte man auf den Gedanken verfallen, daſs, wie jenes von den Aachenern, so a. 1347 das dreitägige Lager vor Nürnberg von dem Burggrafen als ein dem Herkommen entsprechendes gefordert und durchgesetzt sei. Man könnte weiter das Aachener und das Nürnberger Lager zu einander in einen Kausalnexus bringen wollen und behaupten, daſs jenes für dieses Vorbild gewesen sei. Solchen Annahmen möchten wir entgegen treten. Nicht Rechtsgründe, sondern Fragen äuſserst materieller Natur, deren definitive Erledigung schwerlich im voraus zeitlich genau fixiert werden konnte, bestimmten offenbar a. 1347 die Dauer der mora. Daſs sie gerade drei Tage betrug, war wohl nur Zufall.

Exkurs V.

Ein Privileg des Kölner Erzbischofs.

Als a. 1314 der Erzbischof Heinrich von Köln wegen der Friedrich dem Schönen abgeneigten Haltung Aachens die Krönung des Letzteren in Bonn am 25. November vollzogen hatte, suchte er in seinem Verkündigungsschreiben in das Reich etwaigen Zwei-

---

[1]) p. 345, 6 ff. (Pelzel SS. II).

feln an der Rechtmäfsigkeit eines solchen Verfahrens durch folgende Auslassungen zu begegnen [1]):

> ... et quia dicti cives Aquenses sic a nobis requisiti nos intromittere improvide recusarunt, nos, ne propter rebellionem .. coronatio eadem plus debito differretur — et etiam ex privilegiis sedis apostolicae nobis et ecclesiae nostrae concessis intra nostram dioecesim vel provinciam, ubi nobis expediens videbitur, electos in Romanorum reges pro tempore possumus coronare. quae quidem privilegia ante ipsam coronationem et in eadem, clero et populo praesentibus, sub veris stilo et filo et bulla, (nequis putare posset, dictam coronationem, eo quia Aquis non fiebat, minus fore validam), fecimus solemniter publicari — eundem Fridericum ... in oppido nostro Bunnen, quod est intra nostram dioecesim, in Romanorum regem unximus et coronavimus etc.

Ähnlich schreibt er am 25. November von Köln aus auch Nürnberg [2]):

> (ne ob dictorum civium Aquensium, qui .. requisiti nos intromittere improvide recusarunt, rebellionem .. coronacio eadem plus debito differretur) ipsum dominum Fridericum .. in oppido nostro Bunnensi, quod est infra nostram dyocesim .. in Romanorum regem unximus et coronavimus ... eo quod coronacio Romani regis nedum (nicht blofs) Aquis, immo in aliquo locorum, quem ad hoc elegimus, infra nostram dyoecesim vel provinciam a sede apostolica in specialis prerogative indicium nobis et archiepiscopo Coloniensi existenti pro tempore (= dem jeweiligen) est permissa; de quo literas apostolicas sub veris stilo et bulla habemus, quas ante coronacionem et in eadem (ne propter mutacionem loci Aquensis coronacio ipsa minus valida a quoquam putaretur) fecimus clero et populo presentibus tam Colonie quam Bunne solempniter publicari.

Hierzu bemerkt Harnack [3]):

> „Erzbischof Heinrich hat freilich, nachdem er Friedrich von Österreich zu Bonn gekrönt hatte, behauptet, ihm sei

---

[1]) b. Olenschlager, Urk.buch z. Staatsg. p. 73, l. 14 ff. n. XXX.
[2]) b. Harnack, Kurf. coll. Anhang II p. 247, 6 ff.
[3]) p. 72, 3 ff.

durch specielles päpstliches Privileg das Recht verliehen, den erwählten König, wenn Aachen nicht zugänglich sei, an einem andern Orte seiner Diöcese zu krönen; allein von einem derartigen päpstlichen Schreiben ist nicht das Mindeste bekannt, und selbst, wenn es existiert haben sollte, so ist es doch niemals Grundlage des Reichsrechtes geworden, sondern sehr schnell wieder der Vergessenheit anheimgefallen."

Wir können freilich die Angabe Heinrichs, der mit den Worten: privilegia nobis et nostrae ecclesiae concessa, und: coronacio nobis et archiepiscopo Coloniensi existenti pro tempore est permissa, doch wohl sagen will, daſs er selbst durch die Gnade des apostolischen Stuhls ein derartiges Vorrecht erhalten habe, auf ihre Glaubwürdigkeit hin bei dem Stande unserer Überlieferung schwer prüfen. Jedenfalls wird aber kaum an dem Vorhandensein eines wenn auch vielleicht gefälschten päpstlichen Privilegs im Jahre 1314 zu zweifeln sein, und um so weniger, da eine spätere Zeit ganz offenkundig dasselbe berücksichtigte und auf Grund desselben das deutsche Staatsrecht zu modifizieren unternahm. Harnacks Ausführungen lassen sich den Thatsachen des Jahres 1400 gegenüber, sowie denen des Jahres 1407, nicht halten. In jenem Jahre nämlich lieſs König Ruprecht, den die Halsstarrigkeit der Aachener zwang, auf den 6. Januar 1401 die Krönung nach Köln zu verlegen, zu wiederholten Malen durchblicken, daſs ein solches Vorgehen dem Staatsrecht nicht widerspreche. So meldete er am 7. Dezember, von Heidelberg aus, verschiedenen schwäbischen Städten [1]):

> „wir sin mit in (den Kurfürsten) zu rade wurden," uns in Köln krönen zu lassen, „wann auch der erzbischoff zu Collen gut privilegia hat, das er einen Romischen kunig in sinem bistum und provincien cronen mag, wo er wil."

Straſsburg erfährt aus einem vom 14. Dezember datierten königlichen Briefe [2]):

> nu hat der erwerdige unser lieber neve und kurfurste Friderich erzbischoff zu Colne gute privilegia daz ein erczbischoff zu Colne einen Romischen kunig in demselben bistum und siner provincien cronen mag, wo er wil.

---

[1]) R.T.A. IV n. 202 p. 237, 30 ff.
[2]) R.T.A. IV n. 185 p. 215, 3 ff.

Dementsprechend begründete Ruprecht in seinem an Aachen gerichteten Schreiben (5. Dezember 1400), in dem er noch einmal den Versuch machte, die Stadt für sich zu gewinnen, seinen Entschluſs, bei fortgesetzter Unbotmäſsigkeit der Aachener in Köln die Krönung an sich vollziehen zu lassen, damit [1]):

> wann auch der ... erzbischoff Fryderich ... gute privilegien und friheit hat, daz ein erzbischof von Collen einen Romischen konig cronen moge in demselben bistumme und siner provincien wo er wolle.

Es bedarf keines Beweises, daſs wir hier eine Übersetzung des in dem kurkölnischen Verkündigungsschreiben in das Reich vom Jahre 1314 enthaltenen Satzes:

> (ex privilegiis sedis apostolicae) .. intra nostram dioecesim vel provinciam, ubi nobis expediens videbitur, electos in Romanorum reges pro tempore possumus coronare,

vor uns haben. — Nun berichtet Ulman Stromer [2]):

> do (als Aachen Ruprecht nicht einlassen wollte) beweist der pischof von Koln gut briff von kungen und kaysern und pebsten, daz er gewalt hat, ein idleichen römischen kunk zu kronen in seym land, in welcher stat er wil.

Nicht viel anders läſst sich eine spätere deutsche Weltchronik zum Jahre 1400 vernehmen [3]):

> Indes der erzbischof von Colen gut bebstlich, kaiserlich und kuniglich freyhet weiset und zaiget, das er und sein nachkummen gewalt hetten, einen romischen kunig in seinem lande, in welcher stat er wolt, zu kronen.

Ruprecht selbst äuſsert sich am 13. Oktober 1407 [4]), in einer Zeit, wo die Huldigung Aachens mit Sicherheit schon in den nächsten Wochen zu erwarten war, im ganzen und groſsen mit Stromer übereinstimmend:

> dorumbe (da wir in Aachen a. 1400/1 nicht gekrönt werden konnten scil.) wir auch soliche unser kunigliche cronunge, wann uns nit bequemlichen was, die lenger zu ver-

---

[1]) R.T.A. IV n. 179 p. 209, 31 ff.
[2]) Städtechr. Bd. I (Nürnb. Bd. 1) p. 53. 19 ff. (Ulman starb 3. April 1407. cf. ib. p. 85, 10 ff.)
[3]) Städtechr. Bd. III (Nürnb. Bd. 3) p. 300, 35 f. p. 301 l. 1 f.
[4]) R.T.A. IV n. 238 p. 276. 6 ff. (Braubach).

ziehen [1]), in der stad zu Collen von dem erwirdigen Friederich erczbischoff daselbs . . empfangen han und also zu
Romischem kunige gekronet worden sin, als sich daz zu
der ziit verlauffen hat und auch von rechte wol gesin
mochte, sunderlich nach gnaden friheiten privilegien und
herkomen des obgenanten Friederichs erczbischoffs zu
Collen und sines stiftes zu Collen, die er und derselbe sin
stifft von dem heiligen stule zu Rome und von Romischen
keisern und kunigen herbracht hant, die wir auch gesehen
han etc.

Fürs erste ist zu beachten, dafs, während Ulman Stromer gut
briff von . . pebsten erwähnt, Ruprecht dagegen nur gnaden etc.
von dem heiligen stule zu Rome nennt, mit denen er ohne Frage
die von Heinrich von Köln a. 1314 zitierten privilegia sedis
apostolicae und demnach wohl nur ein päpstliches Schreiben bezeichnen will. Da die gnaden etc. von Romischen keisern und
kunigen a. 1314 von Heinrich von Köln nicht angeführt werden,
so folgt natürlich daraus, dafs sie in dem Zeitpunkt noch nicht
existierten. Weil nun Ruprecht diese sowohl, als auch jenes päpstliche Privileg mit seinen eigenen Augen gesehen haben will,
durchaus kein zwingender Grund aber vorliegt, warum wir dem
König dies nicht glauben sollten, so möchten wir annehmen, dass
Friedrich der Schöne a. 1314 und Karl IV. a. 1346 ihre doch
immerhin aufechtbare Bonner Krönung durch Bestätigung des
ihnen von dem Kölner Erzbischof wohl unterbreiteten päpstlichen
Privilegs, dessen Echtheit ihnen vielleicht zweifelhaft erschien,
rechtlich zu sichern versucht haben. [2])

[1]) Auch im Kurkölln. Verkündigungsschreiben in das Reich v. J. 1314
heifst es: ne . . coronatio eadem (Friedrichs) plus debito differretur (Olenschlager. Urk.buch z. Staatsgesch. n. XXX p. 73, 14 ff.). cf. auch Schreiben
Heinrichs an Nürnberg: ne ob dictorum civium Aquensium . . . rebellionem
ac sacri Romani imperii et reipublice immo tocius Christianitatis dispendium
coronacio eadem plus debito differretur, . . Fridericum . . . coronavimus etc.
(Harnack p. 247. 6 ff.).

[2]) Sollte den Worten Matteo Villani's: e però (wegen der Unfähigkeit
Karls, sich vor Aachen zu lagern) santa Chiesa dispensò con lui questa
ceremonia (b. Gher. Dragomanni, Firenze 1846 I 34 p. 43, 2 ff.) nicht so
viel zu entnehmen sein, dass Erzbischof Walram von Köln auf Grund eines
angeblichen Privilegs Karl überredet hat, sich wegen der feindlichen Haltung
Aachens in Bonn krönen zu lassen? — Wir lassen es dahingestellt. Jedenfalls wird die Nachricht so, wie sie Villani bringt, kaum richtig sein. —
(cf. o. p. 25 Anm. 2.)

Sollte diese Vermutung sich bewähren, so konnte Friedrich von Köln a. 1400 in der That seinem Herrn und König ohne grofse Mühe urkundlich nachweisen, wie trotz der goldnen Bulle die Krönung auch an einem andern Orte, als in Aachen, stattfinden könne.

Wie sehr das (angebliche?) päpstliche Schreiben a. 1400 und vor Allem a. 1407 die Politik Ruprechts beeinflufste, zeigt aber auch Folgendes. —

In den Verhandlungen Ruprechts mit Aachen im Jahre 1407, das sich endlich zu seiner Aufnahme und zur Huldigung bereit erklärt hatte, war es eine Frage von besonderer Wichtigkeit gewesen, wie sich der König zu seiner Kölner Krönung stellen sollte. Es war bezeichnend, dafs derselbe nach seinem Einzuge in Aachen[1] zwar sich keinen feierlichen Krönungsceremonien unterzogen, es aber verabredetermafsen[2] nicht unterlassen hatte, sich auf Karls des Grofsen Stuhl zu setzen und die Krone in demselben zu empfangen: doch slechticlich ane segen kriesem salbe oder ander zierlichkeit zu der cronunge.[3] Dafs wir in diesem Verfahren das Resultat langwieriger Besprechungen zu erblicken haben, zeigt eine Erklärung Ruprechts vom 13. Oktober 1407, die somit seinem Einlafs in die Krönungsstadt noch vorhergeht:[4]

des wifse allermenglich, das die cronunge, die wir zu Collen von dem .. erczbischoff Friederich in vorgeschriebener mafsen empfangen haben, krefftig und mechtig ist und sin sol, und das wir auch dabii vesticlichen verliben wollen und derselben gebruchen und niefsen diewile wir leben ..., wann auch daselbs zu Collen segen gebett kriesam salbe und anders, daz zu einer kuniglichen cronûnge gehoret, genczlich volkomenlich und redelich an uns vollenbracht sint. und ist auch nach der ziit, als wir zu Collen gekronet sin, unser meynunge nye gewesen und noch nit, das wir zu Aiche dheine cronunge empfaen wolten, dann weder segen gebett kriesam salbe noch ander zierlichkeit, die zu einer Romischen kuniglichen cronunge gehoret, in den (vorgeschrieben) tedingen, als die unsern

---

[1] wol am 14. Nov. 1407. cf. Höfler, Ruprecht von der Pfalz. p. 361 unten.
[2] cf. R. T. A. IV n. 233. p. 271. 19 ff.
[3] R.T.A. IV p. 271, 24 ff. Höfler l. c. p. 361 unten.
[4] R.T.A. IV n. 238 (Braubach) p. 276. 19 ff.

mit den von Aiche uberkomen sint, begriffen sunder cler-
lich ufsgeschlofsen sint. und als in den . . tedingen under
andern stucken begriffen ist, wann wir zu Aiche inuriiten,
das wir dann uff den kunigstule daselbs siczen sollen etc.
das doch keine cronunge ist: daz sol . . unser cronunge,
die zu Collen gescheen ist, und auch dem . . erczbischoff
Friederich sinen nachkomen und syme stiffte zu Collen
keinen schaden innbruch nuwerunge oder enderunge an
yren gnaden friheiten privilegien oder herkomen machen
oder bringen in dheine wise.

Ruprecht, der mit diesen letzten Worten auf die uns bekannten
kurköllnischen Privilegien Bezug nimmt, führt nun in höchst beachtenswerter Weise fort:[1]

Und ob sich die von Aiche vermefsen, gnade friheit oder
herkomen zu haben, das ein Romischer kunig sine erste
cronunge zu Aiche in der stat und nit anderswo empfaen
solte, das bekennen wir yn nit, sunder wir bekennen, das
der . . . erczbischoff Friederich und sin stiffte zu Collen
gnade privilegia und friheit hant, die wir auch gesehen
han, das ein iglich erczbischoff zu Collen zu ziten eyme
iglichen Romischen kunige zu ziten die erste cronunge tun
und yme die crone uffseczen mag in syme bisthume oder
provincien zu Collen, an welicher stad er wil. und do-
rumbe ist unser meynunge von rechter wifsen und Romischer kuniglicher mechtevollenkomenheide, das der . . erczbischoff Friederich sine nachkomen und sin stifft zu Collen
bii denselben yren gnaden und friheiten ewiclichen verliben und der gebruchen und geniefsen sollen, von uns
unsern nachkomen und allermenglich daran ungehindert. —

Wenn aber der König auf Grund der Privilegien des Erzbischofs Friedrich von einer ersten cronunge spricht, die durchaus
nicht in Aachen vollzogen werden müsse, so bezeichnete er doch
auch seine Kölner Krönung als eine erste und räumte stillschweigend ein, dafs er trotz aller gegenteiligen Versicherungen in der
in Aussicht stehenden Inthronisation und den damit verbundenen
Ceremonien eine zweite Krönung sah, mochten auch wesentliche
bei einer ordnungsmäfsigen coronatio unerläfsliche Momente aufser
Acht gelassen werden. Wie war es ihm aber möglich, sich für

---

[1] R. T. A. IV. p. 276.37 ff.

die Annahme einer ersten und zweiten römischen Königskrönung auf die uns nicht mehr fremden kurkölnischen Privilegien zu berufen? Offenbar vermittelst einer etwas gezwungenen Interpretation der uns durch das kurkölnische Verkündigungsschreiben in das Reich vom Jahre 1314 überlieferten Bestimmung:[1]

> et etiam . . . intra nostram dioecesim vel provinciam, ubi nobis expediens videbitur, electos in Romanorum reges pro tempore possumus coronare etc. —

Hatte Heinrich von Köln a. 1314 hiermit ohne Frage nur sagen wollen, daß je nach den Zeitumständen die Krönung auch anderswo als in Aachen, doch innerhalb des Kölner Sprengels, vorgenommen werden könne, so faßten Ruprecht und seine Ratgeber anscheinend den Ausdruck pro tempore so auf, als ob durch ihn das Vorläufige einer nicht in Aachen stattfindenden coronatio angedeutet würde. Wie sehr sie sich gerade auf die Worte pro tempore steiften, zeigt wenigstens die deutsche Übersetzung jenes Satzes:[2]

> privilegia und friheit . ., die wir auch gesehen han, das ein iglich erczbischoff zu Collen zu ziten eyme iglichen Romischen kunige zu ziten die erste cronunge tun und yme die crone uffseczen mag in syme bisthume oder provincien zu Collen, an welicher stad er wil.

Man könnte denken, daß erst a. 1407 den Worten pro tempore dieser Sinn beigelegt wäre, zumal da die Äußerungen, die wir aus dem Jahre 1400 anführten, nicht von einer ersten, d. h. vorläufigen, sondern nur von einer cronunge zu berichten wußten. Doch eine Stelle in einem an Bonifaz IX. gerichteten Schreiben Ruprechts vom 9. November 1400[3] macht uns anderer Ansicht:

> opidum Franckefordence . . intravimus . . intendentes auctore deo die 25. novembris de proximo ventura previa regali corona ut moris est in dei laudem insigniri.

Ruprecht hat hier offenbar eine der Aachener Krönung vorhergehende herkömmliche coronatio im Auge. Von einer solchen konnte er aber nur reden, wenn er, wie a. 1407, den Worten Heinrichs von Köln: pro tempore possumus coronare, die Berechtigung zu entnehmen wagte, zwischen einer ersten und zweiten

---

[1] Olenschlager, Urk.buch z. Staatsgesch. p. 73. 14 ff.
[2] R.T.A. IV p. 276, 41 ff.
[3] R.T.A. III n. 223. p. 283 l. 6 ff. (Heidelberg).

römischen Königskrönung zu unterscheiden. Schon am 9. November, dem Datum des Briefes, war die Aussicht, daſs Aachen den König zur Krönung einlassen werde, eine recht geringe. Um so willkommener muſste es sein, wenn man, auf Privilegien von dem heiligen stule zu Rome und von Romischen keisern und kunigen gestützt, einerseits die Zulässigkeit einer nicht in Aachen stattfindenden coronatio, andererseits aber auch die Zulässigkeit einer nachträglich dort vorgenommenen zweiten Krönung, unbeschadet der Rechtmäſsigkeit der schon früher anderswo vollzogenen ersten, darzuthun vermochte. Indem Ruprecht sich entschloſs, sich am 6. Januar 1401 in Köln krönen zu lassen, stand es ihm ohne Frage wol schon fest, bei günstiger Gelegenheit sich einem zweiten Krönungsakt in Aachen zu unterziehen. Wir haben allen Grund, ihm zu miſstrauen, wenn er am 13. Oktober 1407 versichert:[1]

Und ist auch nach der ziit, als wir zu Collen gekronet sin, unser meynunge nye gewesen und noch nit, das wir zu Aiche dheine cronunge empfaen wolten etc. —

Gegen unsere Erklärung der previa regalis corona[2] spricht natürlich nicht, daſs Ruprecht a. 1400 den Städten gegenüber und

---

[1] R.T.A. IV p. 276, 27 ff.

[2] Höfler, Ruprecht von der Pfalz, p. 178. 25 ff. spricht von einer vorläufigen Krönung, „welche der Aachener vorauszugehen pflegte." Auf p. 180, 3 sieht man, daſs er unter der herkömmlichen vorläufigen coronatio eine Frankfurter Krönung versteht. Meines Wissens ist dem deutschen Staatsrecht aber von einer solchen nichts bekannt. Und Höfler thut wol Unrecht, wenn er den Worten des Anonymus Erfurdensis (historia Erphesfordensis de landgraviis Thuringiae bei Joannes Pistorius Rerum Germ. SS. curante B. G. Struve, Ratisb. 1726 Bd. I p. 1359 (nicht, wie Höfler sagt, 1389) l. 15 ff.): obsederunt civitatem Franckenfort per sex hebdomadas; quibus finitis ipsum coronaverunt in Franckfort una corona et alia, quam non poterant habere in Aquisgrani, coronaverunt eum solenniter in Colonia, solches Gewicht beilegt, daſs er sagt: Jetzt erst (nach dem 1. Dezember 1400 cf. bei ihm p. 180 l. 2 ff.) kann die Krönung zu Frankfurt, welche auf den 26. (soll wol heiſsen: 25. cf. ib. p. 178. 27 f.) November bestimmt war, stattgefunden haben, wenn auch die Regesten davon nichts mitteilen. Vermutlich dachte der anonymus an die elevatio Ruprechts auf den Altar der Bartholomaeuskirche (cf. quibus finitis). — Daſs Ruprecht vor seiner Kölner Krönung noch nicht gekrönt worden war, geht zum Ueberfluſs hervor aus seinem an König Martin von Arragonien gerichteten Schreiben vom 7. März 1401 (Nürnberg) (R.T.A. IV p. 314. 44 ff. p. 315, 1 f.): die epiphaniae domini (Jan. 6. 1401). . . iu ecclesia cathedrali nobilis civitatis Coloniensis . . regalis infula prima trium coronarum per manus honorabilis archiepiscopi Coloniensis decore solito nostro fuit capiti imposita.

vornehmlich in den Verhandlungen mit Aachen von einer ersten
cronunge schweigt. Hätten doch sonst seine Drohungen:[1] daz
nummer eincher Romischer konig furbaz me zu Achen gekronet
solle werden etc., vollkommen ihr Ziel verfehlt! —
War aber die Einführung einer zwiefachen römischen Königskrönung in das deutsche Staatsrecht seitens Ruprechts ein Schritt
von weittragender Bedeutung, geeignet, dasselbe auf die Dauer zu
modifizieren? —

> Den gnaden privilegien und friheiten zu Folge, die Ruprecht
> gesehen haben will,[2] mag ein iglich erczbischoff zu Collen
> zu ziten eyme iglichen Romischen kunige zu ziten die erste
> cronunge tun und yme die crone uffseczen in syme bis-
> thume oder provincien zu Collen an welicher stad er wil.

Da aber auch Aachen zum Kölner Sprengel gehörte, so war
doch kaum anzunehmen, dass ein neuer König, dem die Krönungsstadt sich willfährig zeigte, zögern würde, die Krone eben dort,
und so rasch es ihm möglich war, zu empfangen. Sollte aber
etwa der nach seiner Wahl in Frankfurt in Aachen Gekrönte sich
zu einer zweiten Krönung an einem anderen Orte der Kölner
Diöcese oder gar nochmals in Aachen verstehen?! Undenkbar.
Wenn je, so konnte eine zweite Krönung wohl nur dann wieder
eintreten, wenn wie a. 1400 die Aachener die Krönungsfeierlich-
keiten in ihrer Stadt nicht hatten dulden wollen, und sich erst
nachträglich zur Anerkennung des inzwischen schon an anderer
Stätte „vorläufig" Gekrönten bequemten. —
Die von Ruprecht mit Bezugnahme auf die kurkölnischen Privilegien getroffenen Neuerungen waren in der That wenig geeignet,
um die Aachener in ihrem Rechte zu schmälern.
Es war nicht falsch, wenn Ruprecht bei anderer Gelegenheit[3]
ausführte:

> Und ist unser meinunge, das soliche vorgeschrieben unser
> cronunge die zu Collen gescheen ist, den .. burgermeistern
> scheffen rate und der stat zu Aiche an ihren friheiten und
> rechten, die sie von dem heiligen Romischen riche hant,
> in kunftigen ziten gein unsern nachkomen an dem riche

---

[1] R.T.A. IV p. 209, 35 ff.
[2] R.T.A. IV p. 276, 41 ff.
[3] R.T.A. IV n. 236 p. 273, 29 ff.; p. 274, 1 ff. [1407 Sept. 8. Aachen]
cf. p. 273 Anm. 2. Ausgefertigt Nov. 14 1407 Achen cf. n. 240 p. 277).

dheineu schaden bringen sol, sunder sie sollent und mogent
derselben rechten und friheiten hernach gein unsern nachkomen gebruchen und niefsen in aller der mafsen, als ob
wir die vorgeschrieben unser cronunge nit zu Collen sunder zu Aiche empfangen hetten. —
Dafs Ruprecht, wie vermutlich früher Friedrich der Schöne
und Karl IV., die Privilegien des Kölner Erzbischofs bestätigte
und ihnen ewige Gültigkeit zusicherte,[1]) ist begreiflich. Er, der
des Öfteren die Unanfechtbarkeit der Kölner Krönung in diesen
Tagen betonte,[2]) suchte auch auf diese Weise die Legitimität seiner
„ersten cronunge" vor Angriffen zu schützen. —
Soweit uns bekannt, ist nach dem Jahre 1407 weder von
einer ersten und zweiten Krönung noch von den kurkölnischen
Privilegien mehr die Rede. Ob letztere bald darauf vernichtet
sind? Ob sich noch eines von ihnen erhalten haben mag?

---

[1]) R.T.A. IV p. 276, 44 ff.
[2]) cf. z. B. R.T.A. IV p. 273, 28 p. 279, 16: als das wol gesin mochte.

Nachtrag.

I. Kurze Inhaltsangabe von Christ. Hecht's Schrift De obsidione binarum S. R. Imperii Liberarum Civitatum Francofurti ac Aquisgrani in dissidiosa duorum imperatorum electione ab altero eorum olim ex observantia quadam imperiali instituta. —

Die Bemerkungen, die wir auf p. 6 Anm. 3 über den Inhalt dieser uns damals nicht zugänglichen Schrift machten, sind folgendermaßen zu ergänzen, resp. zu verbessern. Die Schrift, in der auf 16 Seiten unsere Frage erörtert wird, umfaßt 9 Paragraphen. In § 1 und 2 (p. 5—7) spricht H. über den Wahlort und ob die Wahl außerhalb oder innerhalb der Stadt vollzogen sei.

In § 3 (p. 7/8) äußert H. sich über den Krönungsort. § 4 (p. 8) behauptet er, in Frankfurt und Aachen habe sich die Gewohnheit herausgebildet, daß bei einer zwistigen Wahl Frankfurt oder Aachen keinen der electi aufgenommen habe, sondern man habe 6 Wochen und 3 Tage lang die heftigste Belagerung (obsidio) ohne Rücksicht auf das dadurch bisweilen verursachte Ungemach über sich ergehen lassen; dem Sieger habe man nach Ablauf der Frist den Einzug gestattet. (Dem gegenüber wollen wir nur bemerken, daß a. 1400 Frankfurt und Aachen Ruprecht vor Beendigung der 6 Wochen und 3 Tage nicht aufnehmen wollten.)

In § 5 (p. 8 u. 9) heißt es, man habe innerhalb der Frist bei einer zwistigen Wahl abwarten wollen, wer die Oberhand gewinnen würde. Hecht verweist auf das Gutachten der kurmainzischen Juristen vom 8. September 1400, die das Lager vor Frankfurt als ein herkömmliches bezeichnet hätten (cf. o. p. 54 Anm. 1), erkennt jedoch nicht, daß dem Lager dort nach einer jeden Wahl Berechtigung zuerkannt wird. Innerhalb der Frist habe der Abgesetzte damals noch den Frankfurtern zu Hilfe kommen können.

In § 6 (p. 9—13) werden die Jahre angeführt, in denen diese obsidio zur Anwendung gekommen sei: zuerst a. 1212, als Otto IV. Aachen belagert habe, zum zweiten Mal a. 1246, als Heinrich Raspe Konrad IV. geschlagen habe; das dritte Beispiel sei die Belagerung Aachens durch Wilhelm von Holland (1247); a. 1256 ferner habe Richard von Cornwall einige Tage vor Aachen gelagert. — Eine Beobachtung der Gewohnheit findet Hecht auch in dem Umstande, daſs Albrecht I. erst nach König Adolfs Tod in Aachen gekrönt worden sei! a. 1314 habe Ludwig der Baier Frankfurt betreten, nachdem er Friedrich den Schönen verdrängt habe; von einer Belagerung Aachens habe Friedrich wegen seiner geringen Streitkräfte absehen müssen. Dem Herkommen gemäſs habe Frankfurt sich geweigert, den Gegenkönig Karl IV. aufzunehmen, ebenso habe Frankfurt auch Günther erst einlassen wollen, bis diese herkömmliche Belagerung von 6 Wochen und 3 Tagen vor sich gegangen sei. (Man beachte, daſs Hecht, der bisher die Dauer der Belagerung ganz auſser acht gelassen hat, plötzlich die Miene annimmt, als ob die früheren Belagerungen, (er sieht in dem Lager eine obsidio) ebenfalls 6 Wochen und 3 Tage gewährt hätten.) — Hecht erwähnt dann die sechswöchentliche Belagerung Frankfurts durch Ruprecht, Aachens Weigerung, Ruprecht einzulassen, und berührt zuletzt die Doppelwahl von a. 1410, nach der Jobst und Sigmund Frankfurt hätten belagern wollen. Er schlieſst den Paragraphen mit dem kurfürstlichen Gutachten vom 22. Juli 1411, demzufolge das Lager wegen Sigmunds einmütiger Wahl unnötig gewesen sei. — In § 7 (p. 13—16) untersucht er, ob wir ein wirkliches Herkommen in der Belagerung dieser beiden Städte zu erblicken hätten. Er führt einerseits Mutius, Munsterus, Kuspinian, andererseits Lehmann, Besold und Struve an, und citiert dann Gobelinus Persona, das Weistum der Mainzer Pfaffen (Sept. 8 1400), wo von Herkommen die Rede sei, und Ruprechts Äuſserungen in seinem Brief an den Papst (cf. o. p. 86 Anm. 4) und an Straſsburg (muſs heiſsen Venedig; cf. o. p. 177 und p. 87 Anm. 1). Er kommt dadurch zu dem Ergebnis, daſs die Belagerung Frankfurts auf einem wahren Herkommen beruht habe (observantiae verae ac indubitatae fuisse). Was die obsidio Aachens betreffe, so habe Aachen wol nur das Beispiel Frankfurts befolgt. Er geht dabei auf Aachens Weigerung, Ruprecht einzulassen, ein. (Wie kritiklos er ist, sieht man daran, daſs er trotzdem in der Belagerung Aachens a. 1212 die erste Beobachtung des Herkommens sieht!) Freilich, meint Hecht, sei nicht zu

leugnen, dafs der electus laut der Bulle Urbans einige Tage vor
Aachen habe warten müssen. Und darauf scheine Villani zu gehen,
wenn er erzähle, dafs Carl IV. in Köln gekrönt sei, ohne vorher
3 Tage lang gelagert zu haben. Hecht geht hierauf nicht weiter
ein. Eine Ahnung vom Richtigen hatte er also. In § 8 (p. 16)
bemerkt Hecht, dafs das Herkommen seit Sigmund nicht mehr in
Kraft habe zu treten brauchen. — § 9 wünscht er dem Vater-
lande und den beiden Städten alles Gute. —

    II. Einige Bemerkungen zu Otto Dresemann's Schrift „Zur
        Geschichte der Reichsstadt Aachen im 14. Jahrhundert,
        mit Bezug auf Kaiser und Reich. Münster. Dissert. 1886."

Der Verfasser der angeführten Schrift, dem nur die ersten 28
Seiten meiner Arbeit vorlagen, weist auf p. 10—13 meine Vermutung, dafs der Krönung Ludwigs des Baiern ein dreitätiges
Lager vorhergegangen sei, zurück. Einer seiner Hauptgründe, die
ihm dagegen zu sprechen scheinen, ist offenbar (cf. dort p. 12 oben)
die zwanzigstündige Entfernung Aachens von Bonn, bei der man
am 25. in Aachen nicht über die Absichten des in Bonn befindlichen Erzbischofs und „über die wirkliche Vollziehung der Krönung Friedrichs" hätte unterrichtet sein können. Ganz davon abgesehen aber, dafs ein Bote, der gegen Abend aus Bonn fortritt,
bei grofser Eile wol schon nach 15 Stunden in Aachen eintreffen
konnte,[1]) so handelte es sich doch wol bei dem vermutlich dreitägigen Lager Ludwigs eigentlich mehr um die Beobachtung eines
Ceremoniells, bei der man im voraus sicher wufste, dafs die Krönung Ludwigs nach Verlauf der drei Tage vor sich gehen sollte.
Befand er sich doch vielleicht während der Frist in der Stadt
(cf. p. 132 uns. Arbeit). Die Ohnmacht der habsburgischen Partei beweist wohl nichts gegen unsere Vermutung, dafs die Aachener
Ludwig als einem erwählten römischen Könige — Dresemann
p. 11, 20 sagt falsch, dafs laut der Bulle Urbans der in Zwiespalt
Gewählte keinen Anspruch auf sofortigen Einlafs gehabt habe

---

   [1]) cf. Faulhaber Gesch. d. Post in Frankfurt a. Main im Archiv für
Frankfurts Gesch. u. Kunst. Neue Folge. Bd. 10 1883. p. 27 Note: im 17.
Jahrh. ritten die Frankfurter Montags von Frankfurt ab und Donnerstags
von Köln aus zurück. — Darnach darf man wol auch die Schnelligkeit der
Boten im 14. Jahrh. beurteilen? — Ein Bote mufste 16 Stunden im Sattel
sitzen. (l. c. p. 33.)

— einer dreitägigen Frist geneigt zu machen verstanden haben. Dresemann zeigt übrigens, daſs Aachen den König eine zeitlang hat lagern lassen (cf. p. 12 unten), er wendet sich also nur gegen den dreitägigen Lagertermin. Wie wird aber, falls er Recht hat, die Nachricht, daſs a. 1346 kein dreitägiges Lager stattgefunden habe, zu erklären sein? — Daſs es einmal vor sich gegangen ist, zeigen doch wohl die Vorgänge des Jahres 1414 (cf. o. p. 128 ff.)? — Dresemann leugnet ferner (p. 34. f.), daſs die Aachener a. 1346 von Karl IV. ein vierzigtägiges Lager gefordert haben, und meint, daſs die starken Rüstungen der Stadt in Verbindung mit dem friedlichen Charakter des Königslagers überhaupt der Annahme widersprächen, als sei von Seiten Aachens das Verlangen eines solchen Lagers zu erwarten gewesen. Dem gegenüber verweisen wir nur auf die Rüstungen der Frankfurter a. 1400 (cf. o. p. 48 Anm. 4) und auf unsere Erörterungen im Text, welche die Natur des Lagers wohl ins rechte Licht stellen werden. Dresemann meint, ˙daſs der Einfluſs der Bulle Urbans auf die Zeitgenossen in unserer Frage nicht in Betracht käme (p. 34). Wenn irgendwo, so doch ganz gewiſs im vorliegenden Fall. Wenn er ferner der Ansicht ist, daſs die beiden Villanis und der Verfasser des Romans, Loher und Maller — dieser wurde nebenbei nicht, wie Dresemann sagt, von Margarethe von Lothringen italienisch verfaſst, sondern von ihr aus dem Französischen ins Deutsche übersetzt — aus dem, was sie als gebräuchlich vor Königskrönungen angenommen hätten, in Bezug auf Karl schon ein Factum gemacht hätten, so ist dazu Folgendes zu sagen: Von einem sechswöchentlichen Lager konnten sie doch nur dann sprechen, wenn es irgend einmal schon vorgekommen, oder, obwohl beabsichtigt, nicht zur Ausführung gelangt war? — Da bleibt doch eigentlich nur übrig, daſs Karl aufgefordert worden war, zu lagern? — Mag daher das dreitägige Lager a. 1314 auch wohl angezweifelt werden können, das Verlangen der Aachener nach einem vierzigtägigen Lager a. 1346 wird nicht zu bestreiten sein. —

III. Eine im Aachener Stadtarchiv befindliche Urkunde aus dem Jahre 1400.

Folgende Urkunde wurde mir von Herrn Stadtarchivar Pick in Aachen gütigst mitgeteilt. Derselbe gestattete auch den Abdruck derselben an dieser Stelle:

Brune von Braunfels, Priester zu Frankfurt, an [1400]
Aachen: über die Absicht des neuen Königs und Aug. 25.
der Fürsten bis zum 5. September hin vor Frank-
furt zu ziehen. [1400] *Aug. 25* [*Frankfurt*].
Aus Aachen St. A. or. ch. lit. cl. c. sig. in vers. impr. am.

Minen fruntlichen dinst zuvor. lieben herren und frunde.
ich lassen uch wissen, daz der nuwe konig und die fursten kommen
wollet gen Franckfort vor die stad und da zu ligen 6 wochen dri
tage, als ein Romischer konig dun sal, mit namen bifs sontag ober
achtage nehest kommet [Sept. 5], als mir min herre von Mentze
gesat hat, und enweifs auch nit anders, dan daz die messe daran
nit gehindert werde, dan sie iren gang fullen[1]) han sal, und mert[2])
halden wollen, als vor ist gewest. got si mit uch.   geben
uf den mitwochen nach sente Bartholomeus tag under mime [sic]
ingesigel.
            Brune zu Brunefels zu Franckfort
                      ein pristere. —

[in verso:] Den erbern wisen burgermestern, scheffen und rade zu
      Aiche, minen liben herren und besundern frunden.

Für die Datirung der Urkunde, in der die Jahreszahl nicht genannt
ist, fällt Folgendes ins Gewicht. König Ruprecht wurde am 21.
August 1400 erwählt[3]); er ist der nuwe konig, von dem hier am
25. August gesprochen wird. Der Schreiber des Briefes, Brune
von Braunfels, war 1393 noch minorenn, 1404 Pastor in Gronau.
Er starb wohl a. 1417, da er 1418 nicht mehr unter seinen Ge-
schwistern erwähnt wird.[4]) — Was den Inhalt des Stückes betrifft,
so legten, wie oben (p. 46) berührt, die Frankfurter den Fürsten
und Ruprecht die Absicht bei, vor Frankfurt 6 Wochen und
3 Tage zu lagern. Wir vermuteten ferner, (o. p. 49 f.), dafs die
Frankfurter entschlossen waren, Ruprecht gegenüber zu behaupten,
dafs jeder König nach seiner Wahl lagern müsse. Diese Urkunde
bestätigt beides. — Auf Erzbischof Johann von Mainz (herre von

[1]) = vollen, völlig.
[2]) mert = Markt.
[3]) cf. Höfler, Ruprecht von der Pfalz.
[4]) cf. Fichard's Geschlechtergesch. Brune von Brunfels p. 29 (in Frankfurt Stadtbibl.).

Mentze) bezieht sich in derselben natürlich nur die Bemerkung, daſs der König und die Fürsten bis zum 5. September vor Frankfurt erscheinen würden. Der König selbst traf, wie wir sahen (o. p. 60 Anm. 2), erst am 10. vor der Stadt ein. Die Frankfurter Herbstmesse wird aber wohl doch in Folge der durch die Neuwahl zu befürchtenden unruhigen Zeitverhältnisse bald ihr Ende erreicht haben? —

IV. **Eine Erinnerung an das Lager vor Frankfurt a. 1534?** —

Nachträglich macht mich Herr Dr. Jung auf eine Notiz im Ratschlagungs-Protokoll des Frankfurter Rates aus dem Jahre 1534 aufmerksam. Hier heiſst es zum 20. Mai:[1] man halte für gut, sich zu verproviantieren und zu rüsten, „nachdem darvon geredt wirdt, als solt der landgrauv zu Hessen willens sein, sich vor Frankfurt zu legen, ain Romischn konig zu welen etc." — Ob mit dem hier in Aussicht gestellten Lager unser Königslager gemeint ist? Oder dachte man hier einfach an ein Lager, in welchem ein regelrechter Wahlakt vorgenommen werden sollte? — Man erwäge die Situation. Es ist die Zeit, in welcher Landgraf Philipp von Hessen sich anschickte, den aus seinem Lande vertriebenen Herzog Ulrich von Württemberg mit bewaffneter Macht in dasſelbe zurückzuführen.[2] Der römische König Ferdinand, gegen den, als Beherrscher Württembergs,[3] sich diese Bewegung direkt richtete, war von den Protestanten nicht anerkannt.[4] Daſs sich somit Gerüchte verbreiten konnten, man plane die Erhebung eines römischen Königs, ist begreiflich. Die Österreichische Regierung in Württemberg meldete an Ferdinand, der Landgraf ziehe nach Frankfurt, um des Königs von Frankreich Sohn zum römischen König zu erheben.[5] Andere meldeten, der

---

[1] in Frankfurt St. A. Ratschlagungs-Protokoll de 1534—1544. tom. 4. f. 2a (mitwuch nach exaudi). Kirchner Gesch. d. Stadt Frankfurt a. M. (II p. 91): „1534 hatte sich plötzlich das Gerücht verbreitet, daſs Philipp von Hessen die Stadt belagern würde, um vor oder in derselben nach alter Sitte einen römischen König zu wählen." Seine Quelle war die oben angeführte Stelle, in der von einer Belagerung übrigens nicht die Rede ist.

[2] Ranke, Deutsch. Gesch. im Zeitalt. d. Reform. Bd. 3. 6. Aufl. 1881 p. 325 ff.

[3] ib. p. 320: er war mit Württemberg belehnt worden.

[4] ib. p. 228 ff.

[5] cf. Rommel, Gesch. v. Hessen Bd. 4. Cassel 1830 p. 150 Mitte. Seine Quelle ist mir unbekannt.

Landgraf wolle sich selbst zum römischen König aufwerfen.[1]) Vermochten wir auch nicht mehr diesen Dingen näher nachzugehen, so darf man doch vielleicht behaupten, daß derartige Pläne dem Landgrafen ganz fern gelegen haben. Wie dachten sich aber diejenigen, welche ihm die Absicht zuschrieben, einen römischen König zu wählen oder sich selbst zum König aufzuwerfen, die Verwirklichung dieser vermeintlichen Ideen? War doch der Landgraf kein Kurfürst! Sollten sie etwa an das Lager sich erinnert haben und der Meinung gewesen sein, daß der, welcher sich oder einem andern im offenen Gegensatz zu einem bereits vorhandenen Herrscher die römische Königswürde verschaffen wolle, nur vor Frankfurt sich lagern und sich dort 6 Wochen und 3 Tage behaupten müsse? Sollten auf diese Weise die Worte aus dem Ratschlagungs-Protokoll zu verstehen sein? Die Auffassung wäre dann im Großen und Ganzen die nämliche gewesen, die wir gegen Ende des Jahres 1461 über das Lager zu erkennen glaubten. Den einzigen Unterschied könnte man darin erkennen wollen, daß dieser Anschauung gemäß der sich Lagernde nach Ablauf der Frist einen andern zum römischen Könige hätte ausrufen und damit gleichsam wählen können.

Wäre dies richtig, so würden die im Rathschlagungs-Protokoll befindlichen Worte zeigen, wie die ursprüngliche Auffassung über das Lager allmählich ganz verschwunden war, wie sich aber eine dunkle Erinnerung an das Lager noch lange lebendig erhalten hatte. —

V. Einige Zusätze zu Kapitel IX. „Auf das Lager vor Frankfurt bezügliche Nachrichten im Jahre 1461."

Es sei hier noch die Bemerkung gestattet, daß auf p. 137 Anm. 5 nach Bachmanns Urkundensammlung[2]) hätte citiert werden müssen, in der sich auf p. 90 f. (n. 66) das Schreiben Konrads von Pappenheim findet. Die von uns erwähnte Mitteilung steht auch nicht in der Nachschrift, sondern (cf. Bachmann) auf einem Zettel des Ebersteiners an Konrad von Pappenheim, der sie den Statthaltern Herzog Wilhelms samt dem Zettel übermittelte. Die von uns aus der Mitteilung gezogenen Folgerungen werden durch unsern Irrtum nicht berührt. —

---

[1]) ib p. 150: Seine Quelle ist mir unbekannt.
[2]) Briefe u. Akten z. öst. Gesch. etc. Wien 1885.

In Anm. 2 auf p. 151 hätte erwähnt werden sollen, daſs Bachmann im Hinblick auf diese instructiones in seiner Reichsgeschichte
auf p. 96 (cf. dort Anm. 2) sagt: „Ludwig von Bayern rechnet noch
bis in den November mit des Königs Absichten auf Erlangung der
deutschen Krone." —

Auf. p. 146 unt. bezeichneten wir den 15. September 1461
als den Zeitpunkt, um den herum man neuen Plänen des Böhmenkönigs auf der Spur zu sein glaubte. Aber schon am 11. September schreibt Markgraf Albrecht an die Reichsstädte, indem er
die Fehdeansage Georgs meldet und um sofortige Hilfe bittet [1]):
er habe Georg in keiner Sache zu Miſsfallen gehandelt,

> dann so vil, als wir der keiserlichen majestat pflichtig sind
> gewesen, und des gewissen auch ern halben nicht haben
> mugen absein, nochdem etlich ding an uns gelangen, da-
> von nit not ist vil zu schreiben, die wir musten verant-
> worten, als unser herre der kunig wohl weiſs.

Diese Äuſserung, von der Bachmann bemerkt [2]): „bezieht sich
offenbar auf des Königs deutsche Kaiserpläne," zeigt im Verein
mit den andern von uns angeführten Quellenstellen, daſs Markgraf
Albrecht nähere Kunde von reichsfeindlichen Plänen Georgs gehabt
haben muſs. —

Sollte übrigens das Vorhaben, im Sommer 1462 den Kaiser
zu übereilen, in Zusammenhang damit stehen, daſs die Absicht
Erzherzogs Albrecht, um Sonnenwende 1461 gegen Friedrich loszubrechen [3]), nicht zur Ausführung gelangte? Sollte somit den von
uns angedeuteten Plänen schon im April und Mai 1461 nachgegangen sein? —

Es sei hier bemerkt, daſs ich die Ausführungen Julius Weizsäckers „Der Pfalzgraf als Richter über den König" (aus dem 33.
Bde. d. Abhandlungen d. kön. Gesellsch. d. Wiss. zu Göttingen
1886) für das Jahr 1400 nicht mehr verwerten konnte, da der
Teil der Arbeit bereits gedruckt war.

---

[1]) Bachmann, Briefe u. Akten p. 213, 7 ff.
[2]) ib. p. 213 Anm.
[3]) cf. Bachmann, Reichsgesch., besonders p. 38, 3 ff.; in Briefe u. Akt.
besonders p. 128, 6 ff.

Bibliographie.

(Verzeichnis der abgekürzt citierten Werke.)

Aschbach, J., Geschichte Kaiser Sigmunds. 4 Bde. Hamb. 1838—45.

Bachmann, Ad., Briefe und Akten zur Österreichisch-deutschen Geschichte im Zeitalter Kaiser Friedrichs III. Wien 1885. in Fontes rerum Austriacar. II Bd. 44.

— — Deutsche Reichsgeschichte im Zeitalter Friedrichs III. und Maximilians I. Bd. 1. 1884.

— — Böhmen und seine Nachbarländer unter Georg v. Podiebrad 1458—1461. Prag 1878.

Besold, Chr., Dissertationum nomicopoliticar. libri 3. Tubing. 1616.

Böhmer, J. Fr., Fontes rerum Germanicarum 4 Bde. (Bd. 4 nach Böhmers Tode ed. Huber) Stuttg. 1843—68.

Böhmer-Ficker, Regesta imperii V ab a. 1198 usque ad a. 1272. 1. u. 2. Abth. Innsbr. 1881. 1882.

Böhmer-Huber, Die Regesten des Kaiserreichs unter Kaiser Karl IV. Innsbr. 1877.

Chmel, J., Regesta chr.-dipl. Ruperti regis Romanorum. Frankf. 1834.

Cuspinianus, Joh., De imperatoribus commentarius. Francof. 1601.

Faust, J. Fr., von Aschaffenburg, Der Stadt Frankfurt Herkunft und Aufnehmen etc. Frankf. 1660.

Franklin, O., Das Reichshofgericht im Mittelalter. 2 Bde. Weim. 1867—69.

Harnack, O., Das Kurfürstenkollegium bis zur Mitte des 14. Jahrhunderts. Giefsen 1883.

Hasselholdt-Stockheim, G. Frh. v., Herz. Albr. IV. von Baiern und seine Zeit. Bd. 1¹ (1459—65). Leipz. 1865. Dazu Urkk. und Beilagen.

Hecht, Chr., Schediasma historicum ac juris publici germanici de obsidione binarum S. R. imperii liberarum civitatum Francofurti ac Aquisgrani in dissidiosa duorum imperatorum electione ab altero eorum olim ex observantia quadam imperiali instituta (Francof. 1724).

Höfler, K. A. K., Ruprecht von der Pfalz. Freiburg i. B. 1861.

Janson, C., Das Königtum Günthers von Schwarzburg. Leipzig 1880.

Janssen, J., Frankfurter Reichskorrespondenz (2 Bde.). Freiburg i. B. 1863. 1873.

Kaufmann, Ad., Die Wahl K. Sigmunds von Ungarn zum röm. König. Prag 1879 8°. (Auch in Mitteil. des Vereins für Gesch. d. Deutschen in Böhmen XVII.)

Kluckhohn, A., Ludwig der Reiche. Nördlingen 1865.

Koenigshoven, Jac. de, chronicon universale et Alsaticum ed. Jo. Schilterus. 1698 Argentor.

Kriegk, G. L., Frankf. Bürgerzwiste u. Zustände im Mittelalter. Frankf. 1862.

Lehmann, Chr., Chronika der freyen Reichsstatt Speyer. Frankfurt a. 1612.

Lersner, A. A., Der Stadt Frankfurt a. M. Chronika od. ordentl. Beschreibung d. Stadt Frankfurt. Bd. 1 Frankf. 1706. Bd. 2 durch G. A. von Lersner 1734.

Lexer, M., Mittelhochdeutsches Handwörterbuch. 3 Bde. Leipz. 1869—78. 8°.

Loher und Maller, Ritterroman, erneuert von K. Simrock. Stuttg. 1868. Cotta.

Meibomius, H., Scriptores rerum Germanicar. tom. I. Helmstadii 1688.

Menckenius, J. B., Scriptores rerum Germanicar. praecipue Saxonicarum. 3 Th. Lips. 1728 — 30 f.

Menzel, K., Kurf. Friedr. d. Siegr. v. d. Pfalz. Münch. 1861.

— — Diether von Isenburg, Erlangen 1868.

Mone, F. J., Quellensammlung der badisch. Landesgeschichte. 4 Bde. Karlsruhe 1848—67. 4°.

Monumenta Germaniae historica: Scriptores (SS.); Leges (LL.).

Mühling, C., Die Gesch. d. Doppelwahl des Jahres 1314. Münch. 1882.

Müller, C., Der Kampf Ludwigs des Baiern mit d. röm. Kurie. 2 Bde. Tüb. 1879. 80. 8°.

Munsterus, Sebast., Cosmographey oder Beschreibung aller Länder etc. Basel 1567.

Mutius, H., De Germanorum prima origine etc. 1539.

Obrecht, Ulr., Apparatus juris publ. 1. Ausg. 1696. 2. Ausg. besorgt von J. C. Fischer, Frankf. u. Leipz. 1754.

Octavianus de Strada, Vitae imperatorum et Caesarum roman. Francof. 1615.

Öfele, A. F., Rerum Boicarum scriptores nusquam antehac editi. 2 Th. Aug. Vind. 1763. f.

Örtel, Frid. B., Dissertatio historica de Ruperto. Lips. 1720.

Olenschlager, J. D. v., Erläut. Staatsgesch. d. Röm. Kayserthums in der 1. Hälfte des 14. Jahrh. etc. Frankfurt 1755. 4°. mit anhängendem Urkundenbuch.

— — Neue Erläuterung der gold. Bulle Kaysers Carls des IV. Frankf. u. Leipz. 1766. 4°. mit Urkundenbuch.

Orth, J. Ph., Erläuterungen u. Zusätze z. 3. Forts. d. Anm. über die Frankf. Reformation. 1775.

Palacky, Fr., Urk.-Beiträge z. Gesch. Böhmens 1860. in fontes rer. Austriacar. II Bd. 20.

— — Gesch. v. Böhmen. Bd. 1—5. Prag 1836—68.

Pelzel, F. M., und Dobrowsky, J., Scriptores rerum Bohemicarum. Th. 1. 2. Prag 1783/84.

Quellen zur Frankfurter Geschichte. Bd. 1. Frankfurt 1884.

Quidde, L., König Sigmund und das deutsche Reich von 1410—1419 (1. Die Wahl Sigmunds). Gött. 1881.

R.T.A. = Deutsche Reichstagsakten, herausgegeb. durch die Hist. Commission bei der Königl. Akademie der Wissenschaften zu München. München 1868 ff. Gotha 1882.

Ranke, L. von, Deutsche Geschichte im Zeitalter der Reformation. Bd. 1. 6. Aufl. Leipzig 1882.

Richter, H. M., Georg von Podiebrads Bestrebungen zur Erlangung der deutsch. Kaiserkrone und seine Beziehungen zu den deutschen Reichsfürsten. Wien u. Leipz. 1863.

Senckenberg. H. Ch., Sammlung von ungedruckten und raren Schriften. 4 B. Frankf. 1751.

Städte-Chroniken = Die Chroniken der deutsch. Städte vom 14. bis ins 16. Jahrh. Herausgegeb. durch die Histor. Commission bei der Kön. Akademie der Wissenschaften zu München. Leipz. 1862 ff.

Struve, B. G., Syntagma historiae Germanicae. Jenae 1716.

— — Corpus historiae germ. a prima gentis origine ad. a. usque 1730. Jena 1730. 2. Voll.

Villani, Giovanni, Chronaca. Ausg. v. Gher. Dragomanni. Firenze 1844.

— Matteo, Cronica. da Gher. Dragomanni. Bd. 1. Firenze 1846.

Vogel, W., Beiträge z. Gesch. d. deutsch. Reichshofgerichtes in: Zeitschr. d. Savigny-Stiftung für Rechtsgesch. II¹ (1881) p. 151—198.

Wahl- u. Krönungs-Diarium Keyser Karl VII. Frankfurt a. M. 1742. 1743. Verlegt von Joh. Dav. Jung.

Register.

Die kleinen Zahlen beziehen sich auf die Anmerkungen und gleichzeitig auf den zugehörigen Text.

Aachen belagert mehrfach 6[1], 6[3], 7 ob.; mora von einigen Tagen in der Bulle Quicoelum 12[4]; *1314* 16; *1314:* dreitäg. mora 22, 23 Mitte. 24. *1346* 24 unt. 25 Mitte. *1346:* Forderung der Anleitefrist 28 unt. ff., 30 f. *1400* 94 ff.; kein Zusammenhalt mit den Städten 95[1]; stützt sich auf d. Herz. v. Geldern 96[1], 96[4].; widerspenstig 97[4]; verweigert Rupr. Einlafs, fordert Lager 98[6]; verschmäht Fassung d. Bulle Urbans 100; Nachgeben *1407* 102 ob.; Ergebnis von *1400* 102; *1414* in Gefahr, überrumpelt zu werden 129[1]; Frage der Stadt vorgelegt, ob Lager von 3 od. 15 Tagen 129[5], 130 ob.; unbestimmte Antwort 130[1]; Sigm. gen Aachen 131[2-3]; dreitäg. Lager 132, dessen Bedeutung 133; Lagerfrist *1414* wohl zuletzt 134; Rückblick 167 ff.; über ein Kölner Privileg, Annahme von zwei Krönungen 181 ff.; Bedeutung dieses Schrittes 190.

Albrecht II. röm. König 135 ob.

Albrecht, Erzherz. v. Österreich 135[1]. Waffenstillstand v. Laxenburg 139[1]; 148[1]; wünscht Frieden zw. Ludw. u. Mg. Albrecht 149 Mitte.

Albrecht, Markgraf von Brandenburg 136[8]; 137[3]; Kampf gegen Ludw. v. Baiern erneuert 138[3]; kais. Hauptmann 138[4]; bedenkl. Wendung des Krieges 139[4]; bearbeitet Frankfurt um Unterstützung 139[6]; Audienz Brunes in Gunzenhausen 145[2]; Schreiben an den Kaiser *1461* Sept. 21 147[1]; 148[1]; 148 unt.; 149[1]; erneuert *1462* den Krieg 155[5]; die Nachricht, dafs Pod. lagern wolle, verdankt wohl ihm ihre Entstehung 156 ob.; seine mutmafsl. Auffassung über das Lager 157 ob.; die Unterstützung gegen Ludwig geht keinen Kurfürsten an 161[2]; Brief aus Frankfurt an ihn abgesandt 161[2-4]; derselbe von Brune zurückgehalten 164[2]; Frankfurt sagt ihm am 28. Novbr. Hilfe zu 165[1].

Albrecht, Bisch. v. Bamberg 80[1].

Albrecht. von Thanheim 89[2].

Alfons von Castilien 9[2]. 14[2].

Alzei 50[1].

Andreas Presbyter, seine Darstellung 107[1]. 124 ob.

Berg, Herz. von, 129[1]. 129[6]. 133[1].

Böhmen, die 4. Erzählung über dieselben 141 ob., 144. 146 Mitte. 146[1], 156 unt.

Bonifaz IX. 86[4]. 97[2]. 188[5].

Bonn 16[2]. 16[8]. 17[4]. 17[7]. 18 unt. *1314* 22 Mitte.

Brabant. Herz. von, 129[1]; 129[5]; will a. *1414* vor Aachen ziehen 130. 131[1]. 133[1].

Brune, Johannes, Frankf. Stadtschreiber, mit Hartmann Becker in Nürnberg 139[5]; bleibt auf Wunsch des Mg. in Nürnb. 139[6-7]; ablehnend gegen den Mg. 139[8]; sein Bericht vom 2. Okt. 140[1] ff.; sein Bericht vom 26. Okt. 145 f.; Ankunft seines Briefes vom 2. Okt. in Frankfurt 157[1]; lenkt dem Mg. gegenüber die Rede nicht auf die Lagernachrichten 159[2]; spricht von Rüstungen in Frankfurt 159[3]; Frankfurts Briefe an ihn Nov. 2 u. 14 161[4], 162[1-2]; hält das Schreiben an Albr. zurück 164[2]; sein Brief vom 20. Nov. 164[3-4], 165[4]; abberufen 165[5].

Brune zu Braunfels 196[4].

Burgmann, Nikol., Appendix zur Kaisergesch. des, 104[3].

Burgund. Herz. von, 129¹; 129⁵; will
1414 vor Aachen ziehen 130 ob.;
131¹. 133¹.

Cusa, Nikolaus v., 153².
Cuspinianus 3². 4². 5 Mitte. 6 ob.

Diether. von Venningen, 89³.
Donauwörth 154⁶. 155¹.
Dortmund 37³.

Eduard (Sohn des englisch. Königs)
König Richards Brief an ihn 9² ff.
12 Mitte.
Eger, Fürstentag 1461 Februar 136⁹;
Hinweis auf denselb. 139⁵. 147 Mitte.
Eigil von Sassen, Bürgermeister von
Friedberg, sein Bericht über Sigm.'s
Krönung 131⁴.
Elisabeth, Gemahlin Ruprechts 83⁴.
Elisabeth, Burggräfin von Nürnberg
108¹.
Efslingen, Städtetag Okt. 16 147 Mitte.
160 unt. 161³.

Ferdinand von Österreich, röm. König
197³.
Frankfurt 1²; 1 unt. 2 ob. 2¹. 2⁴. 2⁶.
2⁸. 5¹. 5⁴. 1314 3 Tage geschlossen
5⁴. 6². 1349 30 f.; Forderung der
Frist 31. 32. 33. 33 f. publicatio
1349 33 f.; Erfolg a. 1349 36; Aufnahme Günthers 37¹; 1376 41 f.
1400 44 f.; Juli 1 vertret. in Mainz 45¹.
1400 Aug. 11 48¹, 48²; an Wenzel
1400 Sept. 2 48⁶; Rupr. will sich
angeblich 6 Wochen lagern 49; will
vor Ruprecht sein Gegenkönigtum
nicht erwähnen 49 unt.; hat Gesandte
in Alzei 50¹; erhält Bedenkzeit bis
z. 8. Sept. 51¹; 11. Sept.: das Lager
müsse nach jeder Wahl eintreten
60³ f.; nimmt Rücksicht auf d. Weistum vom 8. Sept. 62; nennt Rupr.
nicht König 63; antwortet höchst
allgemein 64⁵⁻⁷; Brief an Wenzel
Sept. 12 66⁴; erwähnt nicht die Frist
68 ob.; hält an der Frist Okt. 4 fest
74 Mitte; Beschlufs Oktbr. 7 75⁴;
peremptorisch an Wenzel 76²; erbittet
Weistum Okt. 9 1400 von d. Kurfürsten 78³; Zweck d. Anfrage 79;
Fassung derselben 80; Antwort d.
Kurfürsten König mufs la-
gern 81¹; Vergleich zw. 1400 und
1349 83 f.; an Hagenau Oktbr. 30
85²; das Lager a. 1400 „das erste"
genannt 86¹, 96⁴; vermittelnd a. 1400
bei Aachen 98⁴, 101²; Ergebnis v.
1400 102; das Gutachten v. 9. Okt.
1400 für Frankfurt a. 1411 wertvoll 107 unt., 111³; Werner v. Trier

lagert 110²⁻⁶; Frankfurt neutral 111³;
verweigert Sigm. Dienst 112¹, 112²,
112³—113¹; Berichte. die Ansicht
daselbst über das Lager wiederge-
bend 113²⁻⁵; Antwort auf das Begehren der Fürsten 1411 Juli 22
119¹; vorsicht. Fassung derselben
120. auf 1461 Mai 31 Fürstentag n.
Frankfurt angesagt 137²; Podiebr.
will angeblich lagern 137⁵; der
Fürstentag verhindert 138¹; Hinweis
darauf 140⁴; man will die Stadt beligen, davor lagern 141 ob.. 142¹;
mutmafsliche Auffassung des Mg.
Albr. und Anderer über das Lager
156 unt., 157 ob.; in Frankfurt Ein-
sehen des Privilegien am 8. Oktbr.
1461 nach Eintreffen von Brunes
Brief 158²; erst jetzt Aufmerksamkeit wieder aufs Lager gelenkt 158
Mitte; antwortet Brune am 13. resp.
am 15. Okt. 158³; Schreiben an Mg.
Albr. Okt. 15 159¹; 159 ob.; Rüstungen angeblich in der Stadt 159 unt.;
erwartet eine Wahl. Auffassung üb.
das Lager 160. 161¹; schreibt Nov.
14 an Brune 161⁴; Brune Vollmacht
erteilt. Hilfe zu versprechen, Brief
an den Markgr. abgesandt 161²;
Wortlaut des Briefes 162⁵; Brief
von Brune zurückgehalten 164³; erwartet auch ev. ein Lager des fran-
zös. Königs 164⁴; nunmehrige Auffassung über das Lager 161 unt.;
sagt dem Markgr. Hilfe zu 165¹;
Abschlufs der Entwicklung 166¹;
Rückblick 167 ff.; Lager a. 1534?
197 f.

Frankreich, König von. 164³.
Friedberg 45¹; 48¹; 1400 Sept. 8 50³;
bleibt Frankfurt treu 69 ob.; Haltung der Burg gegenüber Rupr.
69⁵—74; Versammlung Septbr. 29
70³; Antwort d. Burgmannen, Anlehnung ans Weistum vom 8. Sept.
71⁵; Stadt Friedberg hält d. Weistum nicht mehr geheim 72¹; definitive Antwort der Burg Friedberg
an Rupr. 73⁷; Erwähnung d. Frist
74¹. 80².

Friedrich II., röm. Kaiser 6³. ⁷/₈ Anm. 2;
11³.
Friedrich der Schöne 5⁶. 15 unt. 16.
Krönung 17⁴. 22 Mitte. 24². bestä-
tigt ein Privileg des Kölner Erz-
bischofs 185², 191¹.
Friedrich III., röm. Kaiser 135 ob.
137², 137⁴; vereitelt den Frankfurter
Tag 138¹; Feindsbrief an Herzog
Ludwig, ernennt kais. Hauptleute

138⁴; Waffenstillstand von Laxenburg 139¹; grollt Herz. Ludw. 139².
Friedrich, der Siegreiche, Pfalzgr. 135¹.
Friedrich, Burggraf v. Nürnberg 101¹. 128³.
Friedrich, Erzbischof von Köln 48⁴. 115 ob. 115¹; stöfst mit Johann von Mainz das Gutachten von *1400* um 16; Ärger über Frankfurts Haltung 122 Mitte; seine Privilegien 183². 184. 185¹. 186 ob.
Friedrich, von Sachsenhausen *1400* 83¹. *1411* 109¹. 112³.

Galgenfeld 60². 113 unt.
Geldern, Herzog v. 96¹.
Gelnhausen 48¹.
Georg von Podiebrad, König v. Böhmen; Pläne auf die röm. Königswürde *1459—1461* Mrz. 136¹⁻⁹.137⁴.; seine Wahl angeblich beschlossen 137; will angeblich lagern 137⁵; *1461* Sept. 1 dem Mg. Albr. Feindschaft angesagt. unterstützt Ludwig 138⁵; Waffenstillstand zu Laxenburg 138u., 139¹, 139³; strebt angeblich noch nach der röm. Königswürde 140⁴; will Sommer *1462* angeblich vor Frankfurt sein 145¹⁻⁵; hat versprochen *1462* Sommer im Felde zu sein 148³; vermittelt in Prag 149¹; will im Feld erscheinen 150 Mitte; Ansicht bisher, dafs bis Mai *1461* nur Streben Georgs nach der Königskrone 150²; auf den Papst gesetzte Hoffnungen 151¹; in Prag noch an die Möglichkeit v.Georgs Erhebung gedacht 151²; Plan in Prag ihm unterbreitet, der auch den Papst betraf 152⁶; soll sich vom Papst in die Herrschaft einweisen lassen. will Sommer *1462* im Feld sein 153⁴; 153 unt.; Aufrechterhaltung der Kompaktaten 153 unt.; unbestimmte Antw. auf Mairs Vorschläge 154⁴; 154⁶; Verstummen der Gerüchte, dafs er vor Frankfurt lagern wolle 155²; Konflikt mit dem Papst 156¹; hatte wohl nicht die Absicht zu lagern 156 unt. Rückblick 170 f.
Gobelinus Persona 91¹. 92³. 93 ob.
Günther von Schwarzburg, röm. König 1¹; *1349* vor Frankfurt 31. 32, 33 Mitte; a majore parte electus 36¹; Einzug in Frankfurt 37¹; schreibt an Dortmund über die Verhandlungen 37³; 39⁵; Rückblick 167 f. 174¹⁻³. 175².
Gunzenhausen 145². 159². 160 ob.

Hartmann Becker 139⁵. 143 ob.
Heilbronn 129⁴.
Heinrich Raspe, Landgraf v. Thüring. Gegenkönig 5².
Heinrich, Herz. v. Braunschweig 105².
Heinrich, Erzb. v. Mainz, sein Bericht über *1349* 37⁵. 39⁶.
Heinrich, Erzb. v. Köln 16³. 16¹. 16⁷. 17 Mitte. 22³. 23¹. 181 unt. sein angebl. Privileg 182¹⁻². 183 f. 185 Mitte. 188².
Heinrich, Frankf. Stadtschreiber 109². 109⁵.
Heinrich v. Herford 2⁸. 5 Mitte. 173 f.
Jacopo Fantinelly. Gesandter d. Hrn. von Lucca 96⁴. 97². 101⁴.
Jakob, von Alzei, kurpfälz.Notar 109².
Johann. Erzb. von Mainz, kurmainz. Juristen *1400* Sept. 8 52²; lud z. Neuwahl ein auf *1411* Juni 11 109⁴; Weigerung d. Kurfürst. 109⁶. 110 ob. Vereitelung der Wahl, bricht von Frankfurt auf 111²; er u. Friedr. von Köln die einz. anwesend. Kurfürsten *1411* Jul. 21 115 ob. 115¹. stöfst mit Friedr. v. Köln d. früh. Gutachten um 116 ob.; beschränkt das Lager auf zwist. Wahlen 116; Ärger über Frankfurts Haltung 122 Mitte; wird erwähnt in einer Urk. zu Aachen 106 unt.
Johann. Bisch. v. Würzburg, Machtbote K. Wenzels nicht am 22. Juli *1411* 118⁵; Kompromis 119 ob.
Johann, Burggraf v. Nürnberg, Machtbote K. Sigmunds nicht am 22. Jul. *1411* 118³; Kompromis 119 ob.
Johann v. Talburg, Begründung der Vorladung Wenzels 44⁴. 45⁵.
Jost, Markgr. v. Mähren, Gegenkönig 2³; seine Wahl 103³; Beziehungen zu Sigmund 103 unt., 104¹⁻⁴; † 18. Jan. *1411* 104²; wollte als electus lagern 107¹; Rückblick 109.

Karl IV. 1¹. 17⁷. 18¹. 18 Mitte u. unt. 21¹. 21². 25¹. Anleitefrist 29 ob. 32. 35 unt. *1376* 11 f.; Krönung *1349* 44¹; *1346* Gegenkönig für Aachen 63 ob.; Rückblick 167. 174. dreitäg. Lager vor Nürnb. *1347* 178 f. bestätigt um seine Bonner Krönung zu sichern ein Köln. Privileg 185². 191¹.
Karl, Markgraf v. Baden, kais. Hauptmann 138¹.
Koblenz, Städtetag *1400* Aug. 8 47². 49 Mitte.
Köln *1400* Aug. 11 in Oberlahnstein 48¹; *1400* Sept. 8 50³; gebt z. Rupr.

über 68²; geg. Rupr. zuvorkommend 69³; vermittelt Okt. 7 75²; *1400* für Krönung in Köln wirkend 97¹. 97². 97³. 97⁵.

Kolmar 86³.

Königshofen, u. Fortsetzer 89⁴. 90¹⁻⁶. 92³. 93 ob.

Konrad IV. 5¹. 7 ob.

Ladislaus. König von Böhmen 136¹.

Latomus, seine Darstellung, fehlerhaft in einer Hinsicht 38 unt. 39. 40².

Laxenburg, Waffenstillstand *1461* Sept. 6 138 unt. 139¹. 149⁷.

Lentzelin, Jeckelin 41².

Lersner, s. Quellenbenutzung a. *1349* 174 ff.

Limburger Chronik 93¹.

Ludwig der Baier 1¹. 5². 5³. 5⁴. 15 unt. 17 ob.; Krönung 17⁶. 22 f. 24; *1346* 25¹. 32 ob. 130 Mitte. Erinnerung an sein Lager a. *1414* 132 Mitte. 132 unt.; wohl während seines Lagers in der Stadt 133 ob.; Rückblick 167 f.

Ludwig der Reiche, Herz. v. Baiern 138⁵; Waffenstillstand v. Laxenburg 139¹; Grund des kais. Zornes 139², 148¹. 149¹. 149⁶. seine Ansprüche in Prag 151²; seine Gesandten in Prag, Bezugnahme auf die underrichtung 152 Mitte; Wiederausbruch des Krieges *1462* 155⁵.

Ludwig von der Pfalz 105⁵. 108¹. seine Auffassung über das Lager *1411* 108². 109⁵. 109⁶. hält sich fern von Sigmunds 2. Wahl 114¹. 115 ob.

Mainz 44⁷. Städtetag *1400* Jul. 1 44⁷; Städtetag Aug. 5 45³; in Oberlahnstein 47², 48¹. Gesandte in Alzei 49 Mitte, 50¹; Städtetag *1400* Sept. 8 50³. 51². 57¹; Städtetag Sept. 29 68 Mitte; geht zu Rupr. über 68², 69⁴; vermittelt Oktbr. 7 75²; hier Krönung festgesetzt 97³. 97⁴. 101². bei Aachen vermittelnd 98⁴.

Mair, Dr. Martin 136²⁻⁷; underrichtung an den Papst 151 unt., 152¹; an d. Spitze der bair. Gesandten in Prag 152⁵, 152⁶; forderte wohl Georg auf, sich vom Papst in die Herrschaft einweisen zu lassen 153⁴; unbestimmte Antwort Georgs? 154⁴; erlahmt wohl in seinem Eifer 155¹.

Martin, König von Arragonien 89¹.

Matthias, v. Neuenburg 92¹.

Mögeldorf 178⁸. 179⁵.

Moguntinum, chronicon 91².

Mühlhausen 86².

Munsterus, von Lersner ad a. *1349* benutzt 174 f.

Nürnberg, Fürstentag *1461* Mrz. 136⁹, 137¹; Städtetag Aug. *1461* 139⁵; Hinweis auf den Fürstentag Mrz. 140³. 147 Mitte; dreitägiges Lager Karls IV. vor Nürnb. a. *1347* 178 f.

Oberlahnstein 44⁵. 45². 46². 48¹. Absetzung Wenzels 48³. Partei von Oberlahnstein 52⁴.

Obernehenheim 86³.

Otto IV. 6¹. ⁷/₈ Anm. 2. 11³.

Pappenheim, Heinrich von 147². 148¹. 149⁸. 153³⁻⁴.

Pappenheim, Konrad, Erbmarschall zu 137⁵.

Petrus, Schreiber: an Wenzel 45⁴; sein Auftrag 45⁶.

Philipp d. Grofsmütige, Landgraf v. Hessen 197 f.

Philipp, Herz. v. Burgund 135¹.

Podiebrad cf. Georg.

Prag, hier vermittelt durch Georg 149¹, 154²; Verstummen der Gerüchte nach Ablauf des Tages 155²; Friede *1463* 155⁶.

Reinald, Herzog von Jülich-Geldern (*1414*) 129². 129⁵. 131².

Rense 41³. Wahl Ruprechts 48³. 60¹.

Richard von Cornwall 6². gewählt 9¹. 9², 9⁴. Brief an den englisch. Prinzen Eduard 9⁵. 10. Krönung am Himmelfahrtstage *1257* 10. 12⁵. 13. 14¹. 14 unt. 26 gegen Mitte. *1414* 132 ob., 132²; Rückblick 167.

Romelean, Ritter 112³.

Rosheim 86³.

Roth, Richtung von 138².

Ruprecht von der Pfalz 1 unt.; Wahl 48³; wird Sept. 10 ca. vor Frankfurt sein 48⁶, 49¹; will angeblich lagern 49², 53 Mitte; darf die Städte erst nach der Aachener Krönung um Dienstleistung angehen 56 Mitte; Vertreter in Mainz am 8. Sept. 57²; seine Gesandten gestehen dem Lager nach Doppelwahlen Giltigkeit zu 58 f.; erscheint im Lager 60²; seine Gesandten fordern wieder Einlafs 61¹; günstige Wendung 68 Mitte; seine Bitte an Burg Friedberg 73¹; mufs sich mit der Antwort begnügen 75¹; zieht 26. Okt. in Frankfurt ein 83⁴; andere Stellung 85³. 85 unten; Privilegien bestätigt 86²⁻³; Schreiben an Bonifaz 86⁴; an Venedig 37¹, 177¹; an Martin v. Arragonien 89¹; städt. Koalition gesprengt 95 unt.; Verzicht bald auf Aachener Krönung 96²⁻³, 97³; droht Aachen 97⁴; in Köln gekrönt 101³; sein Tod 103¹; Rückblick 167 f.; über ein Privileg d. Köln. Erzbischofs 183¹⁻² 184¹; Inthronisation zu Aachen *1407* 184⁴, 186¹⁻³; Bedeutung derselben 186⁴; schützt seine Köln. Krönung, unterscheidet zwei Krönungen 187¹; Art der Begründung d. zwei Krönungen 188¹; Schreiben an Bonifaz IX.: previa coronatio 188³; Entschluſs sich in Köln krönen zu lassen 189 ob.; spricht *1400* nicht von einer 1. Krönung 189²; bestätigt die Kölner Privilegien 191¹, 196².

Sachsenhausen 141 ob.; man will es beligen 143 Mitte.
Sale, Johann 48⁴.
Schlettstadt 86².
Sigmund, röm. König 2²; 2⁵; seine Wahl 103²; Beziehungen zu Jost 103 unt. 104¹⁻⁴; hatte *1411* Jan. 21 keinen Gegenkönig im Auge 105¹; will als electus lagern 105²⁻⁵, 106¹; erteilt doch Frankfurt Befehle 106 Mitte; will lagern, kommt nicht auf den 11. Juni 109⁷⁻⁸; noch als Usurpator von einem Teile der Kurfürsten betrachtet 111 Mitte; wünscht das Reichswappen u. das ungarische aufgehängt zu sehen 112³; kommt erst *1414* nach Deutschland 113⁶; seine 2. Wahl 114¹; Verständigung mit Wenzel 114³; Begehren seiner Wähler an Frankfurt Jul. 22 114⁸ ff.; *1414* in Deutschland 128¹; will ungekrönt Deutschl. verlassen 128²; 2. Reise an den Rhein zur Krönung 128³; Koalition gegen ihn 129; nach Aachen geleitet 131²⁻³, 131⁴; dreitäg. Lager 132 ob.; in der Stadt 132¹⁻²; Rückblick 169.
Sigmund, Herzog von Tirol 153².
Speier 45¹, 48¹, 50³ (*1400* Sept. 8); geht zu Ruprecht über 68²; vermittelt Okt. 7 75²; vermittelnd bei Aachen 98⁴, 101².
Straſsburg 45¹, 48¹, 48 Mitte, 50³ (*1400* Sept. 8); am 22. Sept. nicht

in Mainz 68¹; 86¹; Gesandte d. Stadt an Straſsb. *1414* schreibend 129³.
Ulman Stromer, über Privilegien des Köln. Erzbischofs 184².
Ulrich, Graf von Württemberg, kais. Hauptmann 138⁴. 147³.
Ulrich, Herzog v. Württemberg 197¹.
Ungarn, König von 139¹.
Urban IV. 12¹, 13 unt. seine Bulle: *1314* 16⁵, *1346* 19¹, 20 Mitte. 22 (*1314*); 24¹, 24 unt. 30 ob. 32 Mitte. *1400* 50 Mitte. *1414* 130¹, 132 ob. 132¹, 133 unt. Rückblick 167 f.

Venedig 87¹.
Volmar, von Wickersheim 89³.

Wenzel, röm. König 1³, 1 unten. 2¹. *1376* 41 f.; Krönung 44²; Vorladung n. Oberlahnstein 44⁵, 45⁴; kommt nicht nach Oberlahnstein 47¹; seine Absetzung rechtsgiltig 56²; kein Entsatzheer 65²; will Frankfurt helfen 65⁵; kommt nicht 66¹⁻³; Frankfurt schreibt peremptorisch 76⁸ f.; bei Königshofen 90⁵; nennt sich *1410* noch König 103⁴; Sigmunds Absicht, auch nach Josts Tode zu lagern, mit dem Hinweis auf Wenzel von Vielen erklärt 128 ob.; Rückbl. 168.
Werner, Bischof von Trier 104 Mitte; Auffassung üb. d. Lager *1411* 108 unt. 109⁶; lagert vor Frankfurt 110²⁻⁴; bricht wieder auf 111¹; hält sich fern von Sigmunds 2. Wahl 114¹. 115. 120¹.
Wilhelm von Holland, röm. König 6¹. 6². Belagerung Aachens 7 ob. 11³.
Wilhelm, Herzog von Sachsen, seine Räte 137⁵.
Wilhelm, erwählter Bischof v. Paderborn *1414* 129⁶.
Windeck, Eberhart, seine Darstellung a. *1410* u. a. *1411* 123¹ ff.
Winheim, Johannes, kurpfälz. Rat 109⁵.
Worms 45¹, 48¹, 50³ (*1400* Sept. 8.). geht zu Rupr. über 68². vermittelt Okt. 7 75². vermittelnd bei Aachen 98⁴, 101².

Znaim 155⁴.

Druck von Leonhard Simion, Berlin SW.

www.ingramcontent.com/pod-product-compliance
Lightning Source LLC
Chambersburg PA
CBHW030821270326
41928CB00007B/836

9783743404748